U0674682

来自目标公司之外的信息对分析师行为的影响研究

The Influence of Information outside Target Companies on Analysts' Behavior

王一帆 著

东北财经大学出版社
Dongbei University of Finance & Economics Press
大连

图书在版编目（CIP）数据

来自目标公司之外的信息对分析师行为的影响研究 ／ 王一帆著．—大连：东北财经大学出版社，2023.12

（墨香财经学术文库）

ISBN 978-7-5654-5022-8

Ⅰ.来⋯　Ⅱ.王⋯　Ⅲ.上市公司-会计分析-研究-中国　Ⅳ.F279.246

中国国家版本馆CIP数据核字〔2023〕第206202号

东北财经大学出版社出版发行

　　大连市黑石礁尖山街217号　邮政编码　116025

　　网　　　址：http：//www.dufep.cn

　　读者信箱：dufep @ dufe.edu.cn

大连永盛印业有限公司印刷

幅面尺寸：170mm×240mm　字数：227千字　印张：15.5　插页：1
2023年12月第1版　　　　　2023年12月第1次印刷
责任编辑：李　彬　王　斌　　责任校对：石建华
封面设计：原　皓　　　　　　版式设计：原　皓
定价：78.00元

前言

　　分析师是资本市场中的主要参与者之一，在资本市场中扮演着重要的信息中介角色，被视为投资者与上市公司间的沟通纽带和信息媒介，其存在减弱了资本市场中投资者与上市公司之间的信息不对称，改善了市场信息环境，提升了资本市场的有效性。分析师在资本市场中扮演着不同的信息角色：信息发现者、信息解释者和信息传播者。对应于分析师的工作，其行为可以分为三个阶段：跟踪、实地调研和编写报告。分析师对资本市场中有关上市公司的信息进行收集，根据获得的信息对上市公司做出是否跟踪的决定，跟踪之后会对公司的情况进行预测，最后会选择性地在研报中体现。

　　在资本市场中，流动的信息根据其来源可以大致分为两种：一种为上市公司自行披露的信息，是来源于上市公司内部的信息；另一种为社会其他主体面向整个社会受众传播的有关上市公司的信息，这些信息来源于上市公司的外部，也就是来自上市公司之外的信息，涵盖了媒体报道、社交媒体、股吧和监管函件等。因此，本书将分析师各阶段行为的影响置于目标公司之外的信息环境下，探索和揭示目标公司之外的信息对分析师各阶段行为的影响。本书分9章对上述问题进行讨论。

第1章对研究背景、理论意义与实践价值、研究内容与研究方法、创新之处等内容加以介绍。

第2章围绕着分析师的各阶段行为以及目标公司之外的信息这两个核心概念对国内外相关文献进行综述回顾。在对上述两方面内容详细梳理的基础上，对文献进行评述。

第3章为来自目标公司之外的信息与分析师行为的研究提供理论支撑。在对信息不对称理论、信号传递理论、修正的二级传播理论、有限理性理论、羊群效应理论和反沉默螺旋理论详细介绍的基础上，分析上述理论在本书中起到的支撑作用，并构建逻辑关系图。

第4章从逻辑回归、GBDT算法、XGBoost算法、LightGBM算法和随机森林五种算法模型中各获得一个拟合优度值，选择拟合优度最佳的模型计算得出衡量目标公司之外信息渠道的指标。

第5章为来自目标公司之外信息与分析师跟踪行为的实证研究。对目标公司之外信息渠道以及各细化渠道对分析师跟踪行为的影响进行实证研究，一系列的稳健性检验为本书欲研究的问题提供更为充分的支持依据。

第6章为来自目标公司之外信息与分析师实地调研行为的实证研究。对分析师实地调研受到来自目标公司之外信息渠道以及各细化渠道的影响进行实证研究。

第7章为来自目标公司之外信息与分析师报告相关行为的实证研究。通过分析目标公司之外的信息对分析师报告提及次数以及预测准确度的影响，探究目标公司之外信息渠道及细化渠道对分析师报告相关行为的影响。

第8章则进行了来自目标公司之外的信息对分析师行为差异的研究。在前面三章有关实证研究的基础上，以不同行为的可能组合为依据进行分组回归，探究分析师某阶段行为下受到来自目标公司之外信息的影响，以及目标公司之外信息渠道及细化渠道对分析师整体行为的影响。

第9章为本书的研究结论、政策建议和研究不足。首先对通过研究得到的结论加以汇总，其次将结合本书各章节所得到的结论，对目标公司外部信息渠道监管、投资者引导和分析师规范等提出有针对性的政策建议，对未来可完善之处进行展望。

首先，本书证明了来自目标公司之外的信息对分析师各阶段行为都存在着影响，并且目标公司之外的不同信息对分析师各阶段行为的影响程度并不一样。相较于目标公司之外的信息渠道对分析师的行为普遍为正向影响，股吧信息渠道作为投资者参与度较高的平台，分析师会避免将股吧中讨论度以及活跃度较高的公司作为目标公司。

其次，通过信息分歧度对分析师行为的影响研究发现，分析师对于信息背后发布主体的态度十分敏感，进而影响了分析师的行为。通过新闻报道信息渠道以及股吧信息渠道的分歧度，可以看出信息渠道的态度对分析师行为影响很大，并且大多时候为正向影响，分析师不会倾向于对同一信息渠道中态度差别大的上市公司产生相关行为。

最后，在研究了来自目标公司之外的信息对分析师各阶段行为的影响后，通过分组回归以及对整体行为研究发现，分析师跟踪行为在各阶段的行为中最为重要，分析师更倾向于做出与群体表达态度相同的行为，表现为羊群效应；通过比较证实了目标公司之外的信息在分析师每个阶段行为向下一个阶段行为过渡时起到的刺激作用要大于其对整体行为的刺激作用。

本书的创新点主要有以下四点：

（1）通过机器学习得出客观衡量来自目标公司之外的信息渠道的指标。先对各类目标公司之外的信息渠道进行筛选，然后通过机器学习方式对各个信息渠道的权重进行计算，形成一个客观科学衡量目标公司之外信息渠道的指标。

（2）对来自目标公司之外信息影响分析师行为的路径进行检验。在实证检验出来自目标公司之外信息对分析师各阶段行为的影响后，对各细化信息渠道对分析师行为的影响进行检验。

（3）将分析师跟踪行为、分析师实地调研行为和分析师报告相关行为同时纳入统一研究框架中，并对分析师行为进行连贯分析。

（4）补充了来自目标公司之外信息渠道的信息含量相关研究。本书探讨了目标公司之外的信息渠道对分析师行为的影响，并对分析师行为的差异是否受到来自目标公司之外信息的影响进行了研究。

本书主要探讨了来自目标公司之外的信息，其主要为流通在资本市场中的信息，资本市场上的信息对出版行业的高质量发展有直接和间接的影响。资本市场的动态、投资趋势、资本流动和经济指标都可能影响出版业的策略、运营和投资决策。通过对资本市场信息的研究和分析，为进一步研究高质量出版路径，出版单位如何有效利用资本市场信息来优化其决策和策略，确保自身的持续发展和提高市场竞争力提供了重要的理论基础。

作者目前就职于大连海事大学。本书的出版得到了辽宁省社会科学规划基金项目"以深度融合赋能辽宁出版高质量发展的路径研究"（项目编号：L23AXW004）的资助，在此深表谢意。

王一帆

2023 年 11 月

目录

1 导论

本章首先阐述本书的研究背景和研究意义，并结合研究内容对文中的重要概念进行界定，在此基础上提出本书的研究目标和研究内容，然后介绍研究思路和研究方法，在本章的最后总结本书的创新之处。

1.1 研究背景与意义

1.1.1 研究背景

资本市场中充斥着各种各样的信息。二级传播理论认为，市场中的信息首先通过大众媒介传递给少数受众认可的意见领袖，第二阶段才会由意见领袖传递给广大受众。然而，在互联网信息爆炸的时代，需要对二级传播理论进行修正，市场中的信息在第一阶段首先被传递至广大受众，第二阶段才由受众认可的精英来确认信息。诺伊曼（Elisabeth Noelle-Neumann）的沉默螺旋理论作为社会心理学中实证派的代表，质疑了所谓多数无知，即人们总会误判社会中信息真正的状态，这要归因于传播媒介不能表现出与其社会能量相匹配的多元观点。诺伊曼描述了沉默螺旋中大多数受众当与环境中主流信息不一致时保持沉默的情形，分析了两种站在螺旋顶部挑战被社会孤立威胁但仍敢于发声的少数派，即强硬派与前卫派，其中前卫派认为"献身未来，因此必然会被孤立"。这说明信息在市场中传播时，不同的群体接收同样的信息，会有截然相反的反应。

在资本市场中，分析师的工作行为可以分为三个阶段：跟踪、实地调研与编写报告。分析师对资本市场中有关上市公司的信息进行收集，并根据获得的信息对上市公司做出是否跟踪的决定；在跟踪公司之后，会判断自身是否要对上市公司进行实地调研以获取增量信息；接下来会对公司的情况进行综合分析，然后选择是否在研报中提及或者预测该上市公司；最后向市场发布研报。由此可见，分析师在资本市场中扮演着不同的信息角色——信息发现、信息解释和信息传播，并且这些角色是非互斥的。

分析师在扮演信息发现角色时，他们"收集对于投资者来说并不容易获得的各种各样的信息，并且有效地处理这些信息"（Ivkovi and Jagadeesh，2004）。Huang 等（2017）认为分析师的信息解释角色是指他们"澄清公开可用信息，就公开披露的问题发表意见，将信息与客观基准进行比较，并对管理层的主观陈述进行定量评估"的能力。信息传播涉及向市场传递信息，可被视为低层次的信息解释（Huang 等，2017）。这些角色对于理解分析师如何为运转良好的资本市场做出贡献至关重要，Amiram 等（2018）研究发现投资者更看重分析师解释公开披露信息的能力，尤其是结构性较差或非财务披露信息。

Mcluhan（1964）认为"信息即媒介"，市场中的信息对于各类群体的影响是极其微妙和精细的，信息并非独立于传媒本身，它与媒介是统一且同质的。随着科技的发展，传播媒介变得愈加普遍，也更具有隐身性，社会中人的行为会潜移默化地受媒介环境影响。Waston（1913）所代表的行为主义观点认为，唯一彻底合乎逻辑的机能主义，把意识和行为都看作人适应环境的手段，并且检验意识适应性的唯一标准只能是行为，通过研究行为便可探查刺激与反应之间的规律性关系。

在资本市场中流动的信息，根据其来源可以大致分为两种：一种为上市公司自行披露的信息，这是来源于公司内部的信息；另一种为社会其他主体面向整个社会受众传播的有关上市公司的信息，这些信息来源于公司的外部，信息渠道涵盖了媒体报道、社交媒体、股吧以及证券交易所等。因此，本书将分析师各阶段行为的影响置于来自目标公司之外的信息环境下，探索和揭示目标公司之外的信息渠道对分析师各阶段行为以及整体行为的影响。

基于此，本书将沿着来自目标公司之外的信息对分析师行为影响的思路，围绕来自目标公司之外的信息与分析师行为之间的关系，理论分析并实证检验来自目标公司之外的信息对分析师跟踪行为、分析师实地调研行为、分析师研报相关行为以及分析师整体行为的影响，并在进一步研究中根据上市公司自身信息披露质量以及所处行业竞争程度不同，探究其对分析师行为影响的差异，期望对分析师行为以及来自目标公司之外信息价值的相关研究做出有益的补充。

1.1.2 研究意义

（1）理论意义

第一，拓展了分析师对市场中信息运用的研究视角。整个市场信息来源可以分为企业内部与企业外部两个渠道，以往有关分析师利用信息的研究注重来源于目标公司强制、自愿披露或者分析师私有渠道的信息，对来自目标公司之外信息的研究较少，而现有文献对分析师利用目标公司之外的信息的研究大多聚集在单一外部信息渠道对分析师行为的影响方面，将来自目标公司之外的信息进行汇总，研究来自目标公司之外的信息如何影响分析师各阶段的行为。

第二，丰富了对分析师行为影响因素的研究。现有文献对分析师行为的经济后果的研究多聚焦于分析师各种行为对上市公司的外部治理效应，以及分析师预测对股票价格和投资者回报的影响，将从目标公司之外的信息渠道及其细化信息渠道的角度为其对分析师各阶段行为的影响提供实证证据。

第三，探究了目标公司之外信息渠道的信息含量以及使用价值。以往对目标公司之外信息的研究大多落脚于信息反映到股票市场上的影响，而对于中间做出行为的主体研究较少。本书探讨来自目标公司之外的信息对分析师行为的影响，并对目标公司之外信息影响分析师行为的差异进行研究，从而探究目标公司之外信息渠道的信息价值。

第四，探索了来自目标公司之外信息影响分析师行为的作用机理与影响因素。在检验目标公司之外信息对分析师各阶段行为影响的基础上，本书一方面将来自目标公司之外的信息渠道细化，探究目标公司之外各类信息对分析师各阶段行为的影响；另一方面对目标公司之外信息对分析师各阶段行为后果的影响进行更深入的探究，以此来考察分析师行为与来自目标公司之外信息二者之间的关系，并进行了检验。

（2）现实意义

首先，有助于提高对来自目标公司之外信息的认识。分析师作为信息中介接受了来自市场多方的消息，以往分析师预测信息时多注重于来自目标企业自身披露的消息，但是仅仅依靠这些数据是否足够呢？作为信息中介，分析师可以通过两种方式向投资者提供价值：第一，通过其私人研究工作，收集和生成投资者无法轻易获得的信息；第二，通过分析现有的公共信息，促进投资者了解这些公共信息，并就公开披露提出的问题发表自己的意见。通过本书的研究，可以使相关投资者意识到来自目标公司之外的信息在市场中的重要性。

其次，市场中的中小投资者由于自身能力不足以及信息收集、解读成本过高等问题，对企业价值无法进行有效的判断，在进行相关投资决策时会更多地参考分析师对上市公司的预测。在资本市场中一直存在信息不对称的问题，中小投资者更需要对市场中容易获得的信息进行辨识。研究来自目标公司之外的信息对分析师一系列行为的影响及其行为差异，可以为中小投资者客观正确地认识证券分析师的个人能力及其在资本市场中的作用提供依据，让中小投资者对分析师职业具有清晰的认知，避免追捧分析师的情况发生，使中小投资者减少错误信息的干扰，避免不必要的投资损失，树立正确的投资价值观念。

1.2 相关概念界定

与本书的研究目标和研究内容相结合，对相关概念进行界定，为后文研究思路构建和逻辑推理分析打下坚实的基础，此部分主要对以下几个关键概念进行梳理和界定。

1.2.1 分析师

运作良好的资本市场，必须确保资本得到充分的利用，并使市场中提供资本的投资者和接受资本的上市公司之间的信息高质量流动（Piotroski and Roulstone，2004）。图1-1表现了资本市场的结构与资本市场中的信息流动，上市公司和投资者之间的信息流转依靠分析师、监管部门、审计师和其他实体，分析师将自己研究得出的有价值的信息向市场释放，资本市场中的其他主体会对分析师发布的信息做出反应。

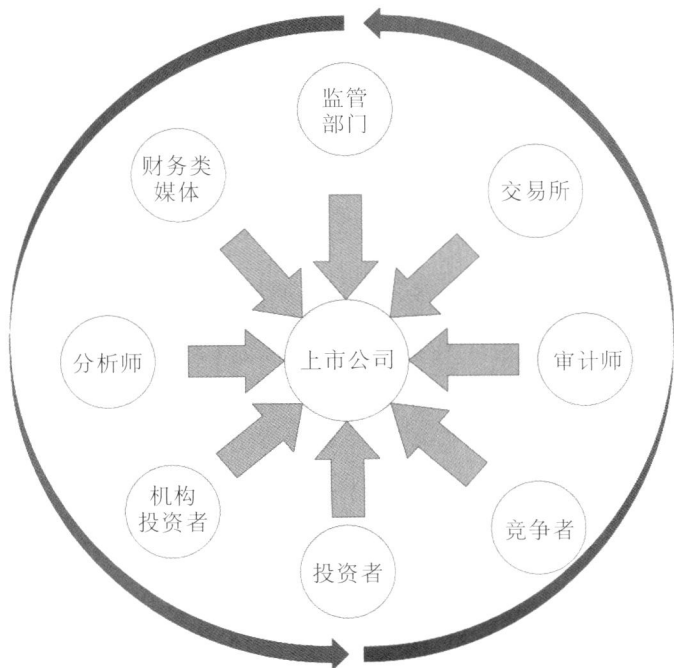

图1-1 资本市场结构与信息流动

在过去的几十年里，随着资本市场的全球化以及信息技术的飞速发展，分析师所面对的市场环境发生了巨变，使得分析师在资本市场中的职能发生转变。分析师一职起源于美国，最初分析师的职能主要是收集有关债券的数据并进行分析。随着证券市场业务范围迅速发展扩大，分析师的工作职能范围也随之扩大，广义的分析师是指证券咨询业的从业人员，而狭义的分析师则指运用自身专业知识对目标证券、上市公司和行业进行全面的调查，将研究结果形成报告向市场发布，以作为资本市场中其他主体投资依据的人员。

我国自1998年4月1日起实施的《证券、期货投资咨询管理暂行办法》，对有关咨询人员资格申请和规范进行了规定，需要满足学历、考试等要求，经过证监会审查后方可获得从业资格。2000年7月我国颁布施行了《中国证券分析师职业道德守则》，2002年12月13日成立中国证券业协会证券分析师委员会，2011年8月30日成立中国证券业协会证券分析师与投资顾问专业委员会，进一步加强证券分析师、证券研究业务和投资顾问人员自律管理，规范证券分析师和投资顾问人员执业行为，使得分析师这一行业逐渐趋于规范。

根据分析师研究报告的用途可以将分析师分为以下三类：卖方分析师、买方分析师和独立分析师。卖方分析师通常被证券公司或者投资咨询公司所雇用，其公开发布的研究报告主要供机构投资者和个人投资者下载使用。因证券公司或者投资咨询公司的主要收入来源于IPO等业务和经纪业务的佣金，故分析师向市场中的投资者提供分析报告时不会向投资者收取费用，而是依赖其分析报告吸引投资者通过证券公司进行证券交易，进而提高证券公司的收入。买方分析师主要被投资理财机构所雇用，如社保基金、保险公司等投资机构，这类机构通过投资证券期望获得增值回报，买方分析师受雇于这类机构，其所提供的研究报告主要供机构内部使用。独立分析师不依附于市场中其他利益相关主体，研究报告和分析是其主要的收入来源。

我国证券市场起步较晚，证券业务的发展相对滞后，根据我国分析师目前的情况，本书将采用狭义的分析师概念。

1.2.2 分析师行为

随着资本市场的发展及上市公司数量的增加，证券交易越来越复杂，市场中的大多数投资者并不具备较多的投资知识，需要依赖分析师去了解小到上市公司的经营情况，大到行业政策的信息，分析师在资本市场中所扮演的角色愈加重要。在研究分析师行为之前需要对分析师的职能进行归纳，分析师的行为都是围绕其职能展开的，分析师主要有调查分析与投资咨询两项职能。

（1）调查分析。金融机构除去传统职能，还应该针对各类金融产品的质量进行评价，并将这种评价信息向市场进行传递。上市公司与市场中的投资者之间容易形成信息鸿沟，产生信息不对称的情形。虽然已有规定要求市场中的上市公司适时、准确、公正地向市场进行信息披露，使在市场中处于信息不利地位的投资者做出合理的投资决策，但信息发出方的信息并不能被投资者很容易地理解，即使投资者具有分析能力，也很难全面收集信息，故专业性较强的职业分析师应运而生。分析师持续收集股票发行者提供的各类信息，将收集到的信息加工为市场中投资者易于理解的形式，并发表自己的评价。

（2）投资咨询。调查分析仅仅是分析师职能的第一步，分析师将信息传递至市场，在大多数时候并不能够满足市场中投资者的需求。而机构投资者加入市场，使得资本市场中的情况愈加复杂，市场中投资对象的多样化使得不同主体追求不同的投资收益目标，对于风险的容忍度也不尽相同。随着投资决策的复杂化和高深化，投资者会让分析师参与到其决策的过程中。如今的分析师，并不是狭义地指那些以调查研究为主、分析股票价格基本条件、提供证券组合信息的分析师，而是更广泛地包括那些在一定程度上参与投资决策过程的专家。

分析师的行为围绕其职能展开，资本市场中分析师的行为根据其做出行为的先后顺序可以分为分析师跟踪、分析师实地调研和分析师预测。分析师在产业调查和企业调查的基础上，对上市公司进行分析和评估，然后通过向投资者提供调查报告等方式提供投资信息，分析师的这些行为紧紧围绕着调查分析与投资咨询的职能。

分析师跟踪、分析师实地调研和分析师预测涵盖了分析师工作流程的事前、事中和事后。分析师的跟踪行为作为分析师一系列活动的第一步，可以被资本市场中的其他投资主体所观察到；分析师在进行跟踪后会根据接收到的信息量决定是否需要进行实地调研以期获得额外的信息，上市公司会将分析师实地调研的信息进行披露，使得市场中的其他投资主体可以知晓分析师的行为，使分析师的行为可被外界观察到；分析师在实地调研后会对接收到的信息进行分析并做出预测，并将自己的预测信息向资本市场释放，市场中其他主体接收到信息并反馈给市场，分析师可从资本市场中接收到反馈的信息，从而决定是保持预测还是对预测进行修正。

从分析师各阶段的行为可以看出，分析师行为是围绕其职能展开的，故本书将分析师行为分为三个可观察到的行为：分析师跟踪、分析师实地调研与分析师预测。

1.2.3　来自目标公司之外的信息

信息披露需要通过传播媒介以一定的传播方式，将上市公司的财务状况、经营情况和与上市公司相关的信息向市场中其他主体宣告。Mcluhan（1964）认为"信息即媒介"，即信息与媒介是统一且同质的，故后文中信息和信息渠道代表同一含义。通过图1-1的资本市场结构与信息流动，我们发现在资本市场中，信息来源主要分为目标公司信息渠道和目标公司之外的信息渠道两大类：目标公司信息渠道是指上市公司本身，由其自行向市场披露信息，主要为监管部门、交易所等部门要求的上市公司强制或自愿披露的信息；目标公司之外的信息渠道是指市场中除了上市公司以外的其他主体发布的与上市公司相关的信息。目标公司之外的信息渠道种类繁多，如新闻媒体、社交媒体等，并且随着信息技术的发展其渠道以及种类也越来越多，具有很强的重复性。

近年来，随着通信技术的发展，市场中公众对于信息获取的兴趣呈现爆炸式增长态势，这种增长的兴奋情绪会导致网络上的信息渠道数量不断增加，满足了信息发布者和信息接收者的需求，这些新增的信息渠道大多属于目标公司之外的信息渠道。随着信息技术的发展，市场中的信息从以前低频率的纸质媒介到现在的即时网络媒介，从市场中获取信息的数量大大增加，获取信息的成本大大降低。在线社交网络在传播新闻、思想、观点等方面发挥着突出的作用，市场中的大多数投资者对各种媒体持有信任的态度。

虽然目标公司之外的信息渠道种类众多，但依据其信息发布者以及受众不同可以分为以下几种类别：

一是传统媒体与网络媒体。在互联网时代背景下，对于新闻发布已经不仅仅局限在纸质媒介上，网络新闻媒体突破了纸质传媒版面的限制，发布的新闻从种类到篇幅的限制都大大弱化。

二是投资者之间互动性较强的问答社区，以股吧为代表。越来越多的财经网站开设了股吧或者类似的用户交流板块，以供用户之间进行有关上市公司的讨论，这种模式的网站吸引了用户，可以稳定网站浏览量，并且保障网站的曝光度。在股吧中用户会对上市公司经营的各方面发帖进行点评、预测，其他用户会浏览、评论和跟帖。在投机氛围较重的股票市场中，股吧中流转的信息真假参半，散布的虚假信息数量较多，因此需要用户对信息的真伪进行辨别。

三是具有权威的主体依托现有社交软件搭建的信息发布平台，以微信公众号为代表。这种渠道的信息传播具有一定的前提，即需要用户关注微信公众号才可以获得信息。微信公众号依托的是日常使用频率很高的微信平台，微信平台在典型社交应用软件使用率的调查中，居于所有社交应用软件的首位，随着功能不断更新以及嵌入程序的完善，其已经成为一个具有连接作用的多功能平台。微信公众号能够及时发布并迅速传递信息，对于投资者来说这种信息获取方式较报刊等传统信息获取方式更为便利，大大降低了信息的获取成本。微信公众号信息更有可能被证券分析师或者机构持股者等专业的金融人士或机构挖掘和分析，然后通过发布研究报告或自身交易行为等方式使这些信息被资本市场中的投资者知晓。

四是监管部门发出的针对上市公司的监管类函件，主要包括监管函、问询函件。上市公司收到监管函一般意味着上市公司违反相关法律法规情节较为严重，相关的法律法规主要包括《中华人民共和国证券法》《中华人民共和国公司法》《上市公司信息披露管理办法》等。问询函件包括问询函和关注函，表明证券交易所对上市公司日前披露的重大信息或者在审核上市公司提交的相关文件过程中发现的问题表示关注，希望上市公司就相关问题做出答复；发布问询函件的主要目的是要求上市公司补充相关信息、核实相关问题并履行信息披露义务。随着证监会监管升级，上海证券交易所与深圳证券交易所发布监管函、问询函与关注函的数量与日俱增，监管函是监管部门向资本市场释放有关上市公司信息的渠道。

来自目标公司之外的信息主要包含以上几类，各类渠道的不断完善使得目标公司之外信息传播的影响力明显提升，易传播性和高使用率使得公众号会发布特质性信息。虽然各种类型衍生出越来越丰富的目标公司之外的信息渠道，但因信息在各个平台具有重复性，并且一些小平台为了降低运营成本会选择转载的方式来扩充自己的信息量，所以在同类型的目标公司之外的信息渠道中，占有率最高的渠道在其所属类型中具有一定代表性。

1.2.4 新闻媒体披露

中国证监会于 2007 年 1 月发布了《上市公司信息披露管理办法》，并于 2021 年 3 月修订审议通过，自 2021 年 5 月 1 日起施行。修订后的《上市公司信息披露管理办法》细化了对披露媒体的要求，根据修订后的《中华人民共和国证券法》的规定将指定媒体改为规定媒体，同时为进一步降低企业信息披露成本，明确了定期报告、收购报告书等信息披露文件仅摘要信息需要在纸质媒体披露，其他内容可以在证券交易所的网站和符合中国证监会规定条件的报刊依法开办的网站披露，这大大降低了信息披露的成本。

信息披露不仅仅是指上市公司通过媒介向市场中释放消息，还包含媒介将得到的信息进行再加工向资本市场中的利益相关者进行信息传递。具有代表性的便是媒体报道，其报道的内容是一种有价值的商品，它具有广泛记录的能力，能够影响人们对一系列重要领域的看法和决定。对于资本市场中的主体来说，其对上市公司精确报道的需求更强，更偏好详细的报道。基于 Downs（1957）提出的所谓理性无知模型，在信息不充分的情况下无法追究真相包含了两种情况：一是"内部人"对公众可能隐瞒真相。二是了解真实信息的成本太高。媒体可以从两个方面降低这种成本。首先，通过收集、验证和总结事实，消除与收集对社会有益的信息相关的集体行动问题。其次，通过重新包装信息，使其具有娱乐性，媒体甚至可以降低个人在处理收集到的信息时所产生的私人成本。即使获得的信息不符合每个人的利益期望，娱乐部分提供的效用也可以抵消消化信息所花费的时间成本。

"理性无知"的情形都与信息的获取成本相关。第一，在收集信息时存在集体行动问题。虽然每个人都可能从收集信息中受益，但没有人愿意单独承担收集信息的费用。第二，即使集体行动问题得到解决，由第三方负责收集、核实和总结信息，个人处理信息的成本，如阅读或观看新闻所花费的时间成本仍可能超过收益。第三，通过重新包装信息，使其具有娱乐性，媒体可能成功地诱导市场中的投资者主动获取信息，即使对信息接收者来说，处理信息的成本仍然高于通过更知情的渠道获得的预期收益，娱乐部分提供的效用也可能会令其感到花在吸收信息上的时间有所回报，从而值得了解信息。为了让公众了解这些话题，媒体必须依靠娱乐部分。Strömberg（2004）表明，媒体选择报道利润最大化、最有价值的客户群体感兴趣的新闻。

随着通信技术的发展，每一次的技术革新都可能扩大传播的范围，信息以娱乐性和具有吸引力的方式被包装起来。例如，自然灾害被认为在电视出现之后获得了更多的新闻报道，因此对许多市场中的信息受众来说，媒体对灾难的视频报道比过去广播或报纸上的同类报道更加引人注目。信息传播方式经历了报纸、广播、电视和互联网等大众传播技术的改进，扩大了潜在的媒体受众，媒体引入的技术不仅促成了传播技术变革，还弱化了既得利益集团的力量，追求市场份额、利润最大化的媒体最终将使更多的媒体受众了解自身利益。已有模型表明，追求利润最大化的媒体以使其媒体受众群的愿望最大化为目标，可能在社会中产生积极的溢出效应，但这种有利的力量产生影响的程度取决于媒体行业的所有权结构。

资本市场中的大部分信息是由媒体提供的，包括报纸、电视和广播，它们收集信息并向公众传播，信息的提供和传播受到强劲增长的回报制约：组织信息收集和传播设施有相当大的固定成本，一旦发生这些成本，提供信息的边际成本就相对较低。媒体行业的所有权分为国有和私有两类，根据媒体的公共利益理论，政府对媒体的所有权可能是一种垄断，特别是如果私营媒体机构服务于统治阶级，那么国家媒体所有权可以使媒体受众获得比私人媒体所有权更少的偏见、更完整和更准确的信息。公共利益理论预测，"良性"或"公益性"较强的政府应该拥有更高水平的媒体所有权，这种所有权的结果是新闻自由度增加，经济和政治自由度增加，从而创造更好的社会效益。

公共选择理论的预测则恰恰相反。公共选择理论认为，私营和独立的媒体向公众提供不同的观点，它们使个人能够在商品和证券之间进行选择，而不必担心被不择手段的制作人和推销人滥用。此外，媒体公司之间的竞争确保选民、消费者和投资者平均获得公正和准确的信息。这种私人媒体和竞争性媒体的作用被认为对现代民主的制衡系统如此重要，以至于将其放在行政机关、立法机关和法院之后，称为"第四等级"。

有研究收集了97个国家的报纸、电视和广播及其所有权模式的数据，发现世界各地媒体公司的两种主要所有权形式是国家所有权和私人所有权（Djankov等，2003）。拥有媒体机构也会拥有"便利潜力"，也称为"控制的私人利益"，经济理论预测媒体公司的私人控制应该高度集中，具有高舒适度潜力的广泛控股公司的控制权可供争夺，不能在均衡状态下持续。如果排除媒体会出于慈善目的进行运营，根据Jeffrey（2000）研究所提供的证据，印度的新富商业和工业家族创办的报纸，既宣传其所有者，又传播他们的思想。King等（2013）提供了中国社交媒体审查制度的证据，并表明中国政府实施了旨在限制收集行为（但不是压制政府批评）的审查制度。Qin等（2017）的研究证实了我国政府对社交媒体的监管。

在互联网时代，数字化改变了大众传媒市场的竞争性质和提供的产品范围。媒体机构越来越多地被在各个领域运营的大型企业集团所拥有，媒体机构的信息平台愈加下沉，对媒体机构的限制也在逐渐减少。一方面，媒体行业是一个规模效益不断增加的行业，从经济学角度看，过高的竞争水平可能会导致效率低下，并导致信息质量下降（Cagé，

2014）；另一方面多元主义保证了媒体独立性和意识形态多样性。

本书将媒体披露的重点放在报纸和网络上，因为这些是政治、经济和社会新闻的主要来源。

1.2.5 股吧信息披露

随着互联网技术普及程度的扩大，互联网中信息的快速增长使得信息传播的即时性得以实现，线上社区互动类媒介极大地促进了知识信息的扩散，推进了网络中用户之间的交流与互动。社区互动类媒介作为一种信息共享平台，融合了问答与社会化功能两方面特征（Gazan，2010；Liu and Jansen，2018）。社区互动类媒介所建立的平台可以使信息知识在平台上不断聚集，其包含的话题数量越来越多，也越来越呈现多元化的发展，会吸引更多的用户加入社区，参与到社区互动中。社区中存储着大量的问题和答案，形成了平台自有的数据库，用户可以在数据库中进行检索。线上社区互动类媒介还引入了社会化功能，强调用户可以在线上关系网络中进行互动，例如留言与讨论。

在我国的资本市场中，作为社区互动类媒介的代表——股吧，以上市公司在资本市场中的表现为话题建立了投资者可以互相交流的平台。现有媒介中，只有股吧的信息可以直接由投资主体自行发布，没有其他媒介进行传播，直接将信息与情绪传递给其他投资者，可以对其他投资者的情绪构成冲击。Nisbett（1976）发现，具体生动或易于形象化的信息比抽象的数据对人们的影响更大。尹海员和李忠民（2011）对中国投资者的一项调查显示，有65.3%的投资者对媒体持有信任态度，并且Beckman（1984）研究发现当存在有相互关系且被感觉到的认知被投资者观察到时，这种关系会更加受到投资者的重视。

通过社区互动类媒介可以很容易地影响投资者的情绪，用户之间的交流减少了中间情绪加工的传播步骤，可以直接将情绪传递给其他用户。随着上市公司在资本市场中的表现变化，投资者会对上市公司产生不同的情绪，表现为在股吧中发布带有明显情绪倾向的帖子。用户发布帖子可以得到答复，并且在这种互动中会或多或少地涉及有关上市公司的信息，用户依靠其他用户的回复和共享的知识可以获得所需的相对准确的信息。在股吧中，这些零星的信息在资本市场中流转，根据"马赛克理论"，若干非重大的信息或信息片段，结合起来可以形成有重要价值的信息，即信息经过拼凑后可以形成具有价值的信息。

1.2.6 公司外部治理

中国的资本市场发展时间较短，自20世纪90年代初开始发行股票并建立现代企业制度以来，其公司治理情况，包括制度和监管环境，已经发生了巨大变化。委托代理制是公司治理的基本制度，其主要问题是控股股东与中小股东之间的冲突。解决公司治理问题的主要方式是内部公司治理和外部公司治理，其中外部公司治理所代表的主体对于上市公司来说扮演的是外部监督的角色，上市公司的外部治理通过市场体系对管理层进行控制，是通过市场的外部制约而发生作用的。通过图1-1的资本市场结构发现，上市公司外部治理主体通过市场中的各种机制都可以对上市公司治理产生影响，这些上市公司的外部主体也参与了公司的治理。本书涉及的公司外部治理主体如下：

（1）作为外部监测者的信息中介机构

证券分析师至少可以通过两个渠道来监控上市公司管理层：一是直接通过电话会议提出问题，二是间接通过向投资者分发公开的和私人的信息来帮助他们发现内部人员的不当行为（Chen等，2015）。然而在中国，控股股东选择披露内容的能力阻碍了证券分析师对内部人员的有效监控。此外，中国的证券分析师可以在投资银行工作，这种做法有损他们的客观性。Huyghebaert and Xu（2016）发现，中国投资银行附属的证券分析师对那些IPO由其附属银行承销的公司给出了有正面偏差的收益预测。Chan等（2019）的研究还显示，在中国大股东出售其限制性股份之前，曾有与上市公司有承销关系的分析师提供了更为乐观的建议。

（2）作为潜在重要监督者的媒体

媒体扮演着影响公司声誉的公司治理角色，并可能迫使监管者采取行动（Dyck等，2008）。在公司治理领域，媒体报道可以影响管理人员和董事会成员（Dyck and Zingales，2004），揭露公司渎职行为（Miller，2006；Bushee等，2010；Dyck等，2010），并迫使管理层采取纠正行动（Dyck 等，2008；Joe 等，2009；Liu and McConnell，2013）。然而，许多媒体在报道中可能存在偏见。You 等（2018）将主流金融报纸分为国家控制以及市场导向两类。通过回顾 210 199 篇发表在国家控制的金融报纸和市场导向的金融报纸上的文章，发现在国家控制的报纸上发表的文章批判性不够，准确性和全面性有待加强，投资者更容易受到报道延误的影响；而市场导向的报纸对股市反应更为强烈，更善于预测公司的未来表现。

公司外部治理机制起到了外部监督作用，分析师与媒体这两种上市公司外部的主体对于上市公司都起到了监督作用，并且它们都会向资本市场释放信息，扮演了上市公司外部治理方面的角色。

1.3　研究目标与研究内容

1.3.1　研究目标

本书的总体研究目标，以来自目标公司之外的信息对分析师行为影响研究为主线，探讨来自目标公司之外的信息对分析师各阶段行为的影响，以及对分析师整体行为的影响；考察了分析师对于市场中来自目标公司之外信息的利用程度以及行为特点，有利于市场中的投资者正确认识目标公司外部信息的价值。同时对监管部门如何进一步规范目标公司之外信息渠道的信息发布制度，提高其信息发布质量提供理论参考和政策建议。

1.3.2　研究内容

为完成对上述问题的研究，本书一共分为 9 章。第 1 章为导论，第 2 章为文献综述，第 3 章为相关的理论基础及分析，第 4 章为来自目标公司之外的信息指标的计算，第 5 章至第 7 章为本书的实证部分，探讨来自目标公司之外的信息对分析师各阶段行为的影响，第 8 章为来自目标公司之外的信息对分析师行为差异的影响探究，第 9 章为主要的研究结论、政策建议以及本书研究的不足。其中第 5 章至第 8 章，采用实证研究的方法，首先探究来自目标公司之外的信息对分析师各阶段行为的影响，再探究来自目标公司之外的信息对分析师整体行为的影响，这样的结构安排有助于循序渐进地探究来自目标公司之外的信息对分析师行为及其行为差异的影响。各部分具体内容安排如下：

第1章为导论。首先，对研究背景进行描述，并在研究背景的基础上提出本书欲研究的问题。其次，对本书研究的理论意义与现实意义进行说明。再次，提出本书的研究思路、研究框架以及采用的研究方法。最后，说明本书研究欲实现的创新之处。

第2章为文献综述。本部分围绕分析师的各阶段行为以及目标公司之外的信息渠道这两个核心概念对国内外相关文献进行回顾。在对上述两方面内容进行梳理的基础上，最后对文献进行评述，希望本书的研究内容能够在继承前人研究的基础上有所突破。

第3章为理论基础与分析。本部分将为来自目标公司之外的信息与分析师行为的研究提供理论支撑。首先，介绍分析师因信息不对称理论和信号传递理论而在资本市场中存在的依据。其次，从社会判断理论、沉默螺旋理论和羊群效应理论角度为分析师做出的各种行为提供理论基础。最后，结合上述理论及其在本书所构建的逻辑关系中发挥的作用，对主要研究内容进行理论分析与逻辑梳理。

第4章是来自目标公司之外的信息渠道指标计算。本部分通过五种机器学习算法模型，旨在从逻辑回归、GBDT算法、XGBoost算法、LightGBM算法和随机森林算法五种模型中获得一个拟合优度最高的模型。将来自上市公司之外的信息细化渠道合并为一个可以衡量整个外部信息渠道的指标。在研究的过程中，首先，对五种算法模型进行介绍，并对各模型的优势进行分析。其次，进行研究设计，包括了模型设计、变量定义、样本选择与数据来源。再次，对模型训练后进行评估测试，对模型的拟合优度进行比较和选择。最后，对本章所涉及的内容进行小结。

第5章为分析师跟踪行为与来自目标公司之外信息的实证研究。本部分对来自目标公司之外的信息渠道以及各细化渠道对分析师跟踪行为的影响进行实证研究。在研究的过程中，首先，通过理论分析提出研究假设。其次，进行研究设计，包括模型设计、变量定义、样本选择与数据来源。然后是实证结果与分析，包括对描述性统计分析、相关性分析以及多元回归分析结果的列示与分析，并在进一步分析中，针对上市公司信息披露质量以及行业竞争程度的背景下目标公司外部信息渠道对分析师跟踪行为的影响加以检验。再次，进行稳健性检验，具体包括公司层面考虑聚类效应的修正标准误检验方法、子样本检验以及变量替换等。最后，对本章所涉及的内容进行小结。

第6章是分析师实地调研行为与来自目标公司之外信息的实证研究。本部分将对分析师实地调研受到来自目标公司之外信息渠道以及各细化渠道的影响进行实证研究。进一步分析中，本章将检验上市公司在一定信息披露质量以及行业竞争程度情况下，分析师实地调研行为受到目标公司外部信息渠道的影响。本部分仍然按照理论分析与提出假设、研究设计、实证结果与分析、进一步分析与稳健性检验以及本章小结的顺序展开。

第7章为分析师研报相关行为与来自目标公司之外信息的实证研究。分析师报告是分析师整个行为流程的最后一步，本章考察目标公司外部信息渠道对分析师报告相关行为的影响，总体的结构安排与之前2章类似。通过目标公司外部信息渠道对分析师报告提及次数以及预测准确度的影响，探究目标公司外部信息渠道对分析师报告相关行为的影响。在进一步分析中，通过目标公司外部信息渠道对分析师研报财务信息含量以及预测修正间隔的影响进行探究，以此更为详细地探究目标公司外部信息渠道对分析师行为的影响。本章仍然按照理论分析与提出假设、研究设计、实证结果与分析、进一步分析与稳健性检验以及本章小结的顺序展开。

第8章探究了来自目标公司之外信息对分析师行为差异的影响。首先，在之前3章实证研究主回归的基础上，以不同行为的组合为依据进行分组回归，探究分析师某阶段行为下，受到目标公司外部信息渠道的影响。其次，通过行为的转化，探究目标公司外部信息渠道以及细化渠道对分析师整体行为的影响。最后，对本章所涉及的内容进行小结。

第9章为研究结论、政策建议与研究不足。本章首先对本书研究得到的关于来自目标公司之外的信息与分析师行为之间作用关系的结论加以汇总，以实现本书的研究目标。其次结合本书各部分所得到的结论，阐述目标公司外部信息渠道对分析师的整体行为的影响，针对来自目标公司之外信息方面提出有针对性的政策建议。最后指出本书在研究过程中尚存在的不足之处，并对未来可完善之处进行展望。

1.4 研究思路与方法

1.4.1 研究思路

本书的研究拟从来自目标公司之外的信息与分析师行为的关系出发，通过分析师不同阶段的行为受到来自目标公司之外信息的影响进行实证检验，对目标公司外部信息渠道是否对分析师各阶段行为产生影响，我国上市公司之外的信息披露是否在资本市场中起到作用，以及其如何对分析师的行为产生影响展开研究。

首先，介绍我国分析师制度背景以及分析师在资本市场中的现状，对有可能影响分析师各阶段行为的来自目标公司之外的信息渠道进行理论分析。通过对修正的二级传播理论、信号传递理论、信息不对称理论、有限理性理论、羊群效应理论和反沉默螺旋理论等相关理论的介绍，对分析师行为的选择机制和经济后果进行理论分析，为后文探讨来自目标公司之外的信息渠道对分析师各阶段行为以及分析师行为差异的影响提供了理论依据。

其次，在种类繁多的外部信息渠道中选出具有代表性的渠道，通过机器学习将各个小分类的来自目标公司之外的信息整合为可以代表来自目标公司之外的信息指标，使得来自目标公司之外的信息这一指标转化为可度量的指标，为后续研究来自目标公司之外的信息对分析师行为的影响打下了基础。

再次，探究来自目标公司之外的信息渠道对分析师跟踪行为、实地调研行为以及研报相关行为的影响，在对上述关系的研究中，加入了细化渠道以及分歧度对分析师行为的影响。在此基础上进一步考察了不同公司信息披露质量和行业竞争程度下，来自目标公司之外的信息对分析师各阶段行为影响的差异。

最后，利用来自目标公司之外的信息对分析师整体行为的影响进行检验，考察目标公司外部信息渠道以及细化渠道对分析师整体行为的影响，可以发现分析师对于各个信息渠道的利用程度以及是否采用的态度。

本书按照"问题提出→文献综述→理论基础→实证检验→得出结论"的思路展开研究，研究框架如图1-2所示。

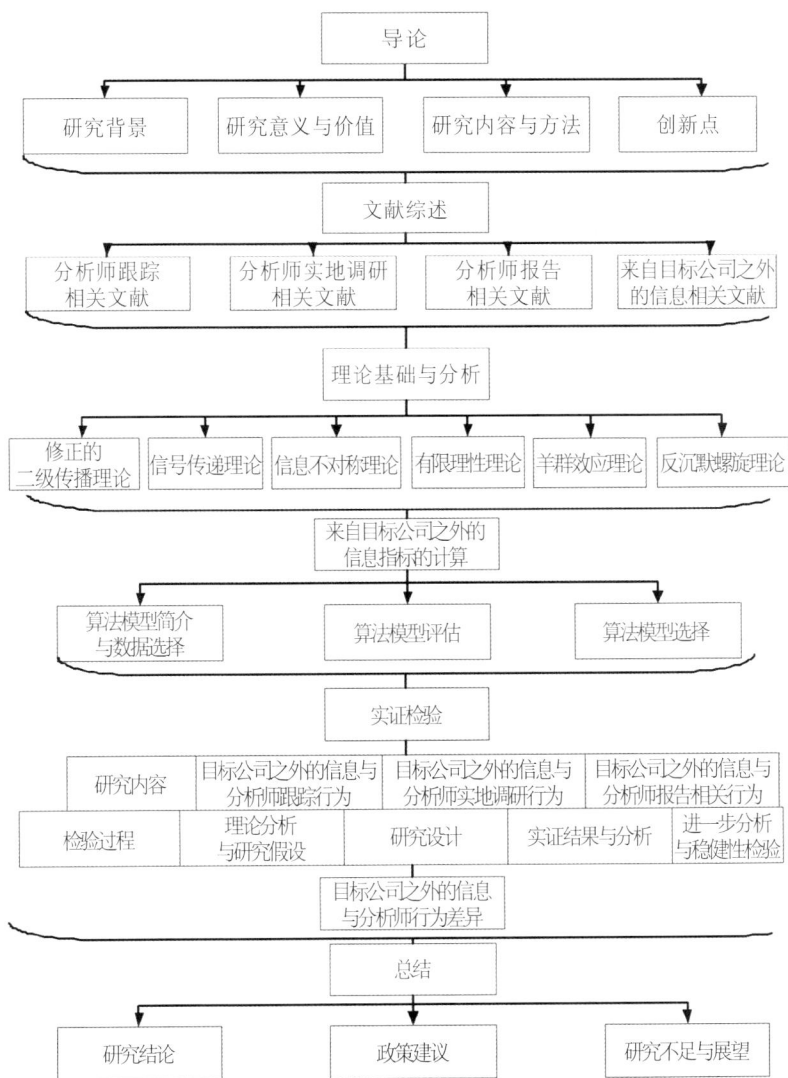

图 1-2　研究框架图

1.4.2　研究方法

本书将采用规范研究、实证研究、内容分析以及机器学习相结合的方法。规范研究方法主要用于制度背景介绍、文献回顾、文献评述、理论基础以及理论逻辑部分；实证研究方法主要应用于对提出的理论假设进行实证检验；内容分析则主要应用于来自目标公司之外的信息渠道指标的构建；机器学习方法主要应用于来自目标公司之外的信息渠道指标的计算。具体使用的研究方法如下：

（1）规范研究方法

本书主要将规范研究方法应用于问题提出、文献综述以及理论基础等三个方面。首先为问题提出，由于信息技术的飞速发展，来自目标公司之外的信息呈现多元化趋势，各信息渠道所面向的主要客户群体也具有针对性；随着分析师的一举一动在市场中受到投资者的加倍关注，分析师在面对市场中良莠不齐的信息时，其自身行为会受到多方面的影响，针对此现实背景提出了本书欲研究的问题。其次在文献综述方面，本书依次对分析师跟踪、分析师预测、分析师报告以及信息渠道等方面的国内外相关文献进行了回顾，并在此基础上展开文献述评。最后在理论基础方面，本书将通过社会判断理论、反沉默螺旋理论和羊群效应理论阐述各种情况下分析师行为的理论基础，通过信息不对称理论和公司治理理论说明分析师对上市公司的跟踪、预测和在研报中提及之间的联系。

（2）实证研究方法

针对所要探讨的来自目标公司之外的信息分别与分析师跟踪、实地调研以及分析师报告相关行为之间的影响，本书主要通过实证研究的方法为其提供支持性证据。在数据选取与处理方面，将从2009—2019年沪深两市的A股上市公司中选取样本，数据处理则通过Excel 2019和Stata 16等软件进行。在模型应用方面，主要采用最小二乘法（OLS）对研究假设加以验证。此外，还将利用关静怡等（2020）对股吧分歧度的衡量进行稳健性检验。在实证研究过程中，还将进行描述性统计分析、相关性分析、多元回归分析、进一步分析与稳健性检验，通过对上述检验过程结果的分析，为研究假设提供更为充实的证据。

（3）内容分析方法

内容分析方法主要应用于本书第4章中"目标公司外部信息渠道"度量指标的分析。通过对市场中的信息渠道种类的分析，找出市场中各类信息渠道的代表，以各类信息渠道的代表构建目标公司外部信息渠道。最后根据各种模型的运算结果比较哪种模型的预测更加准确，构建出本书信度较好的"目标公司外部信息渠道"指标。

（4）机器学习方法

针对外部信息渠道的多元性以及复杂性，需要将各种外部信息渠道进行汇总，通过机器学习的方法为外部信息渠道指标的衡量提供客观的计量方法。与经典的统计建模相比，机器学习方法更加灵活，提供了从线性到复杂的非线性映射的学习能力。由于这种灵活性，机器学习往往能提供更准确的预测。这些"黑匣子"模型可以通过拟合优度来评价，它允许测量特定输入在模型输出响应中的重要性和效果。本书采用Moro 等（2014）的方法，通过数据挖掘模型重点研究特征工程的特点，经过预测、检验得出通用的指标。

1.5　主要创新点

本书可能的创新体现在以下几个方面：

（1）通过机器学习得出客观衡量来自目标公司之外信息渠道的指标。外部信息渠道包含的媒介种类繁多，现有文献大多是就目标公司之外信息渠道中的一种进行针对性研究，但信息传播流通的环境较为复杂，而对于分析师行为的影响也并不是单一的外部信息渠道就可以一概而论的，在市场中信息的传播具有一定的复杂性和交互性，所以根据数据的可获得性，在数据上选择外部信息渠道中具有代表性的渠道，不仅涵盖了纸质、网络这些受众面较宽的外部信息渠道，还包含了股吧、公众号这种受众面相对具有局限性的外部信息渠道。通过机器学习的方式，对各个信息渠道权重进行计算，形成一个客观科学衡量外部信息渠道的指标。分析师所面对的外部信息纷繁复杂，将外部信息渠道进行汇总，可以准确检验外部信息渠道对分析师行为的影响程度。

（2）对来自目标公司之外的信息影响分析师行为的路径进行检验。本书在实证检验出外部信息渠道对分析师各阶段行为的影响后，对新闻媒体信息渠道和股吧信息渠道加入信息分歧度进行多元回归与比较，同时在股吧信息渠道中还引入活跃度指标，探讨分析师会被怎样特征的信息所吸引，做出跟踪、实地调研和研报等行为，这些行为又会表达分析师怎样的态度。上述路径检验与其他诸如控制变量、模型变化、变量替换等稳健性检验共同为研究假设提供了更为充分的证据。

（3）将分析师跟踪行为、分析师实地调研行为和分析师报告相关行为同时纳入统一的研究框架中，并将分析师行为进行连贯分析。现有研究主要将分析师行为的每个阶段进行分割，对每一阶段的活动进行分析，而分析师行为是一个连贯并具有周期性的行为，将其整个行为过程进行分割忽视了各阶段行为前后之间的联系。另外，对于分析师行为的每个阶段，目标公司外部信息渠道的影响程度也不是持续一致的，通过行为前后的差异可以探索外部信息渠道影响的程度差异，以使研究框架更为充实。

（4）补充了来自目标公司之外的信息渠道信息含量的相关研究。以往对于来自目标公司之外信息的研究大多探讨其对上市公司股价波动的影响以及其是否影响了交易量，虽然引起这些现象的源头都是投资者的行为，也就是说现有研究都是对行为后果的研究，但是外部信息渠道如何影响分析师行为，以及对分析师整体行为的影响却鲜有探讨。本书探讨了来自目标公司之外的信息对分析师行为的影响，并对分析师行为的差异是否受到外部信息渠道影响进行研究。

2 文献综述

本章将对研究相关的以往文献进行回顾评述，便于对所讨论问题的发展和研究动态进行详细了解，同时对本书所要研究的内容有所启发，为后文的研究打下良好的基础。前文已将分析师行为划分为分析师跟踪、分析师实地调研与分析师研报相关行为三个阶段，本章主要从这三方面入手进行文献回顾。本章分为五部分：第一，就分析师跟踪影响因素以及分析师跟踪对上市公司的影响，对国内外与之相关的研究成果进行梳理；第二，就分析师实地调研的相关文献进行梳理，对分析师实地调研的影响因素以及实地调研的行为后果影响进行分析；第三，就分析师研报相关行为的相关文献进行梳理，其中包含分析师研报以及分析师预测两个部分；第四，对外部信息相关文献进行梳理，例如媒体等对上市公司影响的相关文献；第五，结合前文的文献回顾，对已有的相关研究进行文献述评。

2.1　分析师跟踪的文献回顾

分析师跟踪是指证券分析师对上市公司进行调查研究的行为。根据有限关注理论，由于分析师的个人精力以及时间是有限的，并且分析师对上市公司进行跟踪需要花费一定的成本，所以分析师的跟踪调查行为无法覆盖所有上市公司，分析师需要有选择性地进行取舍，这就导致有些上市公司有较多的证券分析师跟踪，而有些则只有较少的分析师跟踪，甚至没有分析师进行跟踪。究竟哪些因素会影响分析师的跟踪行为？针对这一问题的研究可以更深入地了解证券分析师跟踪行为的经济后果及其作用机理。在国内外现有文献的基础上，针对本书研究主题，本小节主要关注分析师跟踪的影响因素和分析师跟踪行为后果两个方面。

2.1.1　分析师跟踪的影响因素

早期国内外文献对于分析师跟踪行为的研究大多聚焦于目标公司的特征对分析师跟踪行为的影响。Bhushan（1989）将分析师市场不存在进入壁垒作为假设前提，把分析师跟踪看作一种服务，发现分析师跟踪数量与目标公司的规模、机构持股比例以及盈利的波动性呈正相关关系，与目标公司的经营行业范围和内部持股比例呈负相关关系。O'Brien and Bhushan（1990）认为分析师是资本市场中的信息中介，作为分析师的主要服务对象，机构投资者对目标公司的信息需求会影响分析师对目标公司的选择性跟踪。分析师偏好之前跟踪人数少的成长期公司，也更倾向于将所处行业信息披露趋向规范化的公司作为其目标公司。Brennan and Hughes（1991）则认为目标公司的规模与分析师跟踪行为呈正相关关系，目标公司的规模越大，分析师越容易获取信息，并且规模大的目标公司可以为分析师带来更多的交易佣金，研究发现分析师还喜欢股票价格被低估的目标公司。Lang等（2004）通过研究所有权结构、证券分析师跟踪、投资者保护和公司价值间的关系，发现当目标公司的管理层为其所在公司的大股东时，分析师则不倾向于进行跟踪，因为管理层为大股东的目标公司更有动机去进行盈余操纵，因此目标公司的治理程度也是分析师决定是否进行跟踪的重要因素。

在我国上市公司被分析师跟踪的研究方面，林小驰等（2007）通过海外分析师对我国上市公司跟踪的影响因素进行研究发现，分析师更愿意将经营质量好且风险较小、治理结构较好的公司作为目标公司进行跟踪。王宇超等（2012）研究发现分析师会倾向于将规模较大、交易额度高、机构持股比例高、与投资者关系好的公司作为跟踪目标公司，而不倾向于将投资风险大、内部持股比例高、业务复杂度高的公司作为跟踪的目标公司。范宗辉和王静静（2010）则发现分析师更倾向于将利润较为稳定，并且盈余操纵程度小，也就是成长性较好的上市公司作为其跟踪的目标公司。

随着信息技术的快速发展，市场信息环境发生了翻天覆地的变化，分析师可获得信息的来源更多，获得的信息量激增，分析师可以依赖收集到的信息进行分析，因此学者们开始研究外部信息环境对分析师跟踪行为的影响（Lang and Lundholm，1996）。已有研究发现，分析师会将信息披露全面的上市公司作为其目标公司，并且选择这些目标公司进行跟踪的分析师其预测的准确度也相对较高。Lang 等（2003）的研究则认为交叉上市有助于改善公司的信息环境，因此交叉上市会提高目标公司的价值，从而吸引更多的分析师来进行跟踪，并且分析师的准确度也会提高。白晓宇（2009）发现分析师倾向于对信息透明、政策透明的上市公司进行跟踪，并且跟踪的分析师数量越多，分析师预测的准确度越高。通过以上研究可以看出，分析师对于其目标公司的信息披露水平更为看中，若市场中的信息充足，分析师获取信息的成本越低、信息的质量越高，越有助于缓解资本市场中信息不对称的问题。分析师通过信息搜索和加工挖掘目标公司的信息，向资本市场提供更专注于目标公司的信息，减少关于目标公司的噪声（朱红军等，2007；伊志宏等，2019）。但 Piotroski and Roulstone（2004）研究认为分析师所能获得的信息大多来源于资本市场，分析师获取信息的来源以及发布信息的对象都在资本市场中。Kalok Chan 等（2006）认为这样会使得市场上的同类信息增加，并不会提高市场中的信息环境质量。

2.1.2 分析师跟踪行为后果

在对分析师跟踪行为后果的研究中，大多数研究将证券分析师定义为传统意义上的信息中介角色，但是这一定义是不全面的，证券分析师除了能够发挥信息中介角色外，还扮演着另外一个重要的角色，那就是上市公司的外部监督者。分析师跟踪行为对其目标公司产生的治理作用表现为两个方面：一方面，作为信息收集者，分析师向市场中发布的信息对目标公司施加了压力；另一方面，分析师通过搜寻信息，减少了市场中的信息不对称现象，提高了资本市场、相关监管部门对目标公司的监督程度，已有研究证实在我国资本市场中分析师对于目标公司的信息解读以及监督作用得到了充分发挥（徐欣和唐清泉，2010；陈钦源等，2017）。

在理想化的完全有效市场中，信息是完备的，也就是市场不对称的现象是不存在的，市场也就不需要信息中介的存在。但现实市场中交易成本和代理问题的存在是必然的，让具有信息及专业优势的分析师去处理可以有效地解决信息不对称以及代理问题。分析师凭借自身的专业以及优于中小投资者的信息优势，通过对目标公司过去、现在的财务与非财务等公开信息、私有信息进行加工和整理，从而占据更多的信息，做出准确度更高、更合理的判断。分析师作为信息中介，能够有效降低所有权和控制权分离而产生的代理成本。分析师通过对宏观经济形势以及目标公司信息进行全面分析，对目标公司进行盈余预测，监督公司管理层的机会主义行为，引导投资者进行更有价值的投资。

分析师对信息的解释发布作用有效抑制了 Jensen 等（1976）提到的管理层侵害企业利益的机会主义行为，从而缓解了所有权与控制权分离所产生的代理冲突，因此奠定了有关分析师治理效应的理论基础。Doukas 等（2000）研究认为，分析师能够显著降低目标企业潜在的委托代理成本，进而提升目标企业的价值。郑建明等（2015）研究表明，分析师与监管制度存在一定的替代作用，分析师跟踪可有效抑制管理层的业绩预告违规行为。Chen 等（2015）研究发现，若目标公司被分析师跟踪较少，会导致目标公司的代理成本提升，增加管理层盈余操纵和追求超额薪酬的可能性，分析师跟踪增加则能够缓解管理层对外部中小投资者的利益侵占。谭雪（2016）研究发现，我国资本市场中的分析师可以显著降低目标企业的两类代理成本，从而有效保护投资者的利益。

证券分析师的外部监督作用不仅仅体现在公司价值提升方面，还体现在融资效率提高、管理层盈余管理下降等方面。Bowen 等（2008）发现，被分析师跟踪越多的目标公司在增发配股时折价越低，并且目标公司可以用较低的融资成本获得来自外部的资金，说明分析师跟踪增加可以使得目标公司的权益资本的成本下降。Yu（2008）研究发现，分析师跟踪增加会使得公司管理层进行盈余管理的成本上升，管理层操控盈余的行为减少。Jung 等（2009）研究认为，分析师跟踪行为可以降低自由现金流问题严重的目标公司代理成本问题。Dyck 等（2010）发现在一些重大舞弊案中，分析师跟踪在揭发财务舞弊中能够发挥直接作用。当企业被较多的证券分析师关注时，其进行盈余管理的行为也会受到抑制（李春涛等，2014）。胡玮佳等（2020）发现，分析师跟踪人数越多，企业的盈余管理信息风险及基本面信息风险就越低。从现有文献来看，相关研究主要从代理成本、管理层业绩预告违规、财务舞弊、盈余管理等方面研究分析师的治理效应。

2.2 分析师实地调研的文献回顾

本节分析师实地调研的相关文献回顾，将从实地调研对上市公司的影响因素文献回顾和分析师实地调研对上市公司影响文献回顾两个方面展开梳理，以下进行分述。

2.2.1 实地调研对上市公司影响因素文献回顾

实地调研是一种机构投资者与被调研上市公司直接交流的途径，机构投资者可以通过实地调研对已有公开信息进行验证，挖掘关于目标公司的私有信息，并通过对上市公司进行实地调研的行为对被调研公司实施治理手段。2017 年已有媒体披露，资本市场中的机构投资者存在扎堆对目标公司进行实地调研的现象，说明影响机构投资者进行实地调研的因素具有一定的普适性，对大多数机构投资者是适用的。

　　早期市场中的信息交流频率较低以及交通的非便捷性，导致投资者与其目标公司之间的沟通并不是很顺畅，市场中的信息不对称现象也受到机构投资者与目标公司空间距离的影响，非目标公司本地的分析师为了通过获取私有信息向市场中传递增量的信息，会有更强的动机对目标公司进行实地调研（Covel and Moskowitz，2001；Malloy，2005）。

　　已有研究证实，机构投资者对目标公司的实地调研行为加速了目标公司相关私有信息与股票价格的融合速度，大大减少了通过目标公司的私有信息进行套利的行为（陈小林和孔东民，2012）。谭松涛和崔小勇（2015）研究发现，机构投资者对目标公司进行实地调研，通过与目标公司的管理层进行交流互动以获取目标公司的经营信息，进而了解公司的未来发展计划。也有研究通过对上市公司信息不对称程度进行分析，发现目标公司与投资者信息不对称程度越高，机构投资者为了获取更多的私有信息就越有动机去进行实地调研（谭劲松和林雨晨，2016）。韩谨阳（2017）研究发现，机构投资者进行实地调研的主要动机便是增加目标公司相关信息的数量，把获得的有关目标公司的私有信息通过投资者之间的信息网络转化为在市场中流转的公开信息，机构投资者做到了私有信息向公开信息的转化，向市场中传递了增量信息。也有研究发现机构投资者会倾向于选择向市场公开披露信息较少的上市公司作为目标公司，因为机构投资者可以通过实地调研获得更多的有用信息，这给了机构投资者更多的动机去对目标公司进行实地调研（Cao等，2017）。通过以上研究发现，机构投资者实地调研主要与目标公司的信息披露水平息息相关，机构投资者对目标公司进行实地调研大大提高了上市公司信息披露的质量。

　　机构投资者对目标公司的实地调研行为不仅获得了更多的信息，还成为目标公司外部治理的重要途径之一。近些年来，机构投资者实地调研行为对目标公司的影响是学者较为关注的话题。虽然机构投资者实地调研行为对目标公司施加了治理作用，但是不同种类机构投资者所施加的治理效果是具有差异的，李春涛等（2018）的研究证实了这一观点。而治理效果若存在正向影响，其另一方面的弊端亦是存在的，有的学者便发现机构投资者对目标公司的治理并没有起到有利影响，机构投资者的实地调研会使得目标公司管理层模糊对于盈余预测的方式（程小可等，2017）。

对于机构投资者实地调研的相关研究聚焦在其对上市公司外部治理效果以及对上市公司信息披露质量的影响方面，说明机构投资者对目标公司进行实地调研的主要目的是对信息的需求，机构投资者付出时间、人力与金钱成本的目的便是获得更多目标公司的信息。

2.2.2 分析师实地调研对上市公司影响文献回顾

分析师向市场中发布的消息大致可以分为两种：一种为分析师对市场中的公开信息进行收集、加工后再向市场进行传递；另一种是通过对目标公司进行实地调研获得与目标公司相关的非市场中公开的信息，经过分析加工后向市场进行传播，将这种非市场中公开的信息转换为公开信息，使得在市场中出现有关目标公司的增量信息。分析师作为众多机构投资者种类中较为特殊的一个群体，固然其信息来源主要为目标公司所披露的年报，但分析师与目标公司管理层的会面更是其重要的信息来源渠道（Lees，1981）。刘会（2013）通过研究发现，分析师更偏好将信息透明度高、机构投资者持股比例高的上市公司作为实地调研的目标公司，当目标公司的业绩波动较大时，分析师对目标公司进行实地调研行为的频率会降低。徐媛媛等（2015）研究发现，目标公司的规模、经营不确定性以及公开信息披露质量越高，分析师进行实地调研行为的可能性越大；如果分析师所属券商与目标公司的距离较远，分析师对目标公司进行实地调研的可能性较低，说明分析师对于目标公司进行实地调研还需要考虑其所消耗的人力物力成本，以及增量信息带来的收益是否会大于其进行实地调研所消耗的成本。

对目标公司进行实地调研的主要目的是验证已有信息的真实性以及寻找更多的私有信息，这些最终都用来帮助分析师对目标公司进行预测。现有研究主要针对分析师对目标公司进行实地调研所获得的信息对其预测准确度是否有帮助。有学者认为分析师对目标公司进行实地调研降低了分析师对目标公司预测的准确程度，并且加重了目标公司信息不对称的程度。普遍认为分析师的实地调研行为使得分析师在进行预测时会牺牲准确度而提高预测的乐观程度。唐松莲（2017）的研究印证了这一观点，当目标公司与分析师所在的券商具有关联时，分析师在进行实地调研活动时的独立性则难以保持，并且其更倾向于对有关联的目标公司进行实地调研活动。分析师对与其有关联的目标公司实施实地调研行为后，对目标公司的预测乐观程度增加了，但准确度下降了。

而另一些学者却认为分析师对目标公司进行实地调研活动有益于提高分析师对目标公司预测的准确程度。他们认为分析师通过对目标公司进行实地调研活动，会对目标公司的了解更加全面，获得更多的信息，有效地缓解了目标公司信息不对称的现象，提高分析师对目标公司预测的准确程度。已有研究证实，分析师实地调研可以降低分析师盈余预测的误差，显著提高分析师预测的准确性。分析师对目标企业实地调研的强度越大，反映在目标公司的股价中，其股价同步性越低，说明分析师对目标企业的实地调研大大缓解了信息不对称的程度（于晓萌，2013；曹新伟等，2015）。Cheng 等 （2015）的研究发现，在制造业企业以及无形资产占比较低的上市公司中，相较于不对目标公司进行实地调研的分析师，对目标公司进行实地调研活动的分析师预测准确程度更高。在资本市场中，分析师对某目标公司进行实地调研之后，在对其所处行业的其他公司进行预测时准确度也大大提高，这说明分析师对目标公司的实地调研行为具有行业溢出效应，了解的信息不仅仅局限于一家目标公司，还对其所处行业有了更深入的了解，提升了分析师相关行业的知识与经验（贾琬娇等，2015）。更有学者通过对分析师调研行为后的调研报告进行分析，发现对目标公司进行实地调研的确正向影响了分析师预测的准确程度。

分析师属于机构投资者中较为特殊的一个群体，分析师对目标公司进行实地调研的相关研究主要聚焦在调研之后，分析师针对所拥有的信息对目标公司进行盈余预测的准确程度，反映了分析师对目标公司实地调研行为对缓解目标公司信息不对称问题的影响。学者们对于分析师实地调研行为对分析师预测准确程度的影响方向具有不同观点，其主要原因在于分析师与目标公司之间的关系是否亲密。基于分析师对目标公司的实地调研，已有文献已经不仅局限于目标公司信息披露以及分析师实地调研对上市公司施加的治理效果，而是将视野拓宽至分析师进行实地调研的行为动因探究及行为的影响。

2.3 分析师研报相关的文献回顾

分析师报告中包含了研报自身以及分析师的预测，故主要针对这两个方面进行文献回顾。

2.3.1 分析师研报相关文献回顾

分析师的一系列行为的最终目的是向市场中输出分析师自身的观点以及关于目标公司的预测，早期分析师向市场中传递的信息主要是推荐目标公司的股票。一些学者就分析师推荐的股票在市场中的表现进行研究，探讨分析师的推荐是否具有投资价值。早期研究发现，券商机构推荐的股票大多数情况下并没有比随机股票的组合表现更好，说明早期分析师的推荐并不具有投资价值，分析师的选择并没有显示出他们的专业能力（Logue and Tuttle，1973）。随着市场的发展，上市公司对外披露的信息增加，市场中信息流转速度加快，有学者发现，分析师在向市场发布推荐报告之后，股票价格虽然没有即刻对分析师的报告做出反应，但若投资者追随分析师的推荐，投资者会获得正向的超额收益（Bjerring 等，1983）。

Womack（1996）研究发现，分析师的荐股报告与新闻报道以及在发布荐股报告之前市场中的信息保持一致，推荐的股票与这只股票在市场中的波动表现有着重要关联，并且分析师的荐股报告可以为投资者带来回报，这种超额回报可以维持半年之久。但对于分析师做出买入还是卖出的预测，市场回应了不同的态度：对于分析师的买入建议，市场给予的反应时间较短并且市场反应较温和；而对于分析师的卖出建议，市场的反馈更激烈并且持续的时间也更长。这说明分析师能够把握市场时机以及可以对目标公司的股票做出正确判断。Barber 等（2001）的研究发现，假设不考虑股票的交易成本，投资者如果按照分析师的建议进行买入卖出的交易操作，并根据分析师的意见进行头寸调整的话，投资者的年收益率可以超过4%，但若将交易费用放入考虑因素后，投资收益便并没有那么高了。

国内学者对分析师推荐目标公司的股票在市场中的表现进行研究时发现，分析师推荐的股票往往能够持续产生超额收益，并且伴随着股价增长其交易量也呈现增加的趋势，说明券商机构拥有一定的私有信息使得投资者可以获得超额收益（林翔，2001）。朱宝宪和王怡凯（2001）通过研究媒体上的股票推荐发现，媒体上推荐股票的信息的确为投资者带来了超额收益，并且其短期表现更为强劲，但其中期表现弱于市场的平均收益。

Francis等（2002）对分析师报告中的信息是否会先于随后的收益公告中的消息进行了调查。由于其研究依赖于市场对分析师报告的反应，而不仅仅是对收益公告的反应，因此他们的实证方法更加直接。Dempsey（1989）和Shores（1990）认为，更多的分析师追随意味着投资者实际上可以从分析师那里获得信息。Francis等（2002）研究发现，总体绝对异常收益与分析师报告和收益公告之间存在显著的正横截面关联，因此分析师报告中的一些新闻并不能取代收益公告中的新闻，它们是相互补充的，然而这些结果并不涉及分析师的不同信息角色。投资者可能会对分析报告做出反应，因为这些报告提供了新的信息，或者它们提供了管理层或其他来源的新信息的解释。

在Francis等（2002）之后，一些研究明确检验了分析师不同信息角色的相对重要性。这些研究依赖于分析师报告，更可能反映信息发现与信息解释和传播的假设，并比较不同类型分析师报告的市场反应。

分析师报告的一种分类方法是根据分析师报告相对于收益公告的时间对其进行分类。例如，Ivkovi and Jagadeesh（2004）推测，如果分析师的解读角色是他们价值的主要来源，那么在收益公告之后，股价对他们预测和建议修正的反应应该比收益公告之前更强烈。相比之下，如果分析师的价值主要在于他们发现信息的能力，那么在收益公告期之外，股价对其修正的反应应该更强烈。根据他们的调查结果，分析师盈利预测和建议的价值更多地来自他们独立收集的信息，而不是他们对公共信息的解释。Chen 等（2010）分别在收益公告前后研究了分析师的信息内容与收益公告的关系，发现在收益公布之后的两周内，两者之间存在负相关。他们的结论是只有在这两个星期内，解释的角色才主导了发现的角色。

根据分析师报告是在收益公告之前还是之后发布，将报告分为解释性的、传播性的和发现性的，这忽略了一个事实，即公司信息披露会触发大多数分析师的报告。Livnat and Zhang（2012）表示，1996—2010年期间约有56%的预测修正发生在10-K、10-Q 和8-K 披露的三个交易日内。同样，Groysberg and Healy（2013）指出，分析师最常见的书面输出是1~5页的报告，这是对该公司披露信息的回应。

分析师报告的另一种分类方法是在公司公开披露信息后迅速进行分类。Livnat and Zhang（2012）提出在公司公开披露信息后迅速修改预测，更有可能反映的是解释，而不是发现，并且研究发现投资者对促使修正的反应更为强烈，他们认为这证明了分析师解读角色的重要性。除了收益公告以外的公司信息披露可能会引发分析师的修正，假设发现信息需要更多的时间，因此报告后迅速坚定的披露更可能反映分析师的解释作用是直观的。然而，信息发现似乎是一个持续的过程，公司披露的信息诱使分析师发布报告，将最近发现的信息与对新闻的解读结合起来。

Twedt and Rees（2012）通过检查分析师报告的定性属性，以评估其是否包含关于报告摘要措施、收益预测和股票建议质量的增量信息。他们利用内容分析和计算语言学分析的创新，分析了2006年发表的2 057篇初始化报告。他们关注报告的细节（复杂性、篇幅和视觉辅助）和语调文字（积极词语的百分比减去消极词语的百分比）并发现，两者都提供市场的增量信息内容，超出了量化的摘要措施，这些研究使用标准的"词语袋"方法来测量定性信息。

Huang 等（2014）发现市场对文本意见的反应取决于同时发布的定量信息。此外，文本在预测盈利增长方面的作用大于定量总结措施。Franco 等（2015）对2002—2009年间的分析师报告进行了类似的广泛抽样调查，发现分析师报告的可读性与交易量之间存在正相关。

还有更直接的方法是检查分析报告中的信息，以确定在多大程度上需要分析师发现、解释和传播。Huang 等（2017）使用了大量的即时报告样本（那些在季度收益电话会议后一天内发布的报告），来检验这些报告是否提供了增量信息，以及投资者是否重视发现与解释的不同。Huang 等（2017）使用文本分析来比较分析报告的主题内容与收益电话会议中经理人叙述的主题内容。一个关键的结果是，分析师平均将 1/4 的讨论时间花在管理人员很少关注的话题上，这表明了分析师的发现作用。与此同时，Huang 等（2017）得出结论，分析师也扮演着翻译的角色，这是基于发现分析师在关键电话会议主题的描述中的词汇量在统计上与样本中 55% 的管理层的词汇量不同。

Daniel 等（2016）采取了"人类读者"的方法，阅读了超过 3 700 份分析报告，根据分析师对信息来源的描述，将报告内容分为发现和解释传播。他们在 1999 年和 2003 年对分析师和公司进行了连续的抽样调查，发现只有 17% 的抽样包含发现性报告，36% 的抽样分析师从未发布任何发现性报告。他们发现，相对于纯粹的解释性报告，投资者对包含发现内容的报告反应更为强烈。他们还发现，这些发现更有可能来自不那么乐观的分析师，以及拥有高信息不对称的公司。

有学者研究发现，利用交易和报价的日内数据，提高了人们对分析师信息角色的理解。为了评估分析师是通过他们的股票推荐产生新的信息，还是仅仅重新发布最近的公司新闻，Li 等（2015）将分析师的修订建议与一个全面的公司新闻文章样本联系起来，它们记录了前后显著增加的价格反应，大约 28% 在同一方向的价格反应是因为之前的公司事件。从这些文献研究中得出，市场认为分析师报告中的定性信息至少和分析师提供的定量信息一样有价值。

2.3.2　影响分析师预测相关文献回顾

分析师经常需要对市场未来的走势做出预测，那么这些预测的准确度如何呢？在市场中分析师预测的准确度受到各种因素的影响，很多学者针对影响分析师预测的因素进行研究。

早期研究大多聚焦在分析师预测的准确度与会计信息之间的关系

上，有研究认为在可获得的信息中EPS和销售额是最重要的财务信息，在预测过程中使用目标公司的财务信息的分析师要比没使用的分析师预测更加准确（Pankoff and Virgil， 1970）。McEwen and Hunton（1999）的研究证实了分析师预测的准确程度与目标公司会计信息之间的关联，也就是目标公司的会计信息有助于提升分析师的预测准确程度。但也有人提出，虽然目标公司财务报告是分析师预测重要的信息来源，但目标公司财务报告提供的信息并不是充分的（Vergoossen， 1993）。

随着后续对目标公司的财务报告进行深度挖掘，通过财务报告的构成，探究财务报告中哪些内容有助于分析师进行预测。目标公司财务报告及其信息质量、管理层盈余预测及其质量都与公开信息的特征有关，部分学者开始关注目标公司信息环境对分析师预测行为的影响，通过研究目标公司信息披露环境探究其对分析师预测准确程度的影响。

Basu等（1998）通过会计计量方法和信息披露水平研究分析师盈余预测，发现分析师盈余预测的准确度会因为选择权责发生制和历史成本计量方法计量而降低。Hope（2003）研究发现，会计政策披露水平越高，分析师预测准确度越高，分析师之间预测分歧度越低，并且发现目标公司对于会计准则的实际执行力度以及效果都会影响分析师的预测准确度。Bhat等（2006）研究发现，目标公司的治理透明度越高，分析师盈余预测准确度越高。Behn等（2008）研究发现，目标公司的审计质量越高，分析师预测的准确度越高，分析师之间预测的分歧度越小。白晓宇（2009）研究发现，上市公司信息披露政策越透明，跟随其进行预测的分析师数量会越多，分析师之间的预测分歧度越小，分析师预测的准确度越高。还有研究发现，我国上市公司财务报告质量越高，跟踪分析师预测的准确程度就越高（李丹和贾宁，2009）。

从信息来源探究对分析师预测行为的影响，可以从两个方面入手：一是市场中目标公司公开信息数量和质量的外生因素对证券分析师行为的影响和私有信息对证券分析师行为的影响；二是一些研究针对分析师获取私有信息的能力差异对分析师预测行为的影响。有研究将分析师对目标公司预测次数作为获取私有信息的替代变量，研究发现，随着分析师对目标公司预测次数的增加，分析师预测的准确程度越来越高，这意味着分析师对目标公司的可利用的信息增多大大提升了分析师预测的准确度（Mikhail等，1997）。而通过分析师从业经验、跟踪目标公司的数量这些分析师个体差异的因素，发现分析师之间个体差异的因素的确与分析师对于公有信息的解读以及私有信息的挖掘相关，进而影响了分析师预测的准确度（Clement，1999）。Malloy（2005）研究发现，分析师与目标公司的距离越近，其挖掘私有信息的可能性越大，分析师预测的准确度就越高。Clement and Tse（2005）研究发现，分析师对目标公司之前预测的准确程度、分析师所在券商规模、分析师预测经验与分析师当期预测的大胆程度息息相关，胆子越大的分析师，其预测的准确程度越高，说明大胆预测的分析师占有了更多的私有信息，可以为市场中的投资者提供更多有价值的信息。王玉涛等（2010）从地理邻近的角度，探究了对于同一目标公司，国内分析师与国外分析师预测准确度的差异，其差异主要在于，相较国外分析师，国内分析师与目标公司的距离更近，更有优势得到私有信息。Mayew and Venkatachalam（2012）研究发现，参加电话会议的分析师在之后发布研报更加准确，因为电话会议更有助于分析师获取目标公司相关的私有信息。Green等（2014）研究发现，当分析师可以获得较多的私有信息时，更有利于分析师向市场中发布更准确的研报。

2.3.3 分析师预测后果相关文献回顾

分析师在资本市场中通过撰写研报对目标公司进行评价、盈余预测进而决定是否对目标公司的股票进行推荐，通过在市场中发布信息减少市场中信息不对称的现象，缩小目标公司股票价格与价值的偏差，促进了市场的有效性。那么，分析师向市场中释放信息后是否被市场认同，会带来怎样的经济后果，这也是值得关注的学术问题。

Brown and Rozeff（1978）利用季度数据对分析师的短期盈利预测进行对比发现，分析师的平均盈利预测准确度要高于时间序列模型，并且对于一些突发事件，分析师可以即时做出反应，而一元时间序列模型对于突发事件会滞后产生反应甚至不产生反应（Collins and Hopwood，1980；Brown等，1987）。

在分析师预测的效果优于时间序列模型的观点被市场逐渐接受后，分析师预测的信息含量、对股票市场以及投资者的影响受到学者的关注。相对早期的研究证实，在分析师做出预测后的两个月，目标公司的超额回报依旧是存在的（Givoly and Lakonishok，1979）。Abarbanell（1991）针对分析师预测中是否包含目标公司以前的股价变动，通过实证研究发现，如果分析师仅使用私有信息而忽略目标公司之前股票价格变化进行盈余预测，当预测值小于市场中的实际值时股票价格会上涨，说明分析师对目标公司的盈余预测中并没有反映目标公司之前股票价格的变化。进一步的研究发现，股票价格与分析师预测呈现同向变动的关系，若当期盈余预测高于上一期，则市场中股票的价格会上涨；反之，股票价格会呈现下跌的趋势。

白晓宇等（2007）研究发现，分析师的盈余预测发布之后，市场会早于目标公司实际业绩公告之前对分析师的预测做出回应，但对于分析师正向还是负向预测的反应时间不一样。朱红军等（2007）则发现分析师对于目标公司的行为会增加目标公司股票的信息含量，降低目标公司的股价同步性，包含更多关于目标公司基本面的信息，有助于提高市场的运行效率。

2.4 来自目标公司之外的信息相关文献回顾

本节主要分为两个部分，一部分为分析师信息来源，另一部分对目标公司之外的信息渠道相关文献进行梳理，说明媒体对上市公司具有监督治理效应。

2.4.1 分析师信息来源相关文献回顾

分析师一系列行为的基础以及起点都是市场中的信息，分析师的工作基本围绕收集上市公司披露的信息，通过对这些信息进行解读并加以分析，整合分析师私有的信息对上市公司的经营活动进行分析，对上市公司未来的经营情况做出预测。分析师对可获得的信息进行预测后，向市场中提供易于投资者理解的研究报告，为市场中的投资者决策提供指导性建议。分析师的主要工作就是围绕各种来源的信息展开的，分析师不仅是信息的使用者更是信息的生产者，良好的信息来源是高质量研报的保障，能够提高分析师的预测准确程度，所以很多学者对分析师所利用的信息来源进行探究，考察哪些信息影响了分析师的行为。已有的研究大多将分析师的信息来源分为公有信息与私有信息，公有信息主要是公开信息渠道可直接获得的信息，而私有信息则是分析师依靠自身专业能力以及人脉获取的未公开信息。通过信息的来源可以看出，公有信息来源于公开渠道，获取信息的成本较低；私有信息需要分析师做更多的努力，获取私有信息的成本较高。普通分析师在开展工作时最重要的信息来源便是公有信息。

在资本市场中，分析师以及投资者面对着数量庞大的信息，其中最常见、获取成本最低的便是目标公司的财务报表信息。已有研究证实，分析师预测的主要信息来源为上市公司公开披露的信息，而分析师对上市公司公开披露信息的关注点则聚焦于目标公司财务报告中与盈利情况相关的信息，同时还会对公司所面临的风险、竞争地位和发展战略等非财务信息进行关注（Schipper，1991；Previts 等，1994）。Mcewen and Hunton（1999）的研究发现不同分析师在预测过程中所关注的重点有所不同，预测准确度高的分析师会对公司的特质信息、相关财务指标以及过去5年的收益汇总信息进行分析判断。

我国对资本市场的相关研究稍晚于国外，但研究结论基本与国外研究结果一致。国内学者通过调查问卷的方式对分析师开展工作时利用的信息来源以及关注点进行调查，发现我国分析师主要的信息来源于目标公司的财务报告，包括年报、半年报以及季度报告，较少以实地调研、目标公司新闻发布会作为其信息来源（胡奕明等，2003）。方军雄和邵红霞（2006）的研究更细致到分析师对于财务报告的哪个部分更加关注，发现分析师最为关注的信息26.09%来源于"上一年度每股收益"、"本年度各季度每股收益"以及"上市公司临时公告"，24.64%来源于"行业分析资料"。但随着资本市场的不断扩张，分析师的数量也激增，分析师对于目标公司财务报告的信息挖掘和处理能力逐渐提高，单纯依靠公开信息来源对预测工作的帮助越来越小，这迫使分析师对个人能力与社交关系进行挖掘以获取增量信息。

为了获取更多的非公开来源的信息，或者有关目标公司的私有信息，已有研究发现分析师会倾向于发布乐观预测以迎合上市公司管理层，与目标公司管理层建立良好的关系，进而从管理层获取一些私有信息（Lim，2001；Richardson 等，2004）。Bae 等（2008）研究发现，分析师与目标公司在同一地区时，可以通过本地优势来获取与目标公司相关的私有信息，具体表现为分析师能够用较低成本去拜访公司管理层，实地考察企业的经营状况，以获取真实的、有价值的私有信息。另有一些研究发现，分析师可以通过机构投资者会议与目标公司管理层进行接触，得到更多公司层面的特有信息（Green 等，2014；Solomon and Soltes，2015）。曹新伟等（2015）的研究则表明分析师私有信息的重要来源渠道为对目标公司进行实地调研。

不仅可以通过实地调研获得目标公司的私有信息，有学者发现，通过对目标公司的客户进行跟踪也可获得更多的信息，不仅获得私有信息，还同时提高了公共信息的质量（Chen 等，2014；Johnstone 等，2014）。Kim 等（2015）发现当分析师同时跟踪目标公司及其客户时，可以获得企业经营活动的私有信息。我国学者王雄元和彭旋（2016）采用同样的方式，发现同时跟踪目标公司及其客户，更有利于对公开信息的利用以及私有信息的获取，有利于提高分析师对目标公司预测的准确程度。

从分析师可利用信息来源相关文献可以看出，分析师可利用的信息来源还是以公有信息为主，尤其是目标公司财务报告中披露的信息，并且公有信息的获取成本较低。但市场的发展，使分析师的能力产生差异化，迫使他们对私有信息进行更深入的挖掘。

2.4.2 来自目标公司之外的信息渠道相关文献回顾

随着科学技术的发展，市场中的信息获取渠道从以前低频率的纸质媒介发展到现在即时通信的网络媒介，从市场中获取信息的数量大大增加，获取信息的成本大大降低。在线社交网络在传播新闻、思想、观点等方面发挥着突出的作用，市场中的大多数投资者对各种媒体持有信任的态度。

在互联网时代背景下，媒体对新闻的发布已经不仅仅局限在纸质媒介上，网络使媒体突破了纸质传媒版面的限制，发布新闻时从种类到篇幅的限制都大大减小。已有研究表明，媒体通过制造和扩散信息也可成为市场中的信息中介。媒体还可以发挥公司的外部治理作用，承担监督和约束目标公司的管理层行为的职责。新闻媒体相较于自媒体具有一定的资质，因为需要取得许可才可以对外进行新闻发布。相较于其他种类的外部信息渠道，新闻媒体发布消息的可信度相对较高。

在目标公司之外的信息来源中，由投资主体直接进行信息发布的平台只有股吧。股吧可以将信息或者情绪传递给其他投资者，没有中间对信息进行加工的步骤，可以直接影响其他投资者的行为。股吧中的投资者在面对繁复的行情判断和强烈情绪的投资建议时，会先简化处理接收到的信息，对于无关紧要的信息进行忽视，并忽略可选项之间的差别。股吧传递的信息不仅影响投资者获取信息，甚至在投资者的决策过程中也起着重要作用。投资者在进行投资决策的时候不仅仅依靠收益多少来进行，还会受到市场中其他主体行为对其心理上的影响，投资者中经常出现的认知失调便是其他主体行为引起投资者心理动机发生改变的现象，例如认知失调会导致投资者情绪不快，发生认知失调时市场中的参与者要尽可能以最快的方式解决感觉和思维之间的任何冲突。

社交媒体在日常生活中有着举足轻重的地位，从原本简单基础的即时聊天通信工具到现今涵盖信息传递、购物支付与交通出行等日常生活的全方位、多层次平台，社交媒体通过扩大用户的范围，大大增加了用户数量，提高了用户与社交平台的黏性，增强了用户的忠诚度，这使得社交媒体在市场中信息中介的作用被增强。通过社交媒体，用户可以接收到大量对自身有效的信息，这种情形在信息传递速度与频率更快的金融市场中表现得更加明显。游家兴等（2012）和Larcker等（2013）的研究表明，社交媒体在金融市场中通过改变已有信息形成与传播方式，改变了市场中投资者原有的认知习惯和行为模式，进而影响了金融资产的价格规律。微信公众号作为依托社交平台的典型的自媒体，其信息相比新闻媒体的信息具有更宽的自由度，可由账号持有者自身对信息的内容和发布频率进行控制。公众号的信息受众具有一定的前提条件，最先收到推送文章的是关注公众号的用户，他们通过转发的方式，让消息在短时间内实现指数级增长。胡军和王甄（2015）研究发现，上市公司特质性信息可以提高分析师的盈余预测精度，对于微博上的非财务信息，市场中的普通投资者并不能有效理解，故微博上有关目标公司的信息与股价的联结方式是分析师的分析与解读。

监管函件是交易所一线预防性违规监管的手段，是监管部门向资本市场释放有关上市公司信息的一种渠道。张俊生等（2018）研究发现，交易所年报问询函的确能够显著降低公司股价崩盘风险，在信息透明度较低的公司中的效果更为明显。更有研究发现，当目标公司收到交易所的问询函后，其审计质量显著提升，并且这种提升与函件的内容息息相关（陈运森等，2018）。陈运森等（2019）研究发现，目标公司收到交易所的问询函后，其进行盈余管理的行为频率大大降低，并且反映在收到问询函之后的年份中，也就是前一年收到的问询函越多，越抑制目标公司当年的盈余管理行为，问询函的监管作用依赖于目标公司的产权性质和市场的信息环境。

2.5 文献述评

通过上述对分析师跟踪、分析师实地调研、分析师研报相关行为以及目标公司之外的信息渠道等现有国内外相关文献进行回顾，不仅可以梳理出现有研究所聚焦的重点研究问题，还可为本书将要研究的问题提供研究契机与理论支持。

（1）分析师跟踪是分析师一系列行为的第一步，分析师为何对上市公司进行跟踪以及跟踪所带来的后果是值得探讨的。早期研究认为，分析师被上市公司的某些特征所吸引，并且分析师倾向于跟踪信息披露规范化的行业。本书发现，分析师的跟踪行为受上市公司信息获得难易程度的影响，容易获得信息是分析师选择跟踪上市公司的首要原因，目标公司的信息披露水平与分析师获取信息的成本直接相关。

分析师跟踪作为上市公司外部治理方式的一种，可以有效约束管理层的机会主义行为，缓解代理冲突，提升企业价值。分析师能够有效降低企业的信息风险，其获得的信息较为全面，并可以做出正确判断。分析师获得信息的途径不仅仅局限于企业自身的披露。

（2）分析师对目标公司进行实地调研活动的目的主要是获得更多的私有信息，并将其转换为向市场中传播的公有信息，使目标公司在市场中的信息产生增量。而这种信息的增量对分析师的预测是否起到了作用，不同学者持有不同的观点。若分析师与目标公司存在关联，分析师更倾向于对目标公司进行实地调研，但预测准确程度会下降。

（3）分析师报告内容最早仅局限于股票推荐方面，信息量小且预测不准确。随着时间的推移和科技的发展，分析师对市场时机的把握以及推荐具有收益回报的股票的能力逐渐提升。信息在市场中传播的难度逐渐降低，传播速度大大加快，分析师获得信息的难易程度决定了其报告的准确度。投资者可以利用分析师报告为自己带来收益，证明了分析师报告在市场中具有存在意义并受到投资者认可。分析师报告中蕴含的信息与企业自行披露的信息呈互补的关系，说明分析师的信息来源另有所出。目标公司之外的消息使得市场中的投资者会对分析师报告予以关注并产生反应。随着目标公司之外的消息来源的多元化，市场中的其他投资者对于包含信息内容的分析师报告反应程度比解释性报告的反应程度更为强烈，分析师报告所包含的信息内容是本书将要关注的。

（4）分析师预测相关文献着重于分析师进行预测的依据来源和分析师预测的准确度。分析师预测依据表现了其可获得的信息来源，从早期研究来看，分析师预测大多来自上市公司披露的财务数据，其分析中包含了大量与财务相关的句子。但随着分析师能力的提高，分析师之间的差异缩小，迫使分析师从其他信息渠道进行信息挖掘，所以研究目标公司之外的信息对分析师的影响是必要的。

影响分析师预测准确度的因素繁多，现有研究已经证实，分析师之间个体特征差异、目标公司的信息披露情况与目标公司所处市场信息环境等，都对分析师预测的准确度产生影响。最直接的研究结果表明，分析师可利用的信息越多，其预测准确度越高。而分析师在发布预测后，会因市场反应对预测进行修正，分析师做出修正行为证明其可利用信息的来源广泛，预测与修正之间的时长反映了目标公司之外信息渠道的丰富程度。

（5）现有研究已经证实，媒体作为资本市场中的重要中介，可以通过揭露目标公司及其管理层的不正当行为，缓解市场中信息不对称的现象，约束管理层行为，对目标公司起到外部治理作用。目标公司之外的信息便是由各种各样的媒体提供的，现有研究对于媒体关注的衡量大多选择单一的信息渠道，但市场中的信息使用者往往并不依靠单一的媒体渠道，作为理性人他们会从各种渠道接收信息，亦会受到媒体带有情绪的信息所影响，综合接收到的信息进行判断从而做出行为。因此，将不同种类具有代表性的媒体信息进行整合也是本书欲实现的创新之一。

3　理论基础与分析

本章将对研究所依据的基础理论及其对本书待研究内容所起到的支撑性作用进行分析。首先介绍信息不对称理论，并分析资本市场中分析师与投资者之间的信息不对称问题；其次介绍信号传递理论与修正的二级传播理论，分析资本市场中如何传递信息；再次为有限理性理论，说明分析师做出行为的前提条件；最后为羊群效应理论以及反沉默螺旋理论，分析造成分析师行为的差异。

3.1　理论基础

本节介绍本书研究所依据的六个主要基础理论，以便为后续的作用机理分析及实证研究奠定良好的理论基础。

3.1.1　信息不对称理论

信息不对称理论依托传统经济学的"理性人"假设，即市场中的交易者都是理性的，并且掌握着市场中的各类信息。然而这仅存在于理论层面，现实中这样的投资主体并不存在，而且市场中的信息并不是透明的，投资主体更不会掌握所有信息。Hayek（1945）认为虽然可以将市场视为一个整体，但是市场中的所有成员对市场的了解程度并不一致，通过视野的重叠性也就是许多中介对信息的传播，将信息传播至市场中的所有人，但现实中单个参与者并不知道需要多少信息才能采取正确的行动。美国经济学家 Akerlof（1970）通过二手车市场统计数据描述了信息不对称导致市场失灵的原因，二手车市场中有劣品驱逐良品的现象，信息不对称使得信息劣势的一方难以顺利地做出买卖决策，于是导致了价格扭曲，以致发生逆向选择的情况。

非对称信息是指市场中部分经济主体拥有而另一部分主体不曾拥有的信息，主要体现在时间和内容两个维度上具有非对称性。时间维度的信息不对称可能发生在经济主体签订契约之前与之后，分别通过逆向选择与道德风险模型进行分析。内容维度的信息不对称则通过经济主体行为是否可以被观测到来选择模型进行分析，对于可观测到的经济主体行为使用隐藏行动模型，对于不可观测到的行为使用隐藏信息模型。

在资本市场中，信息不对称对于数量占比多而经验不足的中小型投资者十分不利。中小型投资者群体可获取信息的数量以及渠道都比较少，所需要付出的成本也相对较高。如果投资者无法获得目标公司相关的真实信息，仅根据股票市场中股票的平均价格进行交易，长此以往会导致表现优秀的上市公司股票价格偏低，而经营业绩差、估值低的目标公司股价偏高，不利于资本市场的健康发展。分析师在资本市场中扮演着信息中介的角色，可以大大缓解市场中这种信息不对称的情况。分析师在市场中通过各种渠道，全面获取上市公司的相关信息，对信息进行再加工，形成研究报告并在市场中发布，将信息传递至市场中的其他受众，解决了市场交易双方信息分配失衡的问题，提高了资本市场中信息资源配置的公平程度，使得大众可以了解到更多上市公司的真实状况。

3.1.2 信号传递理论

美国经济学家 Spence 于 1973 年在《劳动力市场的信号传递》中提出了信号传递模型，其本质是动态的不完全信息博弈，信息发出者通常拥有比信息接收者更多的私有信息。通过探讨受教育程度在求职过程中的信号传递作用，Spence发现受教育程度能够帮助求职者向雇佣方有效传递其个人能力高低的信号。信号传递理论是指信息充足的一方通过释放信号的方法把自己所掌握的信息传递给信息不足的一方，从而更有效率地达成交易。

信号传递模型是逆向选择模型的一种特例，其前提是信息充足的一方掌握着信息不足一方所没有掌握的信息。逆向选择会使得帕累托最优交易无法成为现实，但通过信息重组，一方将自己的私有信息传递给信息不足的另一方，那么便可以达到帕累托最优交易。所以为实现最优，信息重组一方会选择向市场中发出某种信号，传递关于自身的信息，信息不足的一方在接收到信息充裕一方的信号后与其签订契约。

信号传递理论在信息经济学中的应用较为广泛，主要应用于资本市场效率分析。信息经济学中认为，在决策过程中信息是依赖程度最高的因素，一般来说，与决策相关的信息越多，主体做出决策的准确程度越高。但是主体获取信息是需要付出成本的，这导致个体之间对于信息的意愿以及强烈程度具有差异。信号传递理论的主要目的是解决信息不对称带来的逆向选择问题，将信息传递给信息匮乏的一方，有助于消除信息阻碍，信息匮乏的一方得到了原本无法得到的信息，信息充裕的一方让信息匮乏的一方了解产品价值，从而愿意付出额外的成本去购买产品，市场中资源配置可以达到帕累托最优。

在信号传递理论中，信息充足一方行动在先。同样，在资本市场中，投资者作为信息不足的一方，难以判断分析师报告质量的高低，并且随着近些年资本市场急速扩张带动了分析师行业的同步扩大，分析师之间的竞争愈加激烈，分析师更倾向于向投资者释放有关盈余预测行为差异的信号，从而可以获得更多投资者的关注。现实中投资者关注分析师工作的成本较高，只有分析师自身或者同行才能详细了解其个人能力和工作努力过程。之前的研究表明，相较于普通分析师，明星分析师向市场中发布目标公司盈余预测相关的信息更加频繁，其对目标公司股票推荐进行修正时包含更具有价值的信息，预测的准确程度也高（Fang and Yasuda，2014；肖萌，2015）。市场中的投资者可以通过分析师之间盈余预测行为的差异来判断分析师的研报是否具有参考价值。

3.1.3 修正的二级传播理论

在介绍修正的二级传播理论之前，先对二级传播理论（Two-Step Flow Theory）进行介绍。二级传播理论由传播学家保罗·F.拉扎斯菲尔德（Paul F. Lazarsfeld）提出，用以对抗传播学中的枪弹理论。传播学中的枪弹理论建立了仅有"媒体与受众"的二元模型，它认为社会中的受众对于媒体灌输的思想是无法抵抗的，虽然受众相对于媒体是松散的，但对于受众来说，媒体的传播效果极具针对性，像子弹一样强力而准确。但拉扎斯菲尔德研究发现，没有证据表明受众接收到信息就一定会对他们产生影响。

拉扎斯菲尔德对美国总统选举进行了研究，通过对竞选期间长达半年的抽样调查，发现仅有8%的选民是因为媒体传播的影响改变了他们的投票意向，而大多数选民改变其投票意向的主要原因是其身边关注选举的人，他们会在交流沟通时受到身边关注选举的人的影响而不是因为大众传媒的宣传与影响。

拉扎斯菲尔德发现大众传播并不是社会受众的主要信息来源，而是一部分关注选举的选民，他们对选举情况了解得比其他选民更透彻，拉扎斯菲尔德将这部分选民称为"意见领袖"。选举研究结果迫使传媒学者认识到亲朋好友的意见能够影响传媒信息效果，经过总结发现媒体进行大众传播对受众的影响并不是直接的，印刷品和电子媒介通过间接的二级传播影响大众。在第一阶段，信息被直接传递给消息灵通的少数人；第二阶段，这些意见领袖才在近距离的情况下继续向他人传递信息并对之做出阐释。大众传播只有通过意见领袖的中介作用才能发挥影响。

二级传播理论出现在美国医学和农业领域飞速发展的时代，这一理论模型准确描述了20世纪50年代创新发明在美国医生和农民中扩散的过程，但在当下这个互联网信息爆炸的时代，这一理论有必要进行再度修正。经过修正的二级传播理论认为，就媒体影响力而言，在第一阶段信息先被传递至广大受众，第二阶段才由大众认可的精英来确认信息。

3.1.4　有限理性理论

不同学科对理性的定义各有不同。哲学中认为，所谓"理性"是人类的认识能力，社会学中的"理性"是表示组织目标的自适应性，心理学中的"理性"则是指对问题推理、认知或解决的过程，经济学中的"理性"则是指决策过程中所选择行动计划的状态，新古典经济学理论中"理性"的含义体现在"经济人"这一概念中。《现代决策理论的基石》一书中认为理性被用来评估某一价值体系的后果，选择令人满意的替代行为方案，西蒙（Simon）也在书中对理性给出定义：理性是指在给定的条件和约束下，适合实现既定目标的一种行为形式。

经济学中最基本的假设便是"理性人"假设，经济学的理性包括三种假设：首先为人类自私的假设，其次为最大化原则假设，最后为个人与群体自利行为的一致性假设。随着时间的推移，理性的含义产生了变化，内涵也更加丰富，但始终围绕以下几个层次：首先，是主观理性意识与客观理性能力。理性意识是指以人为本的所有主观心理活动，包括人们应保持的有目的的表象、知觉和感觉等感性认知视野与认识活动。其次，是个体理性与群体理性。个体理性是指决策者追求自身利益最大化的意识和能力。群体理性的目标是最大限度地追求由个人组成的特定群体的利益。最后，是知识理性。知识理性一方面强调人们更新信念的能力，是指投资者可以利用所获得的知识形成自己的信念，即贝叶斯理性；另一方面强调投资者试图认识到其他个人的特点，即交互理性。通过以上分析发现，投资者决策不仅取决于主观的理性意识与客观的理性能力，还与投资者之间的差异有关，故需要从不同角度对投资者的理性行为进行解读。

资本市场中存在大量并不能给出很好解释的异象，行为金融中的有限理性是以"理性人"假设为基础的传统金融理论。行为金融通过对现实中投资者行为的研究发现，投资者的行为并不是完全理性以及可预期的。行为金融中的有限理性基本概念涵盖了以下五点：第一，投资者是普通正常的人，并不是完美、完全理性的人，投资者对信息存在认知偏差时，无法对资本市场未来的不确定性进行预测；第二，投资者是延误自身投资损失而不是规避风险；第三，投资者的异质性效用，不同环境和不同资产的投资者所产生的效用不同，体现在风险偏好的多样化和不同经济环境下决策的特点等方面；第四，投资者进行预测时存在异质性特征，不同投资者因为自身认知水平和所处外在环境的不同而导致在偏好、行为方式和决策过程中存在差异，最终对未来预期呈现多样性的特征；第五，现有的市场并非完全有效市场，"理性人"假设不成立也就不会形成所谓的理性价格，有效市场的假说也受到了挑战。综上所述，行为金融通过对传统金融理论进行挑战得出市场中的投资者并非完美理性的结论。

3.1.5　羊群效应理论

羊群效应（Herd Effect）起源于自然界中动物的行为，是对一种群聚性现象的解释。羊群效应主要描述了自然界中一种以羊为主体的现象：羊群组织日常处于无纪律的状态，大多数情况下在无目地左冲右撞，但是如果其中一只羊有行动，那么其他的羊也会跟着行动起来，全然不顾前面可能出现的情况是好还是坏。羊群效应就是一种从众心理，而从众心理容易导致群体进行盲目跟从，使集体陷入不利的境地。

有学者认为羊群效应不仅仅在动物行为中存在，在社会受众中也可能存在。Asch（1951）基于社会心理学视角进行了一项经典的实验研究，在一致性错误判断群体压力下通过观察实验助手做出的判断，发现在群体判断明显错误的情况下，被实验者仍倾向于做出与其他实验者一致的判断，即被实验者表现出与群体一致的羊群行为倾向。这一实验结果开启了社会心理学领域对羊群行为原因的广泛探讨。Shiller（1995）认为社会群体中个体间的相互作用会导致相似的思考和行为结果。之后的研究发现，人类的态度与行为极易受到其所处的社会环境因素的影响，社会中的个体会有意无意地受到他人影响，通过改变自己的态度与行为以与他人保持一致（Newell and Shanks，2014；Trautmann-Lengsfeld and Herrmann，2013）。

羊群效应也存在于股票市场中，投资者会自觉或不自觉地受到其他决策人的影响，采用模仿策略。学者们针对股票市场中的羊群效应开展了广泛研究，Lakansihok等（1992）定义和度量了羊群行为，根据在同一时间一群理财者买进（卖出）特定股票的平均趋势，如果理财者是独立交易，那么他们的交易是可以预期的。Bikhch等（2000）认为区分不同类型的羊群行为是重要的，其中包含了有意羊群效应以及虚假羊群效应。有意羊群行为是指投资者有意模仿其他投资者行为，从而改变自己的决定。当群体面对相似的信息做出相似的决定时，便会产生虚假的羊群行为。研究发现，虚假羊群行为会有一个有效的结果，而有意羊群行为的结果却不一定有效，并且有意羊群行为又可以分为理性羊群行为和非理性羊群行为。理性羊群行为的前提是理性推理上的行为（Devenow and Welch，1996）。投资者在投资选择之前通过观察其他投资者而获得有用的信息，通过持续的信息流动，不断地改变投资者对资产的期望，甚至其最佳和理性的选择是忽略自己的信息而遵循别人的行为。

3.1.6　反沉默螺旋理论

反沉默螺旋理论基于沉默螺旋理论。沉默的螺旋是指社会中的个体将大众媒体所传递的信息作为参照物，对社会环境中的其他意见情况进行感知，再决定是否在市场中公开发表自身的观点，整个社会舆论的基础是由个体表达意愿构成的。诺伊曼认为大众舆论在形成发展过程中会出现一种趋势，越是主流意见，其声音会越大，而与主流意见相悖的个体为了避免被孤立会倾向于选择默不作声。被孤立的恐惧是驱动沉默螺旋的主要因素，人们想要与占据舆论上风的一方保持一致的心态更容易导致从众行为。

沉默螺旋理论主要建立在对公共舆论功能的讨论之上，而公共舆论是理性思考的结果，沉默螺旋理论将政治与社会相连接，在舆论研究中融合了经营和大众社会理论，使得舆论相关研究更加丰富。人们能够意识到自己与舆论的不一致，又害怕因持有不同观点而受到孤立，认为自己是少数派的人将保持沉默。正如诺伊曼的预测，注意到自己的个人观点正处于扩散当中，并且被他人所接受的个体，能够自信地公开发表他的观点，而那些发现个人观点正在失去影响的个体，倾向于采取更加保守的态度。诺伊曼描述了站在螺旋顶部挑战被孤立的威胁的两种敢于发声的少数派。

但随着互联网技术的发展，人们在互联网上慢慢地从单纯的受众转化为信息的发出者与分享者，不再一味地接收主流信息，而是开始敢于发表自己的观点与想法，甚至有时会抗拒式地反抗主流舆论。互联网时代的到来，彻底打破了沉默螺旋理论，进入反沉默螺旋阶段。反沉默螺旋现象是新媒体发展催生出的现象，是网络虚拟空间下新媒体呈现出的新特征，学术界现在尚未给出统一的学术定义，但反沉默螺旋的现象与新媒体的发展息息相关是被普遍认同的。反沉默螺旋现象之所以出现在新媒体中，与新媒体自身特征有直接的关系。传统媒体因受到严格监管并且报道的审核流程较长，所以其在报道时更为慎重，在进行信息传播时坚持以事实为基础，媒体的自律性强。新媒体的媒体介质主要以互联网为主，针对新媒体的法律法规目前并不完善，导致新媒体的信息发布者以及受众的责任心以及自律性都较弱，反沉默螺旋的成本较低，综合导致了沉默螺旋中的"前卫派"出现。

3.2 理论分析框架

本节在对相关理论分析和理解的基础上，首先对本书研究的主要内容和逻辑分析框架进行了简要说明，以便对后文的实证章节的内容层次及逻辑关系有一个更加清晰的认识。基于上文对修正的二级传播理论、信息不对称理论和信号传递理论的分析，探讨来自目标公司之外的信息对分析师各阶段行为的影响，这一核心的研究思路贯穿本书的整体逻辑分析过程中，结合以上理论与本书的研究内容形成了如图3-1所示的本书理论分析框架。

如图3-1所示，本书的整体研究逻辑框架沿着"来自目标公司之外的信息→分析师→分析师的各阶段行为"的研究思路展开。首先以修正的二级传播理论为背景，结合信号传递理论，分析师接收到了来自目标公司之外的信息，这些信息与分析师的目标公司相关。分析师接收到信息刺激后结合有限理性理论，对受到的信息刺激通过自身能力进行分析，分析师对于目标公司会产生不同的态度，因为个体行为的发生是由

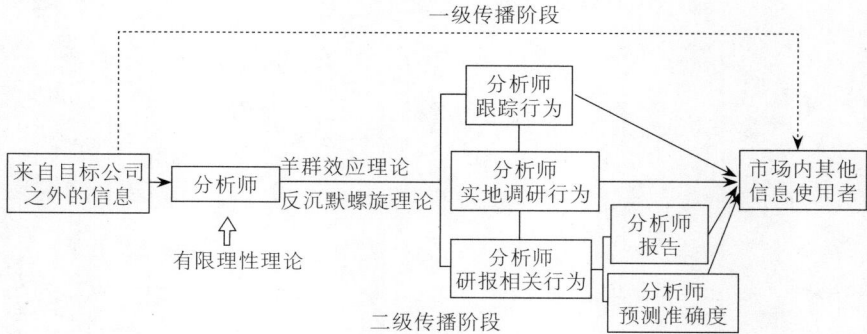

图 3-1　理论分析框架图

其内在进行驱动的。分析师对上市公司的态度会体现在分析师的行为上，羊群效应理论和反沉默螺旋理论为分析师在接收到同样信息刺激时会因为不同心态产生截然相反的行为提供了理论基础，在此基础上分别对来自目标公司之外的信息对分析师各阶段行为以及行为差异的影响展开研究。

4 来自目标公司之外的信息指标的计算

本章将首先介绍五种机器学习算法模型，包括逻辑回归、GBDT 算法、XGBoost 算法、LightGBM 算法和随机森林算法。结合前文对来自目标公司之外信息的概念界定，先对预备数据中的特征进行筛选，在对特征进行降维后代入五种机器学习算法模型中，根据各算法模型的拟合优度高低进行最优选择，得出权重系数后代回原始数据中，形成来自目标公司之外的信息指标，为后续的实证研究奠定基础。

4.1 机器学习算法模型介绍

本节将主要介绍五种可以给出指标权重的主流机器学习算法模型，以期为后文的来自目标公司之外的信息指标的建立奠定基础。

4.1.1 逻辑回归

逻辑回归（Logistic Regression）虽然被称为回归，但实际上是一种分类模型，常用于二分类。假设数据服从逻辑斯谛分布，逻辑回归的本质是用极大似然估计作为参数的估计。逻辑斯谛分布是一种连续性的概率分布，其分布函数与密度函数分别为：

$$F(x) = P(X \leqslant x) = \frac{1}{1 + e^{-(x-\mu)/\gamma}} \tag{4.1}$$

$$f(x) = F'(x) = P(X \leqslant x) = \frac{e^{-(x-\mu)/\gamma}}{\gamma\left(1 + e^{-(x-\mu)/\gamma}\right)^2} \tag{4.2}$$

其中 μ 是位置参数，γ 是形状参数。且 $\gamma > 0$ Sigmoid 函数是逻辑斯谛分布函数在 $\mu = 0$，$\gamma = 1$ 的特殊形式，以点 $\left(\mu, \dfrac{1}{2}\right)$ 为中心对称。

逻辑斯谛分布是由其位置参数和形状参数定义的连续分布，其形状与正态分布相似，但是逻辑斯谛分布的尾部更长，所以使用它来建模比正态分布具有更长尾部和更高波峰的数据分布。

基于对数似然损失函数 $L\big(Y, P(Y|X)\big) = -\log P(Y|X)$，单个样本的对数似然损失函数可以表示为：

$$L\big(y_i, P(y_i|x_i)\big) = y_i \log\big(1 + e^{-\omega \cdot x}\big) + \big(1 - y_i\big)\log\big(1 + e^{-\omega \cdot x}\big) \tag{4.3}$$

对于整个训练样本集而言，对数似然损失函数为：

$$J(\omega) = \frac{1}{N}\sum_{i=1}^{N}\Big[y_i \log\big(1 + e^{-\omega \cdot x}\big) + \big(1 - y_i\big)\log\big(1 + e^{-\omega \cdot x}\big)\Big] \tag{4.4}$$

或者采用另一种表示形式：

$$J(\omega) = \frac{1}{N}\sum_{i=1}^{N} y_i \log\big(1 + e^{-y_i \cdot f(x_i)}\big) \tag{4.5}$$

$y_i \in \{-1, 1\}$，当 $(x_i, y_i = 1)$ 时，若预测 $f(x_i) \approx 1$，则损失函数接近 0；当 $(x_i, y_i = -1)$ 时，若预测 $f(x_i) \approx -1$，则损失函数也接近 0。

基于极大似然估计，假设 $p(y = 1|x) = p(x)$，$p(y = 0|x) = 1 - p(x)$，假设样本为独立同分布生成的，其似然函数为各样本后验概率连乘：

$$L(\omega) = P\big(y|\omega, x\big) = \prod_{i=1}^{n} p(x_i)^{y_i}\big[1 - p(x_i)\big]^{1-y_i} \tag{4.6}$$

为防止数据下溢，写为对数似然函数模式：

$$\log L(\omega) = \sum_{i=1}^{N}\Big[y_i \log p(x_i) + \big(1 - y_i\big)\log\big(1 - p(x_i)\big)\Big] \tag{4.7}$$

$$-\log L(\omega) = -\sum_{i=1}^{N}\Big[y_i\big(\omega \cdot x_i\big)\Big] - \log\big((1 + e^{\omega \cdot x})\big) \tag{4.8}$$

通过上述推导可看出，$J(\omega) = -\dfrac{1}{N}\log L(\omega)$，$J(\omega)$需要最小化，$\log L(\omega)$需要最大化，所以在逻辑回归模型中，最大化似然函数和最小化损失函数是等价的。

虽然逻辑回归能够用于分类，不过其本质还是线性回归，它仅在线性回归的基础上，在特征到结果的映射中加入了一层Sigmoid函数（非线性）映射，即先对特征线性求和，然后使用Sigmoid函数来预测。

当模型的参数过多时，很容易遇到过度拟合的问题，这种情况下训练出的模型总是能很好地拟合训练数据，表明损失函数可能非常接近0或者就为0，使其拟合只局限于训练样本中，无法很好地预测其他新的样本。而正则化是结构风险最小化的一种实现方式，通过在经验风险上加一个正则化项，来惩罚过大的参数以防止过度拟合。

逻辑回归简单高效易解释，可以并行计算，因而计算速度较快，在大规模数据的情况下仍然适用，更适合于应对数值型和标称型数据，主要适合解决线性可分的问题，但容易欠拟合，分类精度不是很高，需要进行特征工程，作为线性分类器不易处理特征之间相关的情况。

但是逻辑回归作为很多分类算法模型的基础组件，直接对分类可能性进行建模，无须事先假设数据分布，避免了假设分布不准确带来的问题。由于其输出值自然落在0~1之间，因此具有概率意义，对利用概率辅助决策的问题用处更大。表4-1给出了基于梯度下降法求解逻辑回归算法的伪代码。

表4-1　　　　　　　　基于梯度下降法求解逻辑回归算法

输入：$J(\omega)$，目标函数，对数似然损失函数

输入：$g(\omega) = \nabla J(\omega)$，梯度函数

输入：ε，精度

输出：ω^*，$J(\omega)$的极小值点

初始化$\omega_0 \in R^n$，令$k = 0$

输入：$J(\omega)$，目标函数，对数似然损失函数

对于 $k = 1, 2, \cdots, N$ 运行

$$g(\omega_k) = -\frac{1}{N}\ln L(\omega_k) \Rightarrow -\ln L(\omega_k)$$

$$= \sum \left[y_i(\omega_k \cdot x_i) - \ln(1 + e^{\omega_k \cdot x_i}) \right]$$

$$g(\omega_k) = \sum \left[x_i \cdot y_i - \frac{x_i \cdot e^{\omega_k \cdot x_i}}{1 + e^{\omega_k \cdot x_i}} \right] = \sum \left[x_i \cdot y_i - \pi(x_i) \right]$$

if $\|g_k\| < \varepsilon$，令 $\omega^* = \omega_k$

　or 令 $p_k = -g(\omega_k)$，求 λ_k，

　满足 $J(\omega_k + \lambda_k p_k) = \min(J(\omega_k + \lambda_k p_k))$

　令 $\omega_{k+1} = \omega_k + \lambda_k p_k$

　当 $\|J(\omega_{k+1}) - J(\omega_k)\| < \varepsilon$，or $\|\omega_{k+1} - \omega_k\| < \varepsilon$ 时停止更新

　令 $\omega^* = \omega_{k+1}$

结束

令 $k = k + 1$

结束

4.1.2　GBDT算法

GBDT（Gradient Boosting Decision Tree），全称为梯度提升决策树，使用了 Boosting 的思想。Boosting 是一种可将弱学习器提升为强学习器的算法，属于集成学习（Ensemble Learning）的范畴。Boosting 方法训练基分类器时采用串行的方式，各个基分类器之间互相依赖。Boosting 方法的基本思路是采用加法函数，将基分类器层层叠加，每一层在训练的时候，对前一层基分类器划分错误的样本给予更高的权重。测试时，根据各层分类器的结果加权得出最终结果。GBDT 的原理就是所有弱分类器的结果相加等于预测值，然后下一个弱分类器去拟合误差函数对预

测值的残差，这个残差就是预测值与真实值之间的误差。GBDT通过多轮迭代，每轮迭代产生一个弱分类器，每个分类器在上一轮分类器的残差基础上进行训练。对弱分类器的要求一般是足够简单，同时满足低方差和高偏差，因为训练的过程是通过降低偏差来不断提高最终分类器的精度的。GBDT算法训练过程如图4-1所示。

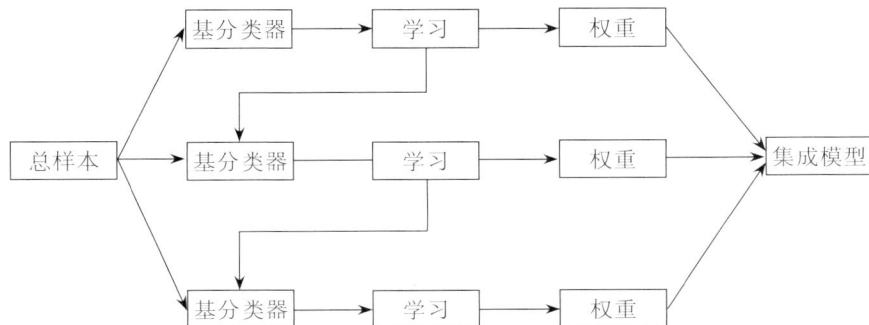

图4-1　GBDT算法训练过程

在回归任务下，GBDT在每一轮迭代时对每个样本都会有一个预测值，此时均方差损失函数便为其损失函数：

$$l(y_i, \ y^i) = \frac{1}{2}(y_i - y)^2 \tag{4.9}$$

此时负梯度为：

$$-\left[\frac{\partial l(y_i, \ y^i)}{\partial y^i}\right] = (y_i - y^i) \tag{4.10}$$

当损失函数选用均方差损失函数时，每一次拟合的值为真实值与当前模型预测值的差，即残差，此时的变量是y^i，即"当前预测模型的值"，也就是对它求负梯度。

表4-2是前向分步算法的伪代码，该算法将同时求解从 m = 1 到 M 所有参数 β_m、γ_m 的优化问题简化为逐步求解各个 β_m、γ_m 的优化问题。

GBDT是决策树的集成模型，按顺序进行训练。在每次迭代中，GBDT通过拟合负梯度来学习决策树，这里的决策树是指CART回归树，树模型可表示为：

$$f_M(x) = \sum_{m=1}^{M} T(x, \theta_m) \tag{4.11}$$

其中，$T(x, \theta_m)$ 表示决策树，θ_m 为决策树的参数，M 为树的个数。

表4-2　　　　　　　　　　　前向分步算法

输入：$T = \{(x_1, y_1), (x_2, y_2), \cdots, (x_N, y_N)\}$，训练数据集

输入：$L(y, f(x))$，损失函数

输入：$\{b(x, \gamma)\}$，基函数集

输出：$f(x) = f_M(x) = \sum_{m=1}^{M} \beta_m b(x, \beta_m)$，加法模型

初始化 $f_0(x) = 0$

对于 $m=1$ 到 M 运行

$\quad (\beta_m, \gamma_m) = \text{argmin}_{\beta, \gamma} \sum_{i=1}^{N} L(y_i, f_{m-1}(x_i) + \beta b(x_i, \gamma))$

$\quad$ 得到 β_m，γ_m

$\quad$ 更新 $f_m(x) = f_{m-1}(x) + \beta_m b(x, \beta_m)$

结束

　　针对不同的问题，提升树算法的表现形式有所不同，但主要区别在于采用的损失函数不同，不同的损失函数使得拟合的值也会不同，当损失函数为平方损失和指数损失函数时，每一步的优化是简单的，而对于其他一般损失函数，往往并没有那么容易。针对这样的问题，Freidman 提出了如式（4.12）所示的梯度提升算法，利用损失函数的负梯度在当前模型的值，作为当前模型残差的近似值，拟合一个回归树，其伪代码见表4-3。

$$-\left[\frac{\partial L(y, f(x_i))}{\partial f(x_i)}\right] f(x) = f_{m-1}(x) \tag{4.12}$$

表4-3   梯度提升算法

输入：$T = \{(x_1, y_1), (x_2, y_2), \cdots, (x_N, y_N)\}$，$x_i \in \chi \subseteq R^n$，$y_i \in \gamma \subseteq R^n$，训练数据集

输入：$L(y, f(x))$，损失函数

输出：$\tilde{f}(x) = f_M(x) = \sum_{m=1}^{M} \sum_{j=1}^{J} c_{mj} I(x \in R_{mj})$，回归树

初始化 $f_0 = argmin_c \sum_{i=1}^{N} L(y_i, c)$

对于 m=1 到 M 运行

  对 i=1，2，$\cdots$，N

  $\gamma_{mi} = -\left[\dfrac{\partial L(y, f(x_i))}{\partial f(x_i)}\right] f(x) = f_{m-1}(x)$

  对 γ_{mi} 拟合一个回归树，得到第 m 棵树的叶节点区域 R_{mj}，j = 1，2，$\cdots$，J

  对 j = 1，2，$\cdots$，J

  $c_{mj} = argmin_c \sum_{x_i \in R_{mj}} L(y_i, f_{m-1}(x_i) + c)$

  更新 $f_m(x) = f_{m-1}(x) + \sum_{j=1}^{J} c_{mj} I(x \in R_{mj})$

  结束

结束

GBDT算法是将决策树作为梯度提升模型里的弱分类器，这样决策树的一些优点也迁移至GBDT算法。决策树可以很好地处理各种类型特征，并且对缺失值的处理非常友好。决策树的每个节点只依赖一个特征值，当特征值不存在时这棵树仍然可以进行决策，只是会少一些路径。特征通常根据其独特的贡献而设计，但在进行训练时会对弱特征进行过滤，通常通过主成分分析和投影追踪的方法来进行弱特征过滤，然而这些方法很大程度上依赖于特征包含重大冗余的假设，这在实践中可能并不总是正确的，实际应用中的大规模数据集通常是相当稀疏的。使用预排序算法的GBDT可以通过忽略零特征值来降低训练成本，如果有不相

关的特征也不会产生干扰，数据中不相关的特征不会出现在树的节点里。但在给定的不带噪声问题上，其所能达到的最佳分类效果还是不如逻辑回归之类的算法。另外 GBDT 训练组合多个小的决策树往往比一次性训练一个大的决策树的效果要好很多，也就是几棵小树的叠加要比一棵大树的效果好。

4.1.3　XGBoost算法

XGBoost（Extreme Gradient Boosting）是由华盛顿大学的陈天奇博士等人开发的一个开源机器学习项目，它是一种可扩展的增强树系统，高效地实现了 GBDT 算法，并进行了算法和工程上的许多改进，XGBoost 在各种场景中的可伸缩性以及大大提升的运行速度，都使其受到广泛欢迎。XGBoost 是一个理论上的加权分位数模型，能够用于处理近似树学习的实例权重。XGBoost 本质上还是一个 GBDT，但是由于力争把速度和效率发挥到极致，所以叫作 X（Extreme）GBoost。XGBoost 与 GBDT 较大的区别就是关于目标函数的定义。

对于具有 n 个例子和 m 个特征的数据集 $D = \left\{ \left(x_i,\ y_i \right) \right\} \left(|D| = n,\ x_i \in R^m,\ y_i \in R \right)$，树集成模型使用 K 个加法函数来预测输出。

$$\widehat{y_i} = \phi\left(x_i \right) = \sum_{k=1}^{K} f_k\left(x_i \right),\ f_k \in F \tag{4.13}$$

其中，$F = \left\{ f(x) = \omega_{q(x)} \right\} \left(q:\ R^m \rightarrow T,\ \omega \in R^T \right)$ (4.14)

式（4.14）表示的是回归树的空间（CART），q 表示每个树的结构，该结构将一个示例映射到相应的叶索引，T 是树上叶子的数量。每个 f_k 对应一个独立的树结构 q 和叶权重 ω。与决策树不同，每个回归树在每个叶上都包含一个连续的评分，用 $\omega_{q(x)}$ 来表示第 q(x) 个叶子上的评分。我们将使用树中的决策规则（由 q 给出）进行分类，通过将相应叶片的得分相加（由 ω 给出），计算出最终的预测。正则化目标，得到 XGBoost 的目标函数如下：

$$L\left(\varphi \right) = \sum_i l\left(\widehat{y_i},\ y_i \right) + \sum_K \Omega\left(f_k \right) \tag{4.15}$$

其中，$\Omega\left(f \right) = \gamma T + \dfrac{1}{2} \lambda \left\| \omega \right\|^2$

目标函数包含了揭示训练误差的损失函数，加上正则化定义的复杂度。第一项为可判定的凸损失函数，预测了 $\hat{y}_i$ 与目标 y_i 之间的差异。第二项则是正则化定义的复杂度，也就是表示树复杂程度的函数，值越小说明复杂程度越低，泛化能力越强。

进一步，引入阶段性限制：

$$L^{(t)} = \sum_{i=1}^{n} l\left(y_i, \ \hat{y}_i^{(t-1)}\right) + f_t(x_i) + \Omega(f_t) \tag{4.16}$$

利用泰勒公式展开，近似得到：

$$L^{(t)} \simeq \sum_{i=1}^{n} \left[l\left(y_i, \ \hat{y}_i^{(t-1)}\right) + g_i f_t(x_i)_t + \frac{1}{2} h_i f_t^2(x_i) \right] + \Omega(f_t) \tag{4.17}$$

其中 $g_i = \partial_{\hat{y}^{(t-1)}} l\left(y_i, \ \hat{y}_i^{(t-1)}\right)$ 和 $h_i = \partial_{\hat{y}^{(t-1)}}^2 l\left(y_i, \ \hat{y}_i^{(t-1)}\right)$，是损失函数的一阶和二阶梯度统计，可以在第 t 步去除常数项获得如下简化目标：

$$\tilde{L}^{(t)} = \sum_{i=1}^{n} \left[g_i f_t(x_i)_t + \frac{1}{2} h_i f_t^2(x_i) \right] + \Omega(f_t) \tag{4.18}$$

定义 $I_j = \left\{ i | q(x_i) = j \right\}$ 作为叶子 j 的实例集，可以通过展开 Ω 重写等式（4.18）。

$$
\begin{aligned}
\tilde{L}^{(t)} &= \sum_{i=1}^{n} \left[g_i f_t(x_i)_t + \frac{1}{2} h_i f_t^2(x_i) \right] + \gamma T \\
&= \sum_{i=1}^{n} \left[\left(\sum_{i \in I_j} g_i \right) \omega_j + \frac{1}{2} \left(\sum_{i \in I_j} h_i + \lambda \right) \omega_j^2 \right] + \gamma T
\end{aligned}
\tag{4.19}
$$

对于固定结构 $q(x)$，可以计算叶子 j 的最优权重 ω_j^*。

$$\omega_j^* = -\frac{\sum_{i \in I_j} g_i}{\sum_{i \in I_j} h_i + \lambda} \tag{4.20}$$

通过计算相应最优值，推导出目标公式：

$$\tilde{L}^{(t)}(q) = -\frac{1}{2} \sum_{j=1}^{T} \frac{\left(\sum_{i \in I_j} g_i \right)^2}{\sum_{i \in I_j} h_i + \lambda} + \lambda T \tag{4.21}$$

Chen and Guestrin（2016）通过枚举所有不同树结构的贪心算法，给出了一种节点分裂的方法。贪心算法的寻找过程为通过不断地枚举不同树的结构，利用打分函数来寻找出一个最优结构的树，然后加入模型中。首先，选择一个特征进行分裂，计算损失函数的最小值；其次，再选择一个特征进行分裂，又得到一个损失函数的最小值；当所有树枚举

完成后找出效果最好的一个，对树进行分裂就得到了小树苗。XGBoost
利用贪婪算法遍历所有特征的特征划分点，使分裂后的目标函数值比单
叶子节点的目标函数值的增益大，同时为了限制树生长过深，还增加一
个阈值，只有当增益大于该阈值才进行分裂。如此继续分裂，形成一棵
棵树，每次在上一次的预测基础上取最优进一步分裂或者建树，具体算
法如表4-4所示。

表4-4　　　　　　　　　　　基于贪婪策略的树生长算法

输入：I，当前节点实例集

输入：d，特征维度

输出：以最高分进行分割

$gain \leftarrow 0$

$G \leftarrow \sum_{i \in I} g_i$，$H \leftarrow \sum_{i \in I} h_i$

对于 k=1 到 m 运行

    $G_L \leftarrow 0$，$H_L \leftarrow 0$

    当 j 在排序 $\left(I, b_y x_{jk}\right)$ 中时运行

        $G_L \leftarrow G_L + g_j$，$H_L \leftarrow H_L + h_j$

        $G_R \leftarrow G - G_L$，$H_R \leftarrow H + H_L$

        $score \leftarrow \max\left(score, \dfrac{G_L^2}{H_L + \lambda} + \dfrac{G_R^2}{H_R + \lambda} - \dfrac{G^2}{H + \lambda}\right)$

    结束

结束

    所以，目标变为寻找一个最优的叶子节点，然后以最佳的方式对节
点进行分割。拆分之后的提升树的损失要小于原始树的损失，因为损失
的计算仅仅跟叶子节点相关，经历所有拆分之后，原先的叶子节点没有
了，多了左右两个叶子节点。

    同时，设置树的最大深度，当样本权重和小于设定阈值时停止生
长，以防止过度拟合。当引入的分裂带来的增益小于设定阈值的时候，
可以忽略掉这个分裂，所以并不是每一次分裂损失函数整体都会增加，

有点预剪枝的意思，阈值参数为正则项里叶子节点数T的系数；当树达到最大深度时则停止建立决策树，设置一个最大深度参数，避免树太深导致过度拟合，样本权重和小于设定阈值时则停止建树。

XGBoost能够自动学习缺失值的处理策略。在实际问题中，经常会出现输入向量x稀疏的情况。稀疏性有多种可能的原因：一为数据中缺失值的存在；二为统计数据中频繁出现零条目；三为特征工程的工件。让算法模型感知到系数模式的数据是非常重要的，XGBoost在每个节点中添加一个默认方向，当稀疏矩阵x中缺少一个值时按照默认的方向分类。每个分支中有两个默认方向的选择。从数据中学习最优的默认值。该算法将不存在视为一个缺失值，并学习处理缺失值的最佳方向。当不存在对应用户指定的值时，也可以通过将枚举限制为一致的解决方案来应用相同的算法。XGBoost以统一的方式处理所有稀疏模式，更重要的是，我们的方法利用稀疏性使计算复杂度与输入中非缺失条目的数量呈线性关系。

XGBoost实现了梯度提升优化，在功能空间形成附加的优化。梯度提升树已成功地应用于分类、学习排序、结构化预测以及其他领域。XGBoost整合了一个规范化的模型来防止过度插入，这与之前关于正则化贪婪森林的工作相似，但是简化了并行化的目标和算法。已有经验表明，缓存访问模式、数据压缩和分片是构建一个可扩展的端到端树形增强系统的基本元素，XGBoost能够实现使用最少的资源解决大规模的实际问题。

4.1.4　LightGBM算法

大数据的出现，使得特征数量和实例数量激增，GBDT面临着新的挑战，特别是在准确性和效率之间的权衡。传统GBDT的实现需要对每个特征扫描所有的数据实例，以估计所有可能的分裂点的信息增益。因此，它们的计算复杂性与特征数量和实例数量成正比，这会导致算法在处理大数据时非常耗时。LightGBM依然是对GBDT算法模型的一种改进，是一种基于决策树算法的快速、分布式、高性能的GBDT框架，主要解决了面对高维度大数据时GBDT算法的效率和可扩展性问题。LightGBM起源于微软亚洲研究院发表的系列论文，它的Light体现在更少的特征、更少的样本和更少的内存消耗三个方面。LightGBM通过直方图算法、单边梯度采样和互斥特征合并三项技术加以实现。

直方图算法在上文提到的XGBoost算法寻找树的分裂点中也是被支持的，无论特征值是否为0，直方图算法都需要对特征的分箱值进行索引，所以其对于很多稀疏数据的应用场景优化不足。LightGBM通过单边梯度采样和互斥特征合并的方法，在维度减少和向下采样方面进行了优化，充分发挥直方图算法的优势，表4-5是直方图算法的伪代码。

表4-5   基于直方图的算法

输入：I，训练集；d，最大深度

输入：m，特征维度

nodeSet ← {0}，当前层级的树节点

rowSet ← {{0，1，2，…}}，树节点的数据索引

对于i=1到d运行

　　当node在nodeSet中时

　　使用 Row ← rowSet[node]

　　对于k=1到m运行

　　　H ←new Histogram（），建立新直方图

　　　▷建立新直方图

　　　当j在usedRows中运行

　　　　bin ← I.f[k][j].bin

　　　　H[bin].y ← H[bin].y + I.y[j]

　　　　H[bin].n ← H[bin].n + 1

　　　在直方图H上找到最佳分割

　…

根据最佳分割点更新rowSet和nodeSet

…

与预排序算法需要的内存消耗相比，直方图算法只需要存储特征离

散化后的数值，也就是bin值，不需要存储原始的特征值，也不需要排序，其内存消耗只有预排序算法的1/8。虽然直方图算法使得寻找分割点的时间大大缩短，但因为其特征离散化后找到的分割点并不是很精确，导致对结果产生影响，但在梯度提升的框架下没有太大影响。

单边梯度采样是一种在减少数据量和保证精度上平衡的算法，以样本的梯度作为样本权重进行采样。单边梯度采样保留了梯度较大的样本，对于梯度较小的样本则使用随机采样的方法。针对数据分布的影响，对于梯度小的数据单边梯度采样采用了引入常量函数的方法，这样会更关注训练不足的样本集，不会对原有的数据集分布产生改变，使直方图算法发挥更大的作用。具体算法见表4-6。

表4-6 **基于梯度的单边采样算法**

输入：I，训练集；d，迭代

输入：a，大梯度数据的采样率；b，小梯度数据的采样率

输入：loss，损失函数；L，弱学习者的基本分类器

$models \leftarrow \{\}$，$fact \leftarrow \dfrac{1 - a}{b}$

$topN \leftarrow a \times len(I)$，$radN \leftarrow b \times len(I)$

当i = 1到d运行

　$preds \leftarrow models.predict(I)$

　$g \leftarrow loss(I, preds)$，$w \leftarrow \{1, 1, \cdots\}$

　$sorted \leftarrow GetSortedIndices(abs(g))$

　$topSet \leftarrow sorted[1: topN]$

　$randSet \leftarrow RandomPic(sorted[topN: len(I)]randN)$

　$usedSet \leftarrow topSet + randSet$

　$w[randSet] \times = fact$；　为梯度小的数据分配权重

　$newModel \leftarrow L(I[usedSet]), -g(usedSet), w[usedSet]$

　$models.append(newModel)$

在实际应用中，高维的数据通常是稀疏的，在稀疏特征空间中，很

多特征是互斥的，大部分的特征不会同时取非零值，可以安全地将排他性特征捆绑到一个特征中，所以可以将互斥的特征合并为单一特征。这样的情形提供了一种接近无损降维的可能性，面对互斥特征合并，首先要面对那些特征应该捆绑在一起的问题，LightGBM 采用贪婪捆绑的方式解决这个问题。在每两个特征不相互排斥的情况下，以特征为顶点，每两个特征相加作为一条边，然后使用一个贪婪算法，构造一个带有加权边的图，其权重对应特征之间的总冲突。按照特征在图中的度数以降序排序，将其分配给一个有小冲突的现有捆绑包或者创建一个新的捆绑包。具体算法见表4-7。

表4-7 　　　　　　　　　　　基于贪婪捆绑的算法

输入：F，特征；K，最大冲突计数

构造图 G

searchOrder ← G.sortByDegree()

bundles {}，bundlesConflict {}

当 i 在 searchOrder 中运行

　　needNew ← True

　　当 j 在 1 到 len(bundles) 运行

　　　　cnt ← ConflictCnt$(bundles[j], F[i])$

　　　　如果 cnt + bundlesConflictCnt$[i]$ ≤ K 然后

　　　　$(bundles[j].addF[i])$，needNew ← False

　　　　break

　　如果 needNew

　　　　将 F$[i]$ 作为新的捆绑包放入 bundles

输出：bundles，捆绑包

接下来需要解决如何合并这些特征的问题。绑定几个特征在同一个捆绑包里的前提是需要保证绑定前的原始特征值在捆绑中能够被识别，因为直方图算法将连续的值经过离散保存为 bin，皆宜采用在特征值中

加一个偏置常量来解决不同特征值分到捆绑中的不同 bin 中的问题，通过将它们的取值范围限定在不同的 bin 中，在分裂时可将不同特征很好地分裂到树的不同分支中去。具体算法见表 4-8。

表 4-8 　　　　　　　　　基于合并特征的算法

输入：numData，数据数量；F，独家特征的一个捆绑

binRanges ← {0}，totalBin ← 0

当 f 在 F 中运行

　　totalBin += f.numBin

　　binRange.append(totalBin)

newBin ← newBin(numData)

当 i = 1 到 numData 时运行

newBin[i] ← 0

当 j = 1 到 len(F) 时运行

　　如果 F[j].bin[i] ≠ 0

　　　　newBin[i] ← F[j].bin[i] + binRange[j]

输出：newBin，binRange

LightGBM 算法基于 GBDT 框架，包含单边梯度采样和互斥特征合并两种新的算法，分别用来处理大量的特征以及数据。无论是稀疏还是非稀疏的数据，LightGBM 都较以往的算法大大提高了计算速度，降低了内存消耗。

4.1.5　随机森林

随机森林（Random Forests）由加州大学伯克利分校 Leo Breiman 提出。Breiman（2001）认为随机森林是树预测器的组合，每棵树都依赖于独立采样的随机向量的值，并且森林中所有树的分布是相同的。随着森林中树的数量的增加，随机森林泛化误差收敛到一个极限，其误差取决于森林中各棵树的强度以及它们之间的相关性。随机森林内部估计用

于监视错误、强度和相关性，这些可以显示对增加分割中使用的特征数量的响应，内部估计也用来衡量变量的重要性。

随机森林受Amit and Geman（1997）的影响，选择在每个节点上随机选择这些特征的最佳分割。其具体过程为：对于第k棵树，生成一个随机向量k独立于之前产生的具有相同分布的随机向量1，…，k-1；使用训练集和随机向量k生长出一棵树，生成一个分类器h（x，k），其中x是一个输入向量。依据随机分裂选择（Dietterich，1998），从k最佳分裂中随机选择分裂。随机分裂选择包括一个在1和k之间的一些独立的随机整数，它的性质和维度取决于它在树的构造中的用途。在生成大量树之后，它们会投票选出最受欢迎的类，这个过程便被称为随机森林。随机森林的定义为由树结构分类器 {h（x，k），k=1，…} 组成的分类器，其中 {k} 是独立同分布的随机向量，每棵树在输入 x 处对最受欢迎的类进行单位投票。

随着随机森林中树的数量增加，几乎可以肯定所有的序列$\Theta 1$，…，PE会收敛到：

$$P_{X, Y}\Big(P_\theta\big(h(X, \theta) = Y\big) - \max_{j \neq Y}P\big(h(X, \theta) = j\big) < 0\Big) \tag{4.22}$$

这个结果解释了为什么随机森林不会随着增加更多的树而过度匹配，而是产生一个泛化误差的限制值。

对于随机森林，我们可以通过两个参数来推导泛化误差的上限，这两个参数可以衡量单个分类器的准确度和它们之间的依赖性，这二者之间的相互作用为理解随机森林的运行提供了基础。

随机森林的边际函数以及分类器 {h（x，Θ）} 的强度分别为：

$$mr(X, Y) = P_\theta\big(h(X, \theta) = Y\big) - \max_{j \neq Y}P_\theta\big(h(X, \theta) = j\big) \tag{4.23}$$

$$s = E_{X, Y}mr(X, Y) \tag{4.24}$$

假设 s ≥ 0，切比雪夫不等式给出：

$$PE^* \leqslant \frac{var(mr)}{s^2} \tag{4.25}$$

一个更能说明问题的mr方差的表达式由下式推导出：

$$\hat{J}(X, Y) = \arg \max_{j \neq Y}P_\theta\big(h(X, \theta) = j\big) \tag{4.26}$$

所以，

$$\begin{aligned} \mathrm{mr}(X, Y) &= P_\theta\big(h(X, \theta) = Y\big) - P_\theta\big(h(X, \theta) = \hat{J}(X, Y)\big) \\ &= E\Big[I\big(h(X, \theta) = Y\big) - I\big(h(X, \theta) = \hat{J}(X, Y)\big)\Big] \end{aligned} \tag{4.27}$$

原始边距函数为：

$$\mathrm{rmg}(\theta, X, Y) = E\Big[I\big(h(X, \theta) = Y\big) - I\big(h(X, \theta) = \hat{J}(X, Y)\big)\Big] \tag{4.28}$$

泛化误差的上限为：

$$PE^* \leqslant \frac{\overline{\rho}\,(1 - s^2)}{s^2} \tag{4.29}$$

尽管界限可能是松散的，但是它对于随机森林来说完成了与其他类型分类器 VC 类型界限相同的提示函数。结果表明，随机森林分类泛化误差中涉及的两个因素是森林中个体分类器的强度，以及它们之间原始边际函数的相关性。C/s^2 比值是相关系数除以强度的平方，在理解随机森林的功能时这个比率越小越好。

随机森林的 C/s^2 比值定义为：

$$C/s^2 = \overline{\rho}\,/s^2 \tag{4.30}$$

在 Breiman（2001）随机森林实验中，选择一起使用套袋法与随机特征。每个新的训练集是从原始的训练集中绘制出来的，并进行替换，然后使用随机特征选择在新的训练集上生长一棵树，但是没有对生长的树进行修剪。最简单的具有随机特征的随机森林是通过在每个节点上随机选择一个小组输入变量来进行分割而形成的。使用 CART 方法使树生长到最大，不要修剪。

随着森林中树的数量趋于无穷大，几乎可以肯定：

$$E_{X, Y}\big(Y - av_k h(X, \theta)\big)^2 \to E_{X, Y}\big(Y - E_\theta h(X, \theta)\big)^2 \tag{4.31}$$

将（4.31）的右边表示为森林的泛化误差；一棵树的平均泛化误差定义为：

$$PE^*(\text{tree}) = E_\theta E_{X, Y}\big(Y - h(X, \theta)\big)^2 \tag{4.32}$$

假设对于所有的 θ，$EY = E_X h(X, \theta)$，然后 $PE^*(\text{forest}) \leqslant \overline{\rho}\,PE^*(\text{tree})$。其中 ρ 是 $Y - h(X, \theta)$ 与 $Y - h(X, \theta')$ 残差之间的加权相关性，θ 和 θ' 是独立的。

这个假设明确了精确回归森林的要求，残差与低误差树之间的低相关性。随机森林减小了因子所用树木的平均误差，所采用的随机化需要针对低相关性。

随机森林是一种有效的预测工具，因为大数定律，它们不会过分拟合，加入正确的随机性使它们能够精确地进行分类和回归。此外，根据个体预报因子的强度及其相互关系的框架，可以洞察随机森林的预报能力，并且随机森林的准确性表明随机森林算法模型减少了偏见。

4.2　来自目标公司之外的信息指标计算

本小节主要讨论来自目标公司之外的信息指标计算。首先介绍数据来源与样本选择，接下来通过机器学习算法模型计算得出来自目标公司之外的信息指标及权重，为后文研究目标公司之外的信息对分析师行为的影响打下基础。

4.2.1　样本选取与数据来源

（1）样本的选取

选取 2009—2019 年沪深 A 股上市公司数据为初始研究样本，按照以下原则进行筛选：①考虑 ST 和 *ST 经营状况异常的公司，其受到公司之外信息渠道的关注程度异于正常上市公司，这类样本的数据会影响机器学习的精准程度，故剔除 ST 和 *ST 的公司样本；②剔除核心特征值缺失的样本；③剔除当年上市的样本。最终得到 33 985 个公司年份观测值。

（2）数据来源及处理

通过前文的阐述与分析，选取了传统与网络媒体、股吧、微信公众号以及监管类函件四种渠道信息代表来自目标公司之外的信息，这些数据来自中国研究数据平台（CNRDS）。分析师行为的数据来自国泰安 CSMAR 数据库。数据通过 Excel 以及 Python 进行初步处理与统计，对所有数据取对数，代入算法模型均在 Python 3 环境下运行。

由于不同时间段信息渠道的发展不同，各年数据之间的差异较大，故对所有样本划分时间段，以时间段为单位代入算法模型中运行。本书的研究期间为2009—2019年，我们把它划分为三个阶段，分别为：2009—2012年、2013—2016年、2017—2019年。划分时间段的理由如下：①陈运森（2018）认为2013年沪深两交易所信息披露直通车业务规定，上市公司需要对收到监管部门函件的事件向公众进行披露，使得非处罚性的监管措施具有了信息含量，2013年后各类函件的数目急剧增加。②微信是腾讯于2011年推出的通信软件，2013年之前微信的功能较为单一，之后不断增加的功能造就了这个如今拥有海内外庞大用户群的通信软件，其下载量和用户数量位居全球首位。③信息科技的迅速发展让一些违法行为以及抄袭行为钻了空子，通过历年的净网行动以及2016年微信针对公众号原创保护功能的内测上线，对微信公众号拥有者的资格进行再次审查，规范了公众号的发布主体，保护了其发布内容的原创性，使得公众号发布的文章可以得到合理的展示与分享。④上海证券交易所于2017年修订了《上海证券交易所上市公司信息披露工作评价办法》，进一步完善了上市公司信息披露工作评价机制。综上所述，在机器学习中把研究期间2009—2019年划分为三个时间段，可以提高机器学习的准确性。

4.2.2　特征降维

在实际应用中，训练对象往往具有很高的维度，使得我们无法构建出有效的特征，并且人对多个维度的特征进行观察也比较困难，所以需要对特征进行降维。在特征降维方法中，主成分分析（Principal Component Analysis）是最经典的特征降维方法。主成分分析将多维数据投影到低维，映射后的特征空间数据彼此正交，留下了具有区分性的低维数据特征。映射后的方差越大，数据点就越分散，以保留更多的信息，这种方式可以在降维的同时尽可能保留原始数据中的信息。

本章罗列了一些与目标公司之外信息相关的特征，代入分析后过滤掉弱特征，对特征进行降维，在保持数据多样性的基础上，可以删除大量特征冗余和噪声，大大提升机器学习的效率和准确度。特征降维前后的对比如表4-9所示。

表4-9 特征降维前后对比

特征降维前	特征降维后
报纸标题出现该公司新闻总数	正面全部纸质新闻数
报纸内容出现该公司新闻总数	
报纸正面全部新闻数	负面全部纸质新闻数
报纸负面全部新闻数	
报纸中性全部新闻数	中性全部纸质新闻数
报纸正面原创新闻数	
报纸负面原创新闻数	网络正面全部新闻数
报纸中性原创新闻数	
网络标题出现该公司新闻总数	网络负面全部新闻数
网络内容出现该公司新闻总数	
网络正面全部新闻数	网络中性全部新闻数
网络负面全部新闻数	
网络中性全部新闻数	正面帖子量
网络正面原创新闻数	
网络负面原创新闻数	负面帖子量
网络中性原创新闻数	
帖子总量	中性帖子量
正面帖子量	
负面帖子量	阅读数
中性帖子量	
阅读数	评论数
评论数	
财经微信公众号次数	财经微信公众号次数
券商微信公众号次数	券商微信公众号次数
监管函件数量	监管函件数量

通过对特征降维前后的对比，发现算法模型对于带有情绪的特征更敏感；同类数据比较，不带有情绪的特征相较于带有情绪的特征在模型中体现为弱特征，并且信息的原创性也属于弱特征，这说明对于来自目标公司之外的信息渠道构建，信息所蕴含的情绪十分重要，信息的总量相较于信息的情绪在资本市场中的影响并不强；而信息的原创性为弱特征印证了在市场中信息的多次传播是一种叠加效应，信息的原创性在市场信息传播中并没有引起信息受众的注意，这样从侧面证实了修正的二级传播理论，也就是资本市场中的信息传播的第二阶段需要由市场中受众认可的精英进行确认。

而在投资者之间互动的股吧相关特征中，阅读量与评论数为必要特征，说明在股吧中虽然帖子情绪比较重要，但是阅读量和评论数代表帖子质量及在股吧中的重要性，以及其对来自目标公司之外信息的影响。

4.2.3 数据解析

经过上一步对特征进行降维，再通过五种机器学习算法模型得到不同权重的系数，结果如表4-10所示。因为机器学习的输出系数为权重系数，所以通过权重系数可以观察到本书所选特征之间的关系，以及权重系数背后所传达的信息。

通过同类的信息渠道进行比对，发现不同情绪在各自的信息渠道中的主导地位不同。在传统与网络新闻中，随着信息技术的发展，信息可获得的便利程度增大，传统新闻信息渠道的影响力一直弱于网络新闻信息渠道；在传统与网络媒体信息渠道中，正面新闻的影响程度更高，说明在来自目标公司之外的信息中正面新闻的权重更大，也就是无论是传统还是网络媒体都更倾向于向市场中传递正面的新闻。

而在投资者的交流平台股吧中，这种情绪却是相反的，负面的帖子占据了上风，其次为中性帖子。在股吧中，因为信息发布的主体和受众都为投资者，在情绪传递上负面帖子的影响程度更大，并且其阅读数和评论数的系数权重也较高，可以反映出在股吧这种以投资者互动为主的来自目标公司之外的信息渠道中，其情绪的传递更依靠阅读量和评论量，并且负面情绪更容易在投资者之间蔓延。

微信公众号根据其发布主体分为财经微信公众号和券商微信公众号，其每年发布文章数量如表4-11所示。可以看出随着微信作为通信软件的普及，其用户的急速增长为信息发布主体提供了新的平台。通过表4-11及图4-2可以直观看到，在2017年之前，微信公众号发布的文章数量逐年剧增，自2017年实行各种措施后，微信公众号发布的文章数量逐渐下降，但其在来自目标公司之外的信息中比重上升，说明微信公众号依托微信这一社交平台，使得信息的发布变得更容易被受众接收到。在微信公众号发布的文章中，券商微信公众号无论在数量上还是权重上都远远高于财经微信公众号，这也印证了信息是需要动机去产生的，媒介主体的信息主要基于自身的利益而不是公众的利益。同样身处网络环境中，网络媒体与微信公众号的权重系数呈现一降一增的互补趋势，也说明了目标公司之外的信息中，信息发布平台的便利程度直接决定了市场中信息受众接收信息的难易程度，而信息受众更倾向于接收容易获得的信息。

表4-10

机器学习结果系数表

时间	逻辑回归			GBDT			XGBoost			LightGBM			随机森林		
	2009—2012	2013—2016	2017—2019	2009—2012	2013—2016	2017—2019	2009—2012	2013—2016	2017—2019	2009—2012	2013—2016	2017—2019	2009—2012	2013—2016	2017—2019
正面新闻数系数	0.2276	0.1717	0.2669	0.0834	0.0431	0.0570	0.0670	0.0380	0.0550	0.0770	0.0497	0.0404	0.0687	0.0543	0.0715
负面新闻数系数	0.1475	0.0911	0.1869	0.0444	0.0152	0.0352	0.0402	0.0190	0.0443	0.0677	0.0457	0.0308	0.0688	0.0435	0.0427
中性新闻数系数	0.1764	0.1276	0.2402	0.0601	0.0362	0.0258	0.0625	0.0263	0.0306	0.0797	0.0567	0.0296	0.0676	0.0516	0.0538
网络正面新闻数系数	0.3260	0.2495	0.2394	0.2228	0.1998	0.1279	0.2366	0.1898	0.1529	0.1290	0.1227	0.1086	0.1991	0.1250	0.1028
网络负面新闻系数	0.1291	0.0645	0.0996	0.1826	0.1411	0.1120	0.1741	0.1401	0.1131	0.1323	0.1077	0.1299	0.0985	0.0861	0.0796
网络中性新闻数系数	0.2222	0.1862	0.2266	0.0824	0.0775	0.0521	0.0952	0.0628	0.0489	0.1003	0.0763	0.0632	0.0975	0.0845	0.0708
正面帖子量系数	0.0203	0.0928	0.0898	0.0279	0.0509	0.0843	0.0402	0.0482	0.0887	0.0740	0.0673	0.0979	0.0771	0.0621	0.0781
负面帖子量系数	0.0336	0.0408	0.0140	0.0384	0.0348	0.1159	0.0789	0.0701	0.1284	0.0710	0.0677	0.1149	0.0812	0.0650	0.0816
中性帖子量系数	0.0278	0.0890	0.0182	0.0705	0.0340	0.0573	0.0402	0.0511	0.0398	0.0747	0.0633	0.0583	0.0806	0.0666	0.0806
阅读数系数	0.0417	0.0803	0.1029	0.0826	0.0824	0.0893	0.0967	0.0657	0.0566	0.0977	0.0777	0.0829	0.0817	0.0747	0.0774
评论数系数	0.0482	0.0096	0.0281	0.0964	0.0732	0.0312	0.0685	0.0584	0.0428	0.0967	0.0817	0.0441	0.0775	0.0766	0.0730
财经微信公众号系数	0.0023	0.1728	0.1772	0.0084	0.0803	0.0391	0.0000	0.0715	0.0382	0.0000	0.0810	0.0316	0.0016	0.0858	0.0392
券商微信公众号系数	0.0240	0.2004	0.3510	0.0000	0.1215	0.1476	0.0000	0.1547	0.1131	0.0000	0.1003	0.1423	0.0002	0.1148	0.1242
监管函件系数	0.0000	0.0043	0.1518	0.0000	0.0100	0.0252	0.0000	0.0044	0.0474	0.0000	0.0023	0.0255	0.0000	0.0095	0.0246

表4-11　　　　　　　　微信公众号文章发布数量相关数据　　　　　　单位：个

年份	2012	2013	2014	2015	2016	2017	2018	2019
财经微信公众号提及上市公司文章数	16	6 934	24 599	46 582	47 960	22 572	26 940	27 126
财经微信公众号文章总数	268	30 132	89 907	140 620	161 740	133 551	146 013	153 134
券商微信公众号提及上市公司文章数	9	19 416	186 578	341 334	200 229	175 185	145 335	88 119
券商微信公众号文章总数	90	48 831	422 511	752 265	1 060 082	664 743	520 671	358 705

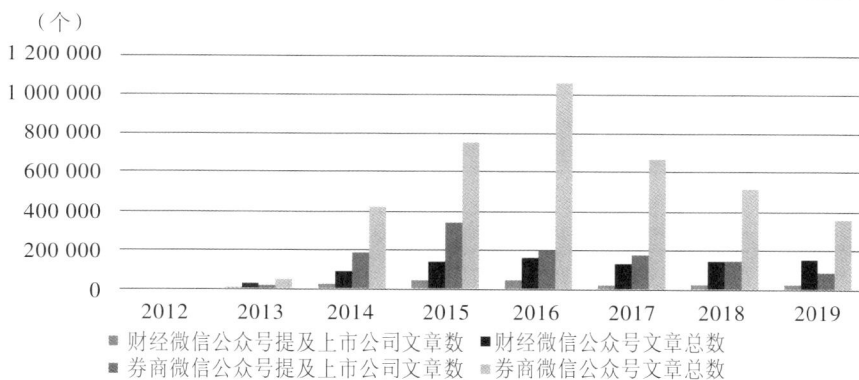

图4-2　微信公众号文章数量柱形图

　　监管函件的数量自2013年开始大幅增加，故在第一阶段2009—2012年中监管函件这一来自目标公司之外的信息渠道权重为0。随着时间的推移，监管函件在来自目标公司之外信息的权重系数逐渐增大，但仍无法在同时间段与以网络为载体的媒体以及依托社交软件平台的信息主体这两者的权重相比。权重系数相差较大，可推测在来自目标公司之外的信息中，监管函件的信息含量被目标公司之外信息的其他渠道吸收，也就是说，资本市场中的信息受众了解监管函件的信息可能并不是直接获取的，而是经过目标公司之外信息的其他渠道了解到的。

4.2.4　拟合优度比较与算法模型选择

通过把相同的数据代入前文的五种机器学习算法模型中，分别运行
10次，对各个算法模型的拟合优度取平均值，得到表4-12。

表4-12　　　　　　　　　　机器学习算法拟合优度

算法 时间	逻辑回归	GBDT	XGBoost	LightGBM	随机森林
2009—2012	0.8904	0.8991	0.9025	0.8884	0.8923
2013—2016	0.8705	0.8792	0.8841	0.8735	0.8568
2017—2019	0.7947	0.8086	0.8046	0.8080	0.8532
平均拟合度	0.8519	0.8623	0.8637	0.8566	0.8674

通过对五种算法模型各阶段拟合优度进行平均并综合比较，发现随
机森林的学习效果最好，其平均拟合优度最高，并且其各个阶段的拟合
优度相较于其他算法模型较为平稳。对于2012年数据量很小的特征，
随机森林也输出了权重系数，故本书在构建来自目标公司之外的信息指
标中，选择随机森林的算法模型进行学习，并代回原始数据中，计算来
自目标公司之外的信息指标。

5 来自目标公司之外的信息与分析师
跟踪行为的实证检验

本章将对来自目标公司之外的信息对分析师跟踪行为的影响展开实证研究。首先，以信息不对称理论、公司治理理论以及行为理论等为基础，通过理论分析提出关于分析师受到目标公司之外信息影响的研究假设；其次，是研究设计，包括样本选择与数据来源，以及模型设计与变量定义；再次，是实证结果与分析，将对描述性统计、相关性检验以及多元回归检验的结果加以说明和分析；最后，是进一步分析和稳健性检验，通过对上市公司的一些特征对来自目标公司之外的信息对分析师跟踪行为的异质性进行检验，并通过多种稳健性检验以确认本章的研究结论是否可靠。

5.1 理论分析与研究假设

分析师并不会无缘无故地对某家上市公司进行跟踪，现有研究证实分析师是被上市公司的一些特征所吸引的。分析师喜欢跟踪规模较大、交易额度高、机构持股比例大、与投资者关系好的公司，不太喜欢跟踪投资风险大、内部持股比例高、业务复杂度高的公司。这些特征有些是通过上市公司的内部信息渠道获得的，即上市公司自身向市场中披露的，部分特征则是需要分析师通过来自目标公司之外的信息，也就是市场中除去上市公司本身之外的其他媒介主体获得，分析师在接收到这些信息后会进行分析识别，做出是否跟踪的决定。已有研究证实，媒体报道增加的上市公司有效信息可以引起市场的关注，降低公司内外信息不对称程度（权小峰，2012）。罗进辉（2012）的研究表明，由于媒体新闻传播具有广泛性的特点，因此媒体新闻传播的内容可以使上市公司的股东获得成本较低的信息，进而降低信息不对称水平。

通过以上研究可以看出，媒体向市场中传递的信息会引起市场中其他主体的关注，分析师作为市场中的一分子，亦会受到媒体信息的影响。来自目标公司之外的信息是资本市场中其他主体向市场传递的上市公司相关信息，虽然来自目标公司之外的不同信息渠道可能有关于上市公司的相似的信息，但在传播中受体接受信息主要是指接受信息刺激的状态，对于接受者来说是多次被重复信息刺激，所以来自目标公司之外的信息渠道的信息含量是叠加的。这样，目标公司之外的信息渠道所含有的信息量非常可观，分析师可获得的低成本信息越多，就越倾向于对其进行跟踪。

分析师是资本市场的外部监督力量，在由目标公司、分析师和投资者构成的三方关系中，分析师作为其他两者的信息中介，是联系投资者与上市公司的信息纽带，降低了两权分离而产生的代理成本。分析师通过对大到宏观经济形势小到目标公司的信息进行全方位的分析，对目标公司的盈利前景进行预测，有效监督了目标公司管理层的机会主义行为。Lang等（1996）的研究证实了跟踪目标公司的分析师数量较多时，目标公司受到外部监督的力度较大，目标公司管理层从事机会主义行为的机会较少，使得目标公司具有较高的价值。跟踪目标公司的分析师数量增加，不仅可以缓解目标公司管理层对外部投资者的利益侵占，还能降低目标公司的融资成本，使得目标公司以较低的融资成本获得外部资金，提高融资效率。以上研究都说明了分析师跟踪的外部治理效应。

分析师跟踪作为一种有效的法律外替代机制，其对市场的参与能够揭示更多公司特质信息，并且在揭露公司舞弊问题上，分析师甚至比监管部门更具有优势，分析师进行跟踪的动力之一便是通过揭露重大舞弊问题给分析师带来行业内的良好名声。对于市场中的投资者而言，分析师可以弥补公司信息披露的不足，在改善信息环境、保护投资者利益方面发挥了治理效应，缓解了市场中信息不对称的情形，进而保护市场里中小投资者的利益。随着所处的市场越来越健全，分析师跟踪作为一种外部监督机制会变得更加有效。例如 Francis 等（2013）认为在金融业比较发达的国家，分析师的监督成本较低，当跟踪目标公司的分析师数量增加时，其盈余管理行为受到显著抑制；而在金融业不发达的国家则观察不到这种现象，即便跟踪目标公司的分析师数量增多，盈余管理的行为也没有受到抑制，这个现象说明金融业的发展降低了分析师的监督成本。

综上所述，分析师在资本市场中扮演着信息使用者和提供者的双重角色，分析师具有广泛的信息获取渠道和深度解读信息的能力，能够鉴别信息真伪和优劣。分析师对公司信息的收集、整理和传播，能够缓解代理冲突、降低信息不对称等机会主义行为。但分析师在决定是否对目标公司进行跟踪时，需要考虑获得信息的难易程度以及获得信息的成本支出，目标公司的信息越容易获得，分析师越倾向于进行跟踪行为。故提出如下假设：

H5.1a：来自目标公司之外信息的信息含量越丰富，分析师越倾向于对其进行跟踪。

反沉默螺旋理论下的分析师争当"前卫派"，便是随着来自目标公司之外信息的信息含量增加，反而会出现分析师不去进行跟踪的情形。来自目标公司之外充斥在市场中的丰富信息，并没有为分析师带来增量的信息，因为分析师可以得到的信息，市场中的其他主体也可以接收到，分析师没有获得比其他主体更多的信息，所以他们也不会进行跟踪，故提出如下假设：

H5.1b：来自目标公司之外信息的信息含量越丰富，分析师越不倾向于对其进行跟踪。

5.2 研究设计

5.2.1 样本选择与数据来源

（1）样本选择

原国家新闻出版总署于2006年发布了《全国报纸出版业"十一五"发展纲要2006—2010》，正式将发展数字报业列入了中国报纸出版业发展的主要目标，力争在3~5年时间里加快报业向数字内容提供商的战略转型，故本章研究期间以2009年为起始时间，相对应的数据采集区间为2009—2019年，在得到初始样本后，再按照以下标准对样本进行剔除：

① 以证监会2012年发布的上市公司分类为标准，剔除银行、保险等金融业样本；

② 因与ST和*ST公司相关的信息量与正常经营的其他上市公司相比较为异常，故剔除数据采集期间ST或*ST的样本；

③ 剔除只有当年上市数据的样本；

④ 剔除相关变量数据缺失的样本。

通过筛选最终获得了14 056个观测值，为控制极端值对研究结论的影响，本章对相关变量在1%和99%分位数处做了Winsorize处理。

（2）数据来源以及处理

本章分析师跟踪和财务相关数据来自国泰安CSMAR数据库，来自目标公司之外的信息是由前文计算得到的，目标公司之外的信息各细化渠道数据来自中国研究数据服务平台（CNRDS），数据整理以及实证检验过程分别通过Excel 2019和Stata 16等软件实现。

本章得到的14 056个样本在行业以及时间维度上的分布情况具体见表5-1。通过表5-1可以看出，随着我国上市公司数量、规模的逐年增长和扩大，以及相关制度越来越健全，使用的样本数量无论是总体样本还是分行业样本，在经历急速增长后保持了稳定增长的态势；不同行业之间分析师跟踪的样本量差异较大，其中样本量最大的行业为制造业

表5-1

样本分布表

单位：个

年份	2009	2010	2011	2012	2013	2014	2015	2016	2017	2018	2019	总计
农、林、牧、渔业A	16	12	16	17	15	11	18	20	16	14	13	168
采矿业B	34	37	34	44	42	41	37	44	49	50	52	464
制造业C	524	516	607	810	777	818	885	1 027	977	1 076	1 124	9 141
电气、热力、燃气及水生产和供应业D	46	48	44	53	50	51	55	61	62	53	64	587
建筑业E	28	17	14	22	21	23	33	41	36	43	43	321
批发和零售业F	53	48	57	72	64	52	65	74	73	68	72	698
交通运输、仓储和邮政业G	49	58	54	51	48	55	50	60	59	45	49	578
住宿和餐饮业H	0	0	0	7	7	6	7	7	0	0	0	34
信息传输、软件和信息技术服务业I	36	40	53	66	80	71	97	113	118	112	126	912
房地产业K	37	29	30	55	31	21	48	60	42	37	34	424
租赁和商务服务业L	13	10	14	14	13	13	15	18	14	20	21	165
科学研究和技术服务业M	0	0	0	0	10	8	13	12	13	24	30	110
水利、环境和公共设施管理业N	5	0	0	16	18	16	20	21	19	24	34	173
卫生和社会工作业Q	0	0	0	0	0	0	0	0	0	0	6	6
文化、体育和娱乐业R	0	11	8	11	16	17	18	25	29	26	33	183
综合S	18	11	18	4	4	6	9	7	7	4	4	92
总计	859	826	949	1 242	1 196	1 209	1 370	1 590	1 514	1 596	1 705	14 056

（C），共有9 141个样本，占总样本的65.03%，故在本章的稳健性检验中，将单独针对制造业样本对所提假设进行检验。样本量居于第二的为信息传输、软件和信息技术服务业（I），共有912个样本，占总样本的6.49%。信息传输、软件和信息技术服务业被分析师跟踪的上市公司数量逐年增加，并且在2014年各互联网巨头逐渐深入传统行业后，分析师对信息传输、软件和信息技术服务业更加关注。

5.2.2　模型设计

本章主要探讨目标公司之外的信息对分析师跟踪行为的影响，以及目标公司之外的各细分信息渠道对分析师跟踪行为的影响，并在进一步分析中考虑了上市公司信息透明度、行业竞争程度对分析师跟踪行为产生的影响。

为验证假设5.1，考察目标公司之外的信息对分析师跟踪行为的影响，本章借鉴李丹蒙（2007）、周开国等（2014）的研究成果，设计如下模型进行实证检验：

$$\text{Anacoverage}_{it} = \beta_0 + \beta_1 \text{ExtraInfo}_{it} + \beta_k \text{Controls}_{it} + \sum \text{Year}_{it} + \sum \text{Industry}_{it} + \varepsilon_{it} \tag{5.1}$$

模型（5.1）中，Anacoverage表示上市公司当年被多少位分析师或分析师团队跟踪，ExtraInfo表示来自目标公司之外的信息，Controls表示一系列上市公司影响分析师行为的因素，同时还控制了行业和年度固定效应。在利用模型（5.1）的回归结果中，β_1及其t值表示了来自目标公司之外的信息对分析师跟踪的影响，若β_1显著大于0，则表示目标公司之外的信息有助于分析师跟踪，来自目标公司之外信息渠道的信息含量越丰富，分析师越倾向于对其进行跟踪，因此验证假设5.1a。

与上文同理，为了检验各类目标公司之外信息的细化渠道对分析师跟踪行为的影响，本章按照前文分析将目标公司之外的信息渠道细化分为新闻报道、微信公众号、股吧与监管函件，共四种情况，分别植入基本回归模型中，由此构成了如下模型：

$$\text{Anacoverage}_{it} = \beta_0 + \beta_1 \text{Newsnum}_{it} + \beta_2 \text{Agrnews}_{it} + \beta_k \text{Controls}_{it} + \sum \text{Year}_{it} + \sum \text{Industry}_{it} + \varepsilon_{it} \tag{5.2}$$

$$Anacoverage_{it} = \beta_0 + \beta_1 Compinall_{it} + \beta_k Controls_{it} + \sum Year_{it} + \\ \sum Industry_{it} + \varepsilon_{it} \quad (5.3)$$

$$Anacoverage_{it} = \beta_0 + \beta_1 Gubanum_{it} + \beta_2 Agrguba + \beta_3 Deofact_{it} + \\ \beta_k Controls_{it} + \sum Year_{it} + \sum Industry_{it} + \varepsilon_{it} \quad (5.4)$$

$$Anacoverage_{it} = \beta_0 + \beta_1 Regulet_{it} + \beta_k Controls_{it} + \sum Year_{it} + \\ \sum Industry_{it} + \varepsilon_{it} \quad (5.5)$$

模型（5.2）至模型（5.5）分别检验了目标公司之外的信息各细化渠道对分析师跟踪行为的影响，其中模型（5.2）中 Newsnum 和 Agrnews 分别对应新闻报道的数量以及分歧度，模型（5.3）中 Compinall 对应提及上市公司的微信公众号文章数量，模型（5.4）中 Gubanum、Agrguba 和 Deofact 分别对应股吧中的帖子总数、帖子分歧度和帖子活跃度，模型（5.5）中 Regulet 对应监管函件数量，其他变量设置与模型（5.1）保持一致。

5.2.3　变量定义

（1）被解释变量

模型中的被解释变量为分析师跟踪 Anacoverage，借鉴朱红军等（2007）、周开国（2014）的做法，本章采用上市公司当年被分析师跟踪的人数加 1 取自然对数作为分析师跟踪行为的代理变量，跟踪上市公司的分析师越多说明其关注度越高。

（2）解释变量

本书的主要解释变量为来自目标公司之外的信息 ExtraInfo，定义为来自目标公司之外的信息汇总，经过前文的计算与模型选择，得到可以衡量来自目标公司之外信息含量的指标。

①新闻报道

新闻报道相关解释变量为新闻报道数量以及新闻分歧度。新闻报道数量定义为上市公司当年被报纸及网络媒体进行新闻报道的总条数，本章经过加 1 后再取自然对数代表新闻报道总数指标。

新闻报道分歧度 Agrnews 参考段江娇等（2017）的计算方式，计算公式如下：

$$\text{Agrnews}_{it} = 1 - \sqrt{1 - \left(\frac{\text{正面新闻数量}_{it} - \text{负面新闻数量}_{it}}{\text{正面新闻数量}_{it} + \text{负面新闻数量}_{it}}\right)^2} \tag{5.6}$$

其数值越大，表示当年有关上市公司的新闻报道分歧越小，反映了媒体对于上市公司的情绪具有一致性。

②微信公众号

微信公众号依托微信这一社交平台成为新型的信息披露渠道，通过微信公众号发布信息可以有效降低信息的搜寻成本，券商或者财经类微信公众号依靠发布与上市公司相关的文章来向市场传递信息。微信公众号文章提及次数Compinall以上市公司当年被券商类及财经类微信公众号文章提及的次数加1后再取自然对数进行度量。

③股吧

本章选取我国股票市场中具有影响力的东方财富网股吧作为研究对象，以个股的发帖数量作为个人投资者关注的代理变量，Antweiler and Frank（2004）、Das and Chen（2007）的研究证实论坛的帖子数与股价的波动显著正相关，说明股吧帖子的信息是有价值的，并可以向资本市场中的其他主体传递。故用上市公司当年帖子总和加1后再取自然对数度量帖子总数Gubanum。

股吧帖子分歧度Agrguba借鉴段江娇等（2017）的计算方式，计算公式如下：

$$\text{Agrguba}_{it} = 1 - \sqrt{1 - \left(\frac{\text{正面帖子数量}_{it} - \text{负面帖子数量}_{it}}{\text{正面帖子数量}_{it} + \text{负面帖子数量}_{it}}\right)^2} \tag{5.7}$$

其数值越大，表示当年上市公司的股吧帖子分歧越小，反映股吧中的投资者对于上市公司抱有一致看涨或者看跌的情绪。

股吧中的帖子除了数量以及帖子分歧度可以体现投资者对上市公司的态度之外，投资者对帖子的评论也是高质量的信息反馈，故将帖子评论数与帖子阅读数的比值作为帖子的活跃度Deofact，考察投资者之间的信息反馈对分析师跟踪行为的影响是否存在差异。

④监管函件

监管函件作为非行政处罚监管的一种手段，是证券交易所重要的监管工具之一，有效地保护了投资者的权益。已有研究证明，非行政处罚监管与资本市场的反应呈负相关关系（Johnston and Petacchi，2017）。故本章将监管函件 Regulet 定义为上市公司当年收到监管函件的数量加 1 后再取自然对数。

（3）控制变量

本章的控制变量是通过对现有研究进行归纳总结（Chen 等，2001；Kim 等，2011；许年行等，2012），同时加入了其他反映样本个体情况的关键变量。

公司规模（Size）：表示上市公司的规模，用上市公司期末总资产取自然对数表示。Bhushan（1989）研究发现跟踪证券分析师的数量与公司规模、机构持股比例以及所跟踪公司的盈利波动性呈正相关。Brennan and Hughes（1991）的研究发现证券分析师的跟踪与公司规模正相关，公司规模越大，证券分析师越容易获取信息。王宇超等（2012）检验了分析师跟踪上市公司的一些因素，研究发现分析师喜欢跟踪规模较大、机构持股比例高、与投资者关系好的公司。

资产负债率（Lev）：用上市公司总负债与总资产的比值来表示。资产负债率直接关系到上市公司在资本市场中的声誉。

盈利能力（ROA）：用总资产收益率 ROA 作为上市公司盈利能力的替代变量。已有研究发现，盈利能力强的上市公司更倾向于向市场中释放消息（张宗新等，2005）。

公司成长（Growth）：表示上市公司的成长性，用上市公司主营业务收入增长率作为上市公司成长性的替代变量。

董事会规模（Board）：以董事会总人数作为董事会规模的替代变量，反映上市公司内部治理情况。

账面市值比（BM）：账面市值比=（年末股票价格×流通股数量+每股净资产×非流通股数量）/账面权益价值。

托宾 Q 值（TobinQ）：用来衡量上市公司的市场价值，可以作为公司价值的替代变量，其值=（总资产+权益市场价值−权益账面价值）/总资产。

产权性质（SOE）：表示上市公司的产权所属，当上市公司产权为国有时，SOE取值为1，否则为0。

审计事务所（Big4）：表示上市公司所聘请的会计师事务所是否为国际四大会计师事务所。已有研究证实上市公司聘请四大会计师事务所与信息披露质量存在正相关的关系。参考已有研究，当上市公司聘请的会计师事务所为"四大"时，Big4取值为1，反之为0。

机构投资者（Inshold）：表示机构投资者持有的股数占市场中流通总股数的百分比。O'Brien and Bhushan（1990）研究表明证券分析师是为机构投资者服务的，分析师跟踪行为与机构投资者持股有关，机构投资者对特定信息的需求影响分析师的跟踪行为。

经营现金流（CFO）：表示上市公司当期经营活动产生的现金流净额，选取经营活动产生的现金流净额的自然对数来衡量经营现金流。

公司透明度（ABACC）：表示上市公司的信息透明度，用来衡量上市公司内部信息环境。借鉴许年行等（2012）的做法，以可操纵应计利润的绝对值进行衡量。其中可操纵应计利润由调整的 Jones 模型（Dechow，1995）计算得到：

$$\frac{TA_{it}}{Asset_{i,\,t-1}} = \frac{\gamma_1}{Asset_{i,\,t-1}} + \frac{\gamma_2 \triangle Sale_{it}}{Asset_{i,\,t-1}} + \frac{\gamma_3 PPE_{it}}{Asset_{i,\,t-1}} + \varepsilon_{it} \tag{5.8}$$

$$Accrual_{it} = \frac{TA_{it}}{Asset_{i,\,t-1}} - \frac{\widehat{\gamma_1}}{Asset_{i,\,t-1}} - \frac{\widehat{\gamma_2}\left(\triangle Sale_{it} - \triangle Rec_{it}\right)}{Asset_{i,\,t-1}} - \frac{\widehat{\gamma_3}PPE_{it}}{Asset_{i,\,t-1}} \tag{5.9}$$

其中 TA_{it} 为总应计利润，用营业利润减去现金净流量进行度量；$Asset_{i,\,t-1}$ 为上一年总资产；$\triangle Sale_{it}$ 为当期营业收入发生额；$\triangle Rec_{it}$ 为当期应收账款的发生额；$\triangle Rec_{it}$ 为当期固定资产规模；$Accrual_{it}$ 为当期可操纵应计利润。通过模型（5.8）回归得到 $\widehat{\gamma_1}$、$\widehat{\gamma_2}$ 和 $\widehat{\gamma_3}$ 的系数，再代入模型（5.9）即可通过计算得到可操纵应计利润。

此外，本章还在模型中加入了年度和行业虚拟变量。针对样本的分布特征，本章以2009年为基准，对11年的样本共设置了10个年度虚拟变量，行业以证监会2012年修订的《上市公司行业分类指引》为标准，以农、林、牧、渔业（A）为基准设置行业虚拟变量。

综上，具体变量定义见表5-2。

表5-2　　　　　　　　　　　　　　变量定义表

变量类型	变量名称		变量符号	变量计算
被解释变量	分析师跟踪		Anacoverage$_{it}$	ln（分析师跟踪人数+1）
解释变量	来自目标公司之外的信息		ExtraInfo$_{it}$	指标计算详见第4章
	新闻报道	报纸与网络新闻报道数量	Newsnum$_{it}$	ln（纸质及网络媒体关于公司新闻的条数总和+1）
		新闻报道分歧度	Agrnews$_{it}$	$1-\sqrt{1-\left(\dfrac{正面新闻数量_{it}-负面新闻数量_{it}}{正面新闻数量_{it}+负面新闻数量_{it}}\right)^2}$
	股吧	股吧帖子总数	Gubanum$_{it}$	ln（股吧当年同一家上市公司帖子总和+1）
		股吧帖子分歧度	Agrguba$_{it}$	$1-\sqrt{1-\left(\dfrac{正面帖子数量_{it}-负面帖子数量_{it}}{正面帖子数量_{it}+负面帖子数量_{it}}\right)^2}$
		股吧帖子活跃度	Deofact$_{it}$	上市公司帖子每年评论数/阅读数的平均值
	微信公众号文章提及次数		Compinall$_{it}$	ln（公司被财经类和券商类微信公众号文章提及次数+1）
	监管函件		Regulet$_{it}$	ln（上市公司当年收到监管函件数量+1）
控制变量	公司规模		Size$_{it}$	公司期末总资产的自然对数
	资产负债率		Lev$_{it}$	上市公司负债总额与总资产的比值
	盈利能力		ROA$_{it}$	总资产收益率，第t年净利润/第t-1年总资产
	公司成长		Growth$_{it}$	主营业务收入增长率
	董事会规模		Board$_{it}$	董事会总人数
	账面市值比		BM$_{it}$	BM=（年末股票价格×流通股数量+每股净资产×非流通股数量）/账面权益价值
	托宾Q值		TobinQ$_{it}$	（总资产+权益市场价值-权益账面价值）/总资产
	产权性质		SOE$_{it}$	公司的产权性质，国有为1，否则为0
	审计事务所		Big4$_{it}$	会计师事务所为国际"四大"时为1，否则为0
	机构投资者		Inshold$_{it}$	机构投资者持股比例
	经营现金流		CFO$_{it}$	ln（经营活动产生的现金流净额）
	公司透明度		ABACC$_{it}$	以可操纵应计利润的绝对值衡量，其中可操纵应计利润由修正的Jones模型计算得到
	年度虚拟变量		Year$_{it}$	2009—2019年的年度虚拟变量
	行业虚拟变量		Industry$_{it}$	所属行业虚拟变量，根据证监会2012年修订的《上市公司行业分类指引》标准设定

5.3 实证结果与分析

5.3.1 描述性统计

下面将对表5-2中所列的主要变量进行描述性统计，对各个变量的总体分布情况进行说明，具体结果见表5-3。

表5-3　　　　　　　　　　　主要变量描述性统计

	N	mean	sd	min	p50	P75	max
Anacoverage	14 056	2.085	0.900	0.693	2.079	2.833	3.761
ExtraInfo	14 056	5.824	0.880	3.686	5.804	6.431	7.961
Newsnum	14 056	5.499	1.022	3.258	5.438	6.116	8.306
Agrnews	14 056	0.073	0.075	0	0.048	0.110	0.344
Compinall	14 056	3.296	3.047	0	2.639	6.626	8.589
Gubanum	14 056	8.674	0.821	6.712	8.689	9.227	10.67
Agrguba	14 056	0.021	0.029	0	0.010	0.027	0.150
Deofact	14 056	0.002	0.002	0	0.001	0.003	0.008
Regulet	14 056	0.154	0.475	0	0	0	3
Size	14 056	22.41	1.315	19.55	22.23	23.20	26.11
Lev	14 056	0.422	0.199	0.049	0.418	0.574	0.958
ROA	14 056	0.057	0.054	−0.267	0.050	0.084	0.226
Growth	14 056	0.204	0.410	−0.594	0.130	0.283	3.157
Board	14 056	8.837	1.768	5	9	9	15
BM	14 056	0.612	0.245	0.116	0.605	0.800	1.146
TobinQ	14 056	2.047	1.232	0.873	1.654	2.386	8.591
SOE	14 056	0.414	0.493	0	0	1	1
Big4	14 056	0.082	0.274	0	0	0	1
Inshold	14 056	0.429	0.238	0	0.446	0.622	0.873
CFO	14 056	19.48	1.628	15.00	19.41	20.51	23.62
ABACC	14 056	0.058	0.061	0.001	0.041	0.076	0.421

　　表5-3汇总了2009—2019年沪深A股上市公司样本中主要变量的描述性统计分析结果。从中可以看出，除报纸与网络新闻报道数量Newsnum、微信公众号文章提及次数Compinall、股吧帖子总数Gubanum、公司规模Size、董事会人数Board、托宾Q值TobinQ和经营现金流CFO外，其余变量的离散分布较为集中。分析师跟踪Anacoverage的均值为2.085，最小值为0.693，中位数为2.079，最大值为3.761，说明样本中的上市公司最少被1（Ln（1+1）约等于0.693）位分析师跟踪，而最多被42（Ln（42+1）约等于3.761）位分析师跟踪，结合标准差0.900可以看出上市公司被分析师跟踪的数量差异较大。

　　来自目标公司之外的信息ExtraInfo的均值为5.824，最小值为3.686，中位数为5.804，最大值为7.961，说明被分析师跟踪的目标公司之外的信息数据分布较为集中。报纸与网络新闻报道数量Newsnum经过加1取自然对数的最小值为3.258，最大值为8.306，结合标准差1.022，说明报纸及网络媒体对上市公司的新闻报道在数量上具有差异，而从新闻分歧度Agrnews来看，其分歧度最小值为0，代表没有分歧度，最大值为0.344，中位数为0.048，均值为0.073，说明从新闻报道来看，新闻分歧度数据分布较为集中。微信公众号文章提及次数Compinall的均值为3.296，最小值为0，最大值为8.589，结合标准差3.047来看，微信公众号文章提及上市公司的次数差异很大，有被分析师跟踪的上市公司没有被微信公众号文章提及的情况，也有被分析师跟踪的上市公司被提及多次的情况。股吧帖子总数Gubanum也呈现了相似的情况，但与微信公众号文章提及次数Compinall不同的是，被分析师跟踪的上市公司在股吧中一年最少拥有821个帖子（Ln（821+1）约等于6.712），最多在股吧中拥有41 357个帖子（Ln（41 357+1）约等于10.63），其标准差0.821也说明被分析师跟踪的上市公司，其在股吧中拥有帖子的数量差异很大。股吧帖子分歧度Agrguba的最小值为0，最大值为0.150，平均值为0.021，说明股吧帖子的分歧度存在差异；与新闻分歧度Agrnew相比，股吧帖子分歧度要低一些，并且新闻分歧度的标准差高于股吧帖子分歧度，说明从新闻报道角度，其向市场中传递信息时，对于上市公司的相关信息是具有较大分歧度的，而股吧中帖子的发布浏览主体大多是投资者，在股吧中传递信息时，会受到其他发帖者的影响，导致股吧帖子的体量比新闻报道要大，但是帖子之间的分歧度并不是很高，低于新闻报道的分歧度。而帖子活跃度 Deofact 最小值为 0，最大值为 0.008，标准差为 0.002，说明股吧中的帖子活跃度之间的差异较小。监管函件 Regulet 最小值、中位数、3/4 位数都为 0，最大值为 3，平均值为 0.154，说明在被分析师跟踪的上市公司中收到监管函件的数量较少。

从反映样本个体情况的控制变量中，公司规模 Size 的均值为 22.41，最小值为 19.55，最大值为 26.11，标准差为 1.315，说明被分析师跟踪的上市公司之间的规模存在较大差异。资产负债率 Lev 的均值为 0.422，最小值为 0.049，最大值为 0.958，均值低于 0.5，说明沪深两市 A 股上市公司的资本结构较为合理。盈利能力 ROA 的最小值为 −0.267，最大值为 0.226，均值为 0.057，说明在研究期间被分析师跟踪的上市公司之间的盈利能力差异较大。主营业务收入增长 Growth 最小值为 −0.594，最大值为 3.157，均值为 0.204，说明各上市公司间的成长性存在较大差异。董事会规模 Board 的均值为 8.837，最小值为 5，最大值为 15，并且标准差为 1.768，说明上市公司之间的董事会规模存在较大差异。账面市值比 BM 的均值为 0.612，最小值为 0.116，最大值为 1.146，中位数为 0.605，说明账面市值比的数据分布较为集中。托宾 Q 值的最小值为 0.873，最大值为 8.591，均值为 2.047，结合标准差 1.232，说明被分析师跟踪的上市公司价值之间差异较大。产权性质 SOE 的均值为 0.414，中位数为 0，3/4 位数为 1，说明分析师跟踪的上市公司中，产权性质为国有的比例为 41.4%。审计事务所 Big4 的均值为 0.082，3/4 位数为 0，说明分析师跟踪的上市公司聘请国际四大会计师事务所的比例较低。机构投资者持股比例 Inshold 的最小值为 0，最大值为 0.873，均值为 0.429，说明各公司之间机构投资者持股比例的差异较大。经营现金流 CFO 的最小值为 15.00，最大值为 23.62，平均值为 19.48，结合标准差 1.628，说明经营活动产生的现金流净额数据分布不集中，并且公司之间的差异较大。公司透明度 ABACC 的最小值为 0.001，最大值为 0.421，均值为0.058，说明上市公司之间透明度差异较大。

5.3.2 相关性分析

对表5-2中的主要变量进行Pearson相关性检验，结果见表5-4和表5-5。

表5-4所报告的Pearson相关系数，从被解释变量分析师跟踪与解释变量来自目标公司之外的信息和各分渠道相关变量来看，Anacoverage与ExtraInfo、Newsnum、Agrnews、Compinall、Gubanum、Agrguba、Deofact呈显著正相关的关系，与Regulet呈显著负相关的关系；除了Anacoverage与Compinall在10%的水平上显著，被解释变量Anacoverage与其他解释变量都在1%的水平上显著。从被解释变量与控制变量之间的相关关系来看，除了与Lev和SOE正相关但不显著，与其他控制变量均在1%~5%的水平上显著，其中与Regulet及BM呈负相关的关系。

从来自目标公司之外的信息ExtraInfo与各细分渠道变量的相关系数来看，目标公司之外的信息ExtraInfo与Newsnum、Compinall、Gubanum、Deofact在1%水平上呈显著正相关的关系，与能体现分歧度的Agrnews、Agrguba在1%的水平上呈显著负相关的关系；与Regulet呈负相关的关系但不显著。前文Anacoverage与Regulet在1%的水平上呈负相关的关系，说明Regulet对分析师跟踪行为产生了影响，但作为来自目标公司之外信息指标的一个构成部分，其在来自目标公司之外信息渠道中与其他部分相比起的作用较小。

新闻数量Newsnum与新闻分歧度Agrnews在1%的水平上呈显著负相关，与股吧帖子活跃度和监管函件仅相关但不显著。

从表5-5中可以看出，在控制变量之间，除了Size与Growth、Lev与ABACC、ROA与Big4、ROA与ABACC、Growth与CFO以外，其余控制变量相互之间均在1%~10%的水平上显著相关。经过进一步回归分析后的VIF检验，其结果为3.20，表明变量之间严重的多重共线性关系是不存在的。

表5-4

相关性检验结果（1）

	Anacoverage	ExtraInfo	Newsnum	Agrnews	Compinall	Gubanum	Agrguba	Deofact	Regulet
Anacoverage	1								
ExtraInfo	0.302***	1							
Newsnum	0.414***	0.863***	1						
Agrnews	0.079***	-0.139***	-0.132***	1					
Compinall	0.016*	0.522***	0.375***	0.027***	1				
Gubanum	0.034***	0.611***	0.361***	-0.050***	0.399***	1			
Agrguba	0.112***	-0.033***	0.014*	0.058***	0.221***	-0.052***	1		
Deofact	0.035***	0.030***	-0.002	-0.140***	-0.588***	-0.278***	-0.250***	1	
Regulet	-0.077***	-0.001	0.006	-0.065***	0.073***	0.173***	0.041***	-0.203***	1
Size	0.319***	0.441***	0.492***	-0.044***	0.123***	0.442***	0.033***	-0.124***	0.028***
Lev	0.014	0.222***	0.221***	-0.060***	-0.030***	0.197***	-0.072***	0.050***	0.031***
ROA	0.388***	0.010	0.073***	0.110***	-0.016*	-0.142***	0.126***	0.024***	-0.106***
Growth	0.075***	0.020**	0.026***	0.058***	-0.021**	-0.008	0.037***	0.00300	0.068***
Board	0.086***	0.139***	0.131***	-0.026***	-0.065***	0.054***	-0.039***	0.126***	-0.093***
BM	-0.119***	-0.083***	0.020***	-0.055***	-0.226***	0.034***	-0.097***	0.080***	0.005
TobinQ	0.125***	0.137***	0.066***	0.021***	0.216***	0.008	0.085***	-0.068***	0.005
SOE	0.001	0.190***	0.136***	-0.053***	-0.071***	0.142***	-0.061***	0.153***	-0.129***
Big4	0.185***	0.217***	0.260***	-0.073***	0.029***	0.128***	0.027***	0.021***	-0.039***
Inshold	0.277***	0.190***	0.283***	-0.019***	0.049***	-0.008	0.118*	-0.015*	-0.067***
CFO	0.358***	0.370***	0.433***	-0.042***	0.091***	0.335***	0.056***	-0.094***	-0.010
ABACC	0.021*	0.073***	0.028***	-0.025***	0.059***	0.051***	0.051***	0.005	0.044***

注：*、**和***分别表示系数在10%、5%和1%的水平上显著。

表5-5

相关性检验结果（2）

	Size	Lev	ROA	Growth	Board	BM	TobinQ	SOE	Big4	Inshold	CFO	ABACC
Size	1											
Lev	0.554***	1										
ROA	-0.127***	-0.408***	1									
Growth	0.011	0.048***	0.185***	1								
Board	0.253***	0.166***	-0.028***	-0.029***	1							
BM	0.576***	0.433***	-0.350***	-0.039***	0.163***	1						
TobinQ	-0.417***	-0.349***	0.322***	0.031***	-0.139***	-0.832***	1					
SOE	0.379***	0.326***	-0.147***	-0.074***	0.296***	0.258***	-0.179***	1				
Big4	0.396***	0.149***	0.005	-0.022***	0.095***	0.185***	-0.118***	0.166***	1			
Inshold	0.444***	0.241***	0.082***	-0.025***	0.197***	0.031***	0.045***	0.380***	0.230***	1		
CFO	0.803***	0.374***	0.110***	0.010	0.223***	0.385***	-0.253***	0.310***	0.356***	0.432***	1	
ABACC	-0.058***	0.010	0.005	0.162***	-0.042***	-0.116***	0.101***	-0.033***	-0.020***	-0.018***	-0.023***	1

注：*，**和***分别表示系数在10%，5%和1%的水平上显著。

5.3.3 多元回归结果与分析

在经过对变量的描述性统计分析和相关性分析后，本节将通过多元回归的方法对本章所提出的关于来自目标公司之外的信息如何影响分析师跟踪行为的假设进行检验。首先，对目标公司之外的信息的存在性加以检验，证明来自目标公司之外的信息对分析师跟踪行为存在影响，这是本章检验假设的基础；其次，研究来自目标公司之外的信息各细化渠道对分析师跟踪行为的影响。

表5-6汇总了对14 056个观察值进行多元回归检验的结果。其中第（1）列为利用模型（5.1）不加任何控制变量，检验来自目标公司之外的信息存在性的多元回归结果；第（2）列为模型（5.1）完整的多元回归结果；第（3）列为利用模型（5.2）检验新闻报道信息渠道对分析师跟踪行为的影响；第（4）列为利用模型（5.3）检验微信公众号信息渠道对分析师跟踪行为的影响；第（5）列为利用模型（5.4）检验股吧信息渠道对分析师跟踪行为的影响；第（6）列为利用模型（5.5）检验监管函件信息渠道对分析师跟踪行为的影响。

表5-6　分析师跟踪行为与来自目标公司之外的信息的多元回归结果

	(1)	(2)	(3)	(4)	(5)	(6)
	Anacoverage	Anacoverage	Anacoverage	Anacoverage	Anacoverage	Anacoverage
ExtraInfo	0.504***	0.166***				
	(55.23)	(13.80)				
Newsnum			0.195***			
			(22.46)			
Agrnews			1.367***			
			(16.40)			
Compinall				0.203***		
				(25.76)		
Gubanum					−0.000***	
					(−11.94)	
Agrguba					1.493***	
					(6.04)	
Deofact					−49.941***	
					(−5.89)	
Regulet						−0.098***
						(−7.16)
Size		0.374***	0.353***	0.375***	0.518***	0.466***
		(30.10)	(30.74)	(34.66)	(46.26)	(44.91)

续表

	（1）	（2）	（3）	（4）	（5）	（6）
Lev		−0.242***	−0.279***	−0.255***	−0.268***	−0.232***
		（−5.49）	（−6.48）	（−5.93）	（−6.15）	（−5.29）
ROA		4.784***	4.369***	4.535***	4.400***	4.627***
		（30.20）	（28.31）	（29.01）	（28.07）	（29.18）
Growth		−0.013	−0.022	−0.015	−0.015	−0.005
		（−0.79）	（−1.38）	（−0.95）	（−0.91）	（−0.28）
Board		0.009**	0.007**	0.010***	0.009**	0.009**
		（2.42）	（2.11）	（2.94）	（2.53）	（2.38）
BM		−1.163***	−1.142***	−1.062***	−1.491***	−1.379***
		（−21.85）	（−22.27）	（−20.72）	（−28.43）	（−26.99）
TobinQ		−0.053***	−0.055***	−0.051***	−0.037***	−0.041***
		（−6.82）	（−7.24）	（−6.72）	（−4.82）	（−5.20）
SOE		−0.277***	−0.255***	−0.269***	−0.251***	−0.278***
		（−18.81）	（−17.70）	（−18.67）	（−17.12）	（−18.72）
Big4		−0.033	−0.038*	−0.035	−0.032	−0.031
		（−1.46）	（−1.72）	（−1.56）	（−1.41）	（−1.35）
Inshold		0.268***	0.195***	0.242***	−0.008	0.150***
		（8.41）	（6.44）	（7.92）	（−0.25）	（4.82）
CFO		0.002	0.002	0.004	0.008	0.004
		（0.28）	（0.35）	（0.58）	（1.16）	（0.65）
ABACC		0.214**	0.241**	0.239**	0.268***	0.266**
		（2.05）	（2.40）	（2.34）	（2.60）	（2.53）
Constant	−0.815***	−6.494***	−6.094***	−5.675***	−8.246***	−7.445***
	（−9.22）	（−36.53）	（−34.81）	（−32.26）	（−45.37）	（−46.03）
Year		控制	控制	控制	控制	控制
Industry		控制	控制	控制	控制	控制
样本数	14 056	14 056	14 056	14 056	14 056	14 056
Adj R²	0.190	0.416	0.440	0.443	0.420	0.409

注：*、**和***分别表示系数在10%、5%和1%的水平上显著，括号内数值为t值。

在表5−6汇总的结果中，第（1）列的ExtraInfo系数为0.504且在1%的水平上显著，说明了来自目标公司之外的信息对分析师跟踪行为的影响是存在的，为后文的假设检验提供了初步的证据。

表5−6的第（2）列在第（1）列的基础上加入控制变量后，ExtraInfo系数为0.166且在1%的水平上呈显著正相关，说明目标公司之外信息渠道所包含的信息越多，分析师越倾向于去跟踪。

在控制变量中，公司规模Size与被解释变量分析师跟踪Anacoverage在1%的水平上呈显著正相关，说明分析师更倾向于跟踪规模大的上市公司，公司受到的关注越多，相应地其受到外部信息渠道的关注越高，蕴含的信息越丰富。资产负债率 Lev 与分析师跟踪 Anacoverage 在 1% 的水平上呈显著负相关，说明企业的资产负债率越低也就是资本结构越好，分析师越倾向于去跟踪。资产收益率 ROA 与分析师跟踪 Anacoverage 在 1% 的水平上呈显著正相关，ROA 可以表现上市公司的盈利能力，说明上市公司的盈利能力越强，分析师越倾向于进行跟踪。而董事会规模 Board 与分析师跟踪在 5% 的水平上显著正相关，说明董事会规模影响了上市公司内部治理，也是分析师进行跟踪的关注点。账面市值比 BM 与分析师跟踪在 1% 的水平上显著负相关，说明分析师更倾向于跟踪 BM 较低，也就是具有成长潜力的股票。托宾 Q 值 TobinQ 与分析师跟踪在 1% 的水平上显著负相关，说明分析师倾向于跟踪公司价值被低估的上市公司。产权性质 SOE 与分析师跟踪在 1% 的水平上显著负相关，说明在产权性质方面，相比较而言分析师更倾向于跟踪非国有企业。机构投资者 Inshold 与分析师跟踪在 1% 的水平上显著正相关，表明分析师对于机构投资者持股比例较高的上市公司更加关注。公司透明度 ABACC 与分析师跟踪在 5% 的水平上显著正相关。

表 5-6 的第（3）列检验了新闻报道对分析师跟踪行为的影响。新闻报道总数 Newsnum 的系数为 0.195，在 1% 的水平上显著正相关，说明新闻报道的数量会影响分析师的跟踪行为，新闻媒体报道的数量越多，分析师越倾向于进行跟踪；新闻分歧度 Agrnews 的系数为 1.367，与分析师跟踪 Anacoverage 在 1% 的水平上显著正相关，表明新闻分歧度的数值越大，分析师越倾向于去跟踪，也就是说，新闻报道的分歧越小，新闻媒体对上市公司的报道态度越一致时，分析师越倾向于进行跟踪，也侧面反映了分析师的跟踪行为存在羊群效应。

表 5-6 的第（4）列检验了微信公众号对分析师跟踪行为的影响。微信公众号提及上市公司的文章总数 Compinall 的系数为 0.203，与分析师跟踪 Anacoverage 在 1% 的水平上显著正相关，说明微信公众号文章提及上市公司的数量越多，分析师越倾向于进行跟踪，侧面证实了分析师的目光落在市场中被同行热切关注的上市公司上。

表 5-6 的第（5）列检验了股吧信息渠道对分析师跟踪行为的影响。

股吧帖子总数 Gubanum 的系数为-0.00018，与分析师跟踪 Anacoverage 在1%的水平上显著负相关；股吧帖子分歧度 Agrguba 的系数为1.493，与分析师跟踪在1%的水平上显著正相关；股吧帖子活跃度 Deofact 的系数为-49.941，与分析师跟踪在1%的水平上显著负相关。通过系数以及 t 值，可以看出关于上市公司的帖子越多，也就是投资者之间的讨论度越高，分析师越不倾向去跟踪；通过关于上市公司的帖子活跃度也可以看出，投资者之间讨论度越高的上市公司，分析师越不会进行跟踪，但投资者之间的分歧是会影响分析师跟踪行为的，与前文新闻报道的分歧度所表现的一致，股吧帖子分歧度 Agrguba 数值越大，代表发表帖子的投资者之间的态度越一致，而一致的态度会正向影响分析师对上市公司的跟踪行为，也侧面说明了分析师跟踪行为存在羊群效应。

表5-6的第（6）列检验了监管函件对分析师跟踪行为的影响。监管函件 Regulet 的系数为-0.098，与分析师跟踪在1%的水平上显著负相关，因为监管函件其本身对上市公司存在负面影响，所以上市公司收到的监管函件越多，分析师越会持保守的态度，不会倾向于对收到较多监管函件的上市公司进行跟踪。

5.3.4　进一步分析

（1）上市公司信息披露质量

信息的获得和传播对于资本市场中的资源配置具有重要作用。作为资本市场中重要组成部分的上市公司，其透明度和信息披露程度直接影响到资本市场的运作效率。Healy and Palepu（1999）的研究表明，当公司披露水平的评价提升后，跟踪公司的分析师数量会增加，说明上市公司内部信息对分析师的行为产生影响，故本节采用沪深两市证券交易所发布的上市公司的信息披露考评结果作为信息披露质量的代理变量来进行分组回归。其中，2001—2010年采用的是"优秀"、"良好"、"合格"和"不合格"，2011年以后采用的是"A"、"B"、"C"和"D"，利用模型（5.1）根据考评结果分为四组进行回归，得到的结果见表5-7。

表5-7 上市公司信息披露质量、来自目标
公司之外的信息与分析师跟踪行为

	（1） Anacoverage 信息披露质量=A	（2） Anacoverage 信息披露质量=B	（3） Anacoverage 信息披露质量=C	（4） Anacoverage 信息披露质量=D
ExtraInfo	2.382***	2.286***	0.659	0.371
	（7.52）	（12.16）	（1.57）	（0.19）
Size	4.039***	4.018***	4.097***	4.270*
	（12.15）	（19.86）	（8.20）	（1.77）
Lev	2.941**	−0.753	−2.015	−4.848
	（2.35）	（−1.23）	（−1.52）	（−1.12）
ROA	45.278***	48.891***	29.510***	−10.909
	（9.45）	（19.59）	（7.59）	（−1.04）
Growth	0.248	−0.464**	−0.475	3.236
	（0.41）	（−2.22）	（−1.12）	（1.58）
Board	−0.156	−0.400	0.764	1.329
	（−0.19）	（−0.87）	（0.69）	（0.35）
BM	−22.844***	−14.921***	−14.509***	−10.738
	（−16.40）	（−17.19）	（−6.82）	（−1.19）
TobinQ	−0.906***	−0.477***	−0.360	0.045
	（−4.48）	（−3.55）	（−1.15）	（0.05）
Big4	0.371	0.307	−0.979	−4.134
	（0.69）	（0.58）	（−0.64）	（−1.15）
Inshold	0.102	2.251***	1.862	1.450
	（0.12）	（4.87）	（1.54）	（0.34）
CFO	0.584***	−0.143	−0.143	−0.401
	（2.80）	（−1.49）	（−0.63）	（−0.56）

续表

	（1） Anacoverage 信息披露质量=A	（2） Anacoverage 信息披露质量=B	（3） Anacoverage 信息披露质量=C	（4） Anacoverage 信息披露质量=D
ABACC	−0.938	3.316**	12.698***	−12.215
	（−0.34）	（2.12）	（4.27）	（−1.28）
SOE	−2.837***	−2.701***	−2.193***	−4.181**
	（−7.15）	（−12.07）	（−3.97）	（−2.34）
Constant	−85.208***	−78.332***	−76.001***	−73.539
	（−16.65）	（−24.22）	（−9.38）	（−1.67）
Year	控制	控制	控制	控制
Industry	控制	控制	控制	控制
样本量	3 065	6 901	937	78
Adj R²	0.473	0.393	0.321	0.147

注：*、**和***分别表示系数在10%、5%和1%的水平上显著，括号内数值为t值。

表5-7汇总了不同信息披露质量样本的来自目标公司之外信息对分析师跟踪行为影响的回归结果。其中，第（1）列为目标公司信息披露质量为"A"时，来自目标公司之外信息的系数为2.382，t值为7.52，与分析师跟踪在1%的水平上显著正相关；第（2）列为目标公司信息披露质量为"B"时，来自目标公司之外信息的系数为2.286，与分析师跟踪在1%的水平上显著正相关；第（3）列为目标公司信息披露质量为"C"时，来自目标公司之外信息的系数为0.659，与分析师跟踪行为仅存在正相关但不显著；第（4）列为目标公司信息披露质量为"D"时，来自目标公司之外信息的系数为0.371，与分析师跟踪行为存在正相关。综合以上分组回归结果，说明信息披露质量为"B"，也就是考评结果为"B"或者"良好"的目标公司，其来自目标公司之外信息渠道的信息含量越丰富，分析师越倾向于对这些公司进行跟踪，说明分析师更倾向跟踪不那么"完美"的上市公司。信息披露质量为"A"的目标公司，其公司之外信息虽也对分析师跟踪行为起到正向影响，但其影

响程度弱于信息披露质量为"B"的目标公司。分析师不会对信息披露质量较差的上市公司进行跟踪，说明分析师不会采取冒险激进的跟踪方式。

（2）行业竞争程度

通过样本分布表，发现分析师跟踪行为具有一定的行业偏好，一些行业会聚集大量的分析师进行跟踪，那么分析师跟踪的上市公司所处的行业是否存在异质性？上市公司的信息来源主要分为内部与外部，已有研究证明了上市公司所处行业的竞争程度会影响公司信息披露的决策，当行业竞争较为激烈时，上市公司受到的外部冲击、外部威胁程度较高，公司为增加自身竞争力，会选择主动披露更多信息，以抢占信息披露先机。任宏达和王琨（2019）研究发现当行业内的市场整体竞争越激烈，所处该行业的上市公司信息披露质量越好。故在模型（5.1）的基础上，加入行业竞争程度HHI以及交乘项ExtraInfo*HHI进行全样本回归，结果见表5-8中第（1）列。

表5-8　行业竞争程度、市场化指数、来自目标公司之外的信息与分析师跟踪

	（1） Anacoverage	（2） Anacoverage
ExtraInfo	2.303***	3.172***
	（15.14）	（9.38）
ExtraInfo*HHI	−1.109**	
	（−2.17）	
HHI	9.574***	
	（3.13）	
MKT		0.864***
		（4.07）
ExtraInfo*MKT		−0.108***
		（−2.91）
Size	4.253***	4.156***

续表

	（1） Anacoverage	（2） Anacoverage
Size	（30.20）	（29.53）
Lev	−1.707***	−1.524***
	（−3.75）	（−3.36）
ROA	50.652***	50.251***
	（29.67）	（29.62）
Growth	−0.328*	−0.312*
	（−1.94）	（−1.85）
Board	0.002	0.012
	（0.05）	（0.30）
BM	−16.030***	−15.716***
	（−25.99）	（−25.46）
TobinQ	−0.454***	−0.430***
	（−4.87）	（−4.62）
SOE	−2.515***	−2.377***
	（−15.41）	（−14.34）
Big4	0.275	0.169
	（0.94）	（0.57）
Inshold	2.218***	2.321***
	（6.35）	（6.65）
CFO	0.081	0.098
	（1.12）	（1.35）
ABACC	3.397***	3.689***
	（2.98）	（3.26）

续表

	（1） Anacoverage	（2） Anacoverage
Constant	−89.522***	−93.863***
	（−41.37）	（−34.79）
Year	控制	控制
Industry	控制	控制
样本量	14 056	14 056
Adj R²	0.449	0.449

注：*、**和***分别表示系数在10%、5%和1%的水平上显著，括号内数值为t值。

表5-8中第（1）列的结果显示，交乘项 ExtraInfo*HHI 的系数为−1.109，在5%的水平上显著负相关，表明来自目标公司之外的信息对分析师跟踪行为的影响会随着行业竞争程度的增加而变弱，即来自目标公司之外的信息对分析师跟踪行为会因行业竞争程度的影响而削弱。也就是说，在行业竞争激烈的情况下目标公司会主动进行信息披露，使得来自目标公司之外的信息含量减少，导致来自目标公司之外的信息对分析师跟踪行为的影响被削弱，与已有研究一致。

（3）上市公司所在地市场化程度

已有研究证实市场化程度会影响公司治理机制，市场化程度高的地区法治环境更好、政府干预程度更低，市场化程度低的地区政府干预程度高，市场难以发挥其外部治理的作用。故在模型（5.1）的基础上，加入变量市场化指数 MKT 以及交乘项 ExtraInfo*MKT 进行全样本回归，结果见表5-8中第（2）列，交乘项 ExtraInfo*MKT 的系数为−0.108，在1%的水平上显著负相关，表明来自目标公司之外的信息对分析师跟踪行为的影响会随着市场化程度的增加而变弱，即目标公司处在市场化程度高的地区时，分析师跟踪行为受来自目标公司之外信息含量的影响被削弱了，所处市场化程度高地区的目标公司之外的信息含量会被自行披露的信息弥补。

5.4　稳健性检验

为验证本章结果的稳健性，本节进行了如下方式的进一步检验。

5.4.1　标准误的修正

样本之间的关联性会导致标准误的低估，为避免出现这种情形，本部分将在前文陈述的实证检验基础上，在公司层面进行 Cluster 聚类处理。在沿用模型（5.1）的基础上，考察了样本之间在公司层面的聚类效应，考虑聚类效应后，模型中不再有行业、年份的控制变量，由此得到的回归结果见表5-9中第（1）列。

表5-9　　　　　　　　　　稳健性检验结果

	（1） Anacoverage	（2） Anacoverage
ExtraInfo	2.188***	
	（10.04）	
Baiduindex		2.280***
		（14.58）
Constant	−87.413***	−98.113***
	（−24.42）	（−50.91）
Year		控制
Industry		控制
样本数	14 056	14 056
Adj R²	0.447	0.446

注：*、**和***分别表示系数在10%、5%和1%的水平上显著，括号内数值为t值。

在表5-9第（1）列所报告的聚类效应后的回归结果中，来自目标公司之外的信息 ExtraInfo 的系数为 2.188，与分析师跟踪 Anacoverage 在 1% 的水平上显著正相关，说明即使考虑了公司层面的聚类效应，降低了系数的 t 值和显著性水平，但是来自目标公司之外的信息对分析师跟踪行为仍然存在正向影响，为假设 5.1a 提供支持证据。

5.4.2 变换外部信息渠道度量方式的稳健性检验

在本部分的实证检验中，对来自目标公司之外的信息度量方式进行变换，利用百度搜索指数替代来自目标公司之外的信息指标，以此作为来自目标公司之外信息的代理变量。百度作为我国最大的搜索引擎，基本涵盖了我国互联网上出现过的信息，甚至记录了部分纸质媒体的信息，以上市公司名字以及证券代码作为搜索的关键词进行搜索，得到当年上市公司的百度搜索指数，代入模型（5.1），用百度搜索指数 Baiduindex 替换来自目标公司之外的信息 ExtraInfo，回归结果见表 5-9 中第（2）列。

表 5-9 中第（2）列结果显示，百度搜索指数 Baiduindex 的系数为 2.280，与分析师跟踪 Anacoverage 在 1% 的水平上显著正相关，说明作为目标公司外部信息替代的百度搜索指数，也证实了来自目标公司之外的信息对分析师跟踪行为存在正向影响，为本章提出的假设提供了证据。

5.4.3 制造业子样本的稳健性检验

上述的实证分析都是针对全行业样本进行的，而在我国的上市公司中，制造业的上市公司占比较大，此部分稳健性检验将利用制造业样本对本章所提的假设进行再次检验。

此部分稳健性检验仍然利用模型（5.1）至（5.5）进行多元回归，所使用的样本为制造业（C）的 9 141 个样本。此处行业控制按照 2012 年证监会修订的《上市公司行业分类指引》中的制造业（C）的二级分类确定，回归结果见表 5-10。

表5-10　　　　　　　　　　制造业子样本回归结果

	（1） Anacoverage	（2） Anacoverage	（3） Anacoverage	（4） Anacoverage	（5） Anacoverage
ExtraInfo	0.158*** （10.32）				
Newsnum		0.193*** （17.44）			
Agrnews		1.532*** （15.53）			
Compinall			0.212*** （21.32）		
Gubanum				−0.000*** （−10.57）	
Agrguba				1.509*** （4.95）	
Deofact				−57.041*** （−5.43）	
Regulet					−0.107*** （−6.30）
Constant	−6.552*** （−29.99）	−6.132*** （−28.76）	−5.606*** （−26.22）	−8.562*** （−38.03）	−7.549*** （−39.44）
Year	控制	控制	控制	控制	控制
Industry	控制	控制	控制	控制	控制
样本数	9 141	9 141	9 141	9 141	9 141
Adj R²	0.421	0.448	0.451	0.430	0.417

注：*、**和***分别表示系数在10%、5%和1%的水平上显著，括号内数值为t值。

表5-10汇总了利用制造业的9 141个样本，对来自目标公司之外的信息对分析师跟踪行为的影响进行稳健性检验。第（1）列中的ExtraInfo的系数为0.158，且在1%的水平上显著，表明在制造行业的上市公司中，来自目标公司之外的信息同样影响了分析师跟踪的行为；第（2）列Newsnum的系数为0.193，在1%的水平上显著正相关；新闻分歧度Agrnews的系数为1.532，与分析师跟踪Anacoverage在1%的水平上显著正相关，与前文结论一致。第（3）列微信公众号提及上市公司的文章总数Compinall的系数为0.212，与分析师跟踪在1%的水平上显著正相关，说明微信公众号文章的数量越多，分析师越倾向于进行跟踪，侧面证实了分析师的目光落在市场中被热切关注的上市公司上。第（4）列检验了股吧信息渠道对分析师跟踪行为的影响，股吧帖子总数Gubanum的系数为-0.000014，与分析师跟踪Anacoverage在1%的水平上显著负相关；股吧帖子分歧度Agrguba的系数为1.509，与分析师跟踪Anacoverage在1%的水平上显著正相关；股吧帖子活跃度Deofact的系数为-57.041，与分析师跟踪Anacoverage在1%的水平上显著负相关。第（5）列检验了监管函件对分析师跟踪行为的影响，监管函件Regulet的系数为-0.107，与分析师跟踪Anacoverage在1%的水平上显著负相关，与前文研究结论一致，为本章的假设提供了证据。

5.4.4　解释变量滞后一期

为避免本章研究存在反向因果关系导致的内生性问题，在主回归模型中，采用核心解释变量滞后一期，这在一定程度上可以缓解反向因果关系的干扰。对核心解释变量进行滞后一期，代入模型（5.1）至（5.5）得到的回归结果见表5-11。

表5-11　　　　　　　　　解释变量滞后一期回归结果

	(1) $Anacoverage_{it}$	(2) $Anacoverage_{it}$	(3) $Anacoverage_{it}$	(4) $Anacoverage_{it}$	(5) $Anacoverage_{it}$
$ExtraInfo_{i,\ t-1}$	1.862***				
	(11.23)				

续表

	（1）Anacoverage$_{it}$	（2）Anacoverage$_{it}$	（3）Anacoverage$_{it}$	（4）Anacoverage$_{it}$	（5）Anacoverage$_{it}$
Newsnum$_{i, t-1}$	2.260***				
	（18.66）				
Agrnews$_{i, t-1}$	15.521***				
	（13.20）				
Compinall$_{i, t-1}$		1.949***			
		（16.93）			
Gubanum$_{i, t-1}$			−0.000***		
			（−6.65）		
Agrguba$_{i, t-1}$			30.196***		
			（8.08）		
Deofact$_{i, t-1}$				−441.258***	
				（−3.80）	
Regulet$_{i, t-1}$					−1.287***
					（−5.56）
Constant	−91.471***	−86.435***	−87.533***	−107.209***	−101.308***
	（−36.06）	（−34.34）	（−34.11）	（−40.03）	（−41.89）
行业	控制	控制	控制	控制	控制
年份	控制	控制	控制	控制	控制
样本量	9 338	9 338	9 338	9 338	9 338
Adj R^2	0.447	0.470	0.461	0.451	0.441

注：*、**和***分别表示系数在10%、5%和1%的水平上显著，括号内数值为t值。

通过表5-11第（1）至第（5）列所汇总的结果可知，回归系数均在1%的水平上显著，与本章主回归的结果显著性以及方向一致，说明本章研究不存在反向因果的关系。

5.4.5　Change模型

借鉴已有研究（Luo，2017），采用Change模型重新对主假设进行检验。具体做法为在模型（5.1）至（5.5）的基础上，对被解释变量 Anacoverage_t，取 $\text{D.Anacoverage} = \text{Anacoverage}_t - \text{Anacoverage}_{t-1}$ 作为 Anacoverage_t 第t年的增量变化。对除了SOE和Big4的其他变量 X_t，取 $\text{D.X} = X_t - X_{t-1}$ 作为 X_t 第t年的增量变化，构建模型（5.10），结果见表5–12。

$$\text{D.Anacoverage}_{it} = \beta_0 + \beta_1 \text{D.ExtraInfo}_{it} + \beta_k \text{D.Controls}_{it} + \sum \text{Year}_{it} + \sum \text{Industry}_{it} + \varepsilon_{it} \tag{5.10}$$

表5–12　来自目标公司之外的信息对分析师跟踪行为的影响——Change模型

	（1）D.Anacoverage	（2）D.Anacoverage	（3）D.Anacoverage	（4）D.Anacoverage	（5）D.Anacoverage
D.ExtraInfo	2.323***				
	(15.17)				
D.Newsnum		2.164***			
		(17.51)			
D.Agrnews		5.554***			
		(7.80)			
D.Compinall			1.593***		
			(20.26)		
D.Gubanum				−0.000	
				(−0.61)	
D.Agrguba				5.897**	
				(2.47)	
D.Deofact				−227.392***	
				(−2.81)	
D.Regulet					−0.221*
					(−1.72)
Constant	−1.967***	−2.283***	8.891***	−0.919	−1.009
	(−3.03)	(−3.55)	(12.43)	(−1.44)	(−1.58)
行业	控制	控制	控制	控制	控制

续表

	（1） D.Anacoverage	（2） D.Anacoverage	（3） D.Anacoverage	（4） D.Anacoverage	（5） D.Anacoverage
年份	控制	控制	控制	控制	控制
样本量	9 338	9 338	9 338	9 338	9 338
Adj R²	0.174	0.187	0.194	0.154	0.153

注：*、**和***分别表示系数在10%、5%和1%的水平上显著，括号内数值为t值。

通过表5-12第（1）至第（5）列的汇总，发现结果基本与主回归的结果一致，进一步排除反向因果的关系，以及可能存在遗漏控制变量的情形，对于模型中的变量减轻了其随机游走的趋势。

5.4.6 倾向得分匹配检验

为避免本章研究存在样本选择偏误等内生性问题，在稳健性检验中将进一步使用倾向得分匹配法（Propensity Score Matching， PSM）克服内生性的影响。以来自目标公司之外的信息每年的中位数为标准，划分为来自目标公司之外信息渠道的信息含量高与含量低两个组。首先，以分析师跟踪Anacoverage为因变量，公司规模Size、资产负债率Lev、主营业务收入增长率Growth、董事会规模Board、经营现金流CFO和公司透明度ABACC等公司特征为自变量，运用logit回归模型估计出每个年度观察样本中来自目标公司之外信息的倾向得分。其次，根据倾向得分使用近邻一对一匹配找寻配对样本。最后，对倾向得分匹配后得到的匹配样本利用模型（5.1）至（5.5）进行回归，得到表5-13。

表5-13　　　　　　　　　倾向得分匹配后匹配样本回归结果

	（1） Anacoverage	（2） Anacoverage	（3） Anacoverage	（4） Anacoverage	（5） Anacoverage
ExtraInfo	1.613***				
	(6.09)				
Newsnum		1.798***			
		(9.62)			

续表

	（1） Anacoverage	（2） Anacoverage	（3） Anacoverage	（4） Anacoverage	（5） Anacoverage
Agrnews		11.945***			
		（6.86）			
Compinall			2.321***		
			（13.23）		
Gubanum				−0.000***	
				（−6.65）	
Agrguba				13.714**	
				（2.45）	
Deofact				−160.989	
				（−0.75）	
Regulet					−0.775***
					（−3.05）
Size	3.992***	4.097***	3.981***	4.740***	4.341***
	（14.10）	（15.83）	（15.34）	（16.74）	（16.50）
Lev	−1.948**	−2.570***	−2.091**	−1.642*	−1.547
	（−2.08）	（−2.80）	（−2.30）	（−1.75）	（−1.64）
ROA	55.137***	50.897***	52.359***	50.062***	53.682***
	（13.89）	（13.13）	（13.37）	（12.49）	（13.45）
Growth	0.668**	0.525*	0.618**	0.454	0.645**
	（2.35）	（1.87）	（2.15）	（1.59）	（2.19）
Board	0.035	−0.018	0.042	0.029	0.030
	（0.38）	（−0.22）	（0.50）	（0.30）	（0.31）

续表

	（1） Anacoverage	（2） Anacoverage	（3） Anacoverage	（4） Anacoverage	（5） Anacoverage
BM	−16.553***	−16.545***	−14.588***	−20.297***	−18.517***
	（−13.63）	（−13.68）	（−12.64）	（−17.02）	（−16.18）
TobinQ	−0.735***	−0.729***	−0.638***	−0.547***	−0.632***
	（−4.97）	（−5.18）	（−4.45）	（−3.72）	（−4.32）
SOE	−2.672***	−2.426***	−2.556***	−2.383***	−2.686***
	（−8.30）	（−7.67）	（−8.25）	（−7.48）	（−8.36）
Big4	−1.378**	−1.186**	−1.549**	−1.654**	−1.576**
	（−2.04）	（−1.97）	（−2.32）	（−2.28）	（−2.23）
Inshold	2.903***	2.143***	2.879***	−0.359	1.772***
	（4.17）	（3.23）	（4.38）	（−0.52）	（2.65）
CFO	0.163	0.119	0.170	0.137	0.145
	（1.13）	（0.85）	（1.21）	（0.97）	（1.01）
ABACC	3.934*	5.178**	4.190**	3.484	3.662*
	（1.83）	（2.50）	（2.00）	（1.63）	（1.69）
Constant	−81.058***	−81.985***	−72.489***	−82.129***	−77.222***
	（−18.32）	（−18.45）	（−16.16）	（−16.74）	（−16.97）
Industry	控制	控制	控制	控制	控制
样本数	6 013	6 013	6 013	6 013	6 013
Adj R²	0.377	0.394	0.409	0.383	0.371

注：*、**和***分别表示系数在10%、5%和1%的水平上显著，括号内数值为t值。

通过表5-13所汇总的结果可知，来自目标公司之外的信息 ExtraInfo的系数为1.613，与分析师跟踪Anacoverage在1%的水平上显著正相关；其他细化渠道与分析师跟踪Anacoverage的关系与方向基本一致。这一结果表明，本章样本的选择性偏差问题并没有影响本章主要结论的稳健性。

5.4.7　工具变量法

本章的研究结果显示，来自目标公司之外的信息影响了分析师的跟踪行为，其数量越多越会促进分析师对目标公司进行跟踪。为了缓解本章研究可能会存在反向因果所产生的内生性问题，即来自目标公司之外的信息增加可能是因为分析师跟踪行为，本章研究结论所体现的关系可能导致产生内生性的问题。本节进一步使用工具变量法，借鉴王贤彬和黄亮雄（2018）的研究，选取夜间灯光数据（Dnvalue_IV）作为工具变量，采用两阶段最小二乘法（2SLS）进行检验。在工具变量的检验中，首先，确定工具变量是否可识别，使用的统计量是 Kleibergen-Paap rk LM 统计量。结果统计量 p 值小于 0.01 说明在 1% 的水平上显著，则拒绝"工具变量识别不足"的原假设，证明工具变量与内生解释变量相关。其次，采用 Cragg-Donald F-Test 进行弱识别检验，避免工具变量与内生解释变量的相关性不强。王贤彬等（2017）采用夜间灯光数据评估了中国地区经济差距的动态趋势，将夜间灯光数据作为省级地区经济增长的代理指标。而目标公司之外的信息量会受到目标公司所处地区的经济增长影响，但目标公司所处地区的经济增长与分析师跟踪行为之间的关系不大。工具变量法检验结果见表5-14。

表5-14　　　　　　　　　　　工具变量法检验结果

	（1） ExtraInfo	（2） Anacoverage
Dnvalue_IV	-0.005^{***}	
	(-7.44)	
ExtraInfo		0.741^{***}
		(4.09)
Size	0.543^{***}	0.063
	(68.97)	(0.64)

续表

	（1） ExtraInfo	（2） Anacoverage
Lev	−0.013	−0.248***
	（−0.40）	（−5.15）
ROA	−0.311***	4.958***
	（−3.05）	（27.34）
Growth	0.003	−0.016
	（0.28）	（−0.86）
Board	0.003	0.007*
	（1.00）	（1.65）
BM	−1.272***	−0.434*
	（−30.57）	（−1.82）
TobinQ	0.067***	−0.092***
	（9.90）	（−6.20）
SOE	0.044***	−0.302***
	（4.12）	（−17.01）
Big4	0.052**	−0.053**
	（2.55）	（−2.08）
Inshold	−0.665***	0.652***
	（−28.14）	（5.20）
CFO	0.020***	−0.010
	（4.09）	（−1.21）
ABACC	0.211***	0.094
	（3.07）	（0.79）

续表

	（1） ExtraInfo	（2） Anacoverage
Constant	−5.577***	−3.286***
	（−44.74）	（−3.20）
Year	控制	控制
Industry	控制	控制
样本量	14 056	14 056
Adj R²	0.67	0.31
Kleibergen-Paap rk LM statistic	54.069***	
Cragg-Donald F statistic	61.533***	
Kleibergen-Paap rk Wald F statistic	55.414***	

注：*、**和***分别表示系数在10%、5%和1%的水平下显著，括号内数值（1）列为t值，（2）列为z值。

表5-14的第（1）列和第（2）列呈现了工具变量法两阶段的回归结果。其中第（1）列为第一阶段的回归结果，结果显示工具变量Dnvalue_IV的系数为−0.005，在1%的水平上与目标公司之外的信息ExtraInfo显著负相关。第（2）列为第二阶段回归结果，是使用工具变量对内生性问题进行处理之后得到的估计结果，目标公司之外的信息ExtraInfo的系数为0.741，在1%的水平上与分析师跟踪行为显著正相关。这一结果说明，相关内生性问题未影响本书的研究结论。

6 来自目标公司之外的信息与分析师
实地调研行为的实证检验

本章对来自目标公司之外的信息对分析师实地调研行为的影响展开实证研究。首先，以信息不对称理论、信息互补理论、信息替代理论等为基础，通过理论分析提出关于分析师实地调研受到来自目标公司之外信息的影响的研究假设；其次，进行研究设计，包括样本选择与数据来源，以及模型设计与变量定义；再次，是实证结果与分析，将对描述性统计、相关性检验以及多元回归检验的结果加以说明和分析；最后，是进一步分析和稳健性检验，通过对上市公司的信息披露质量、行业竞争程度以及企业风险承担程度进行来自目标公司之外的信息对分析师实地调研行为的异质性检验，并通过多种稳健性检验以确认本章的结论是否可靠。

6.1 理论分析与研究假设

对上市公司进行实地调研是上市公司维护与投资者关系的活动之

一，在提供了近距离了解公司经营状况及其他事项渠道的同时，还加强了上市公司与投资者之间的沟通交流，为构建良好的投资者关系打下了坚实基础。近几年实地调研数量的急速增加以及关于实地调研信息披露规则的变化，使得机构投资者实地调研行为在信息披露中发挥了重要作用。

关于目标公司的信息可以分为公开信息和私有信息。Maureen and Trueman（1994）认为，市场中关于上市公司的信息总量是一定的，公开信息与私有信息是可以互相替代的，这两者之间存在替代关系。王燕（2006）研究发现，当公开信息较多时，机构投资者收集私有信息的动力会减少，而 Lee（1993）与 Barron（2002）则认为公有信息与私有信息之间是互补关系，也就是增加公开信息使得私有信息也随之增加，信息不对称并没有缓解，公开信息的增量反而成为机构投资者收集私有信息的动力（陈小林和孔东敏，2012）。

刘会（2013）首次从分析师的角度对实地调研的影响因素进行了尝试性分析，研究发现公司信息的透明度越高，机构投资者在公司股权结构中的地位越重要，分析师对该公司进行实地调研的概率和强度就越大；而公司业绩波动程度越高，分析师对该公司进行实地调研的强度越低。Bowen 等（2016）认为分析师覆盖越多、信息质量越好的上市公司，越有可能被进行实地调研。宋玉等（2017）发现上市公司信息披露质量越高，机构投资者对上市公司进行实地调研的概率越大，调研的次数越多，公司的不确定性对于机构投资者实地调研的概率产生显著的正向影响。

但有一些学者认为，一家上市公司的信息不对称程度越高，那么与这家上市公司进行沟通所获得的优势越大，机构投资者越有动力去进行实地调研（Liu 等，2017），谭劲松和林雨晨（2016）的研究也支持了这一结论。机构投资者在选择实地调研对象时，可能并非选择信息披露质量较高的上市公司，而恰恰可能是信息透明度低、公开信息较少的上市公司。分析师是机构投资者中的一类特殊群体，他们主要是证券公司的代表，分析师通过对公司的实地调研而获得非公开的信息（刘会，2013）。已有研究证实，分析师进行实地调研是其获得信息优势的重要路径（徐媛媛等，2015），并且 Cheng 等（2016）的研究发现，与没有进行实地调研的目标公司相比，被分析师进行实地调研的目标公司在被调研的日期附近，其股票在市场中的反应更加强烈。

庞海峰等（2021）发现在目标公司信息披露较少的情况下，通过实地调研行为获得信息的作用更加明显，针对信息发布不完全、所处行业竞争不激烈的目标公司进行实地调研行为的作用更大。但是也有研究表明，投资者实地调研会导致目标公司进行选择性信息披露，减少年报风险信息披露（刘晨等，2021），说明目标公司会因为被实地调研，有动机对外界进行隐瞒自身相关信息的披露，导致公司层面可获得的异质性信息变少。市场中存在着来自各种渠道的信息，庞杂的信息可能会将真实准确的信息掩埋，张圣平等（2014）研究发现无法获得信息的投资者会通过各种方法寻找信息。对于机构投资者来说，其从不同信息渠道获得的信息是相互补充的，若在公开渠道获得了足够的信息，则实地调研带来的增量信息价值并不高；但如果在公开渠道所获得的信息不足以支撑分析师进行分析，则分析师更倾向于对目标公司进行实地调研，获取更多的私有信息进行分析。综上所述，当分析师判断自身是否处在信息劣势的境地时，需要对自身所处的信息环境进行判断，分析师自身所处的信息环境包含直接可以获得的目标公司披露的信息以及来自目标公司之外的信息。目标公司披露的信息包含强制以及自愿披露的信息，其信息含量具有一定的基础。来自目标公司之外的信息主要由市场中除了目标公司之外的其他主体决定，具有一定的客观性。

根据上述分析，本章提出对立假设：

H6.1a：来自目标公司之外的信息含量越丰富，分析师越倾向于进行实地调研活动。

分析师进行实地调研是一种重要的信息获取活动，是分析师行为中分析师跟踪与分析师预测之间的行为。分析师对上市公司进行跟踪后，为获取更多信息使预测更加准确，选择对跟踪对象进行实地调研，以此帮助分析师获取现时的以及前瞻性的信息。若分析师从公开信息披露中能够获得比较充分可靠的信息，那么其通过对公司的调研获得私有信息的需求便会减少。基于此，本章提出如下假设：

H6.1b：来自目标公司之外的信息越丰富，分析师越不倾向于进行实地调研活动。

6.2 研究设计

6.2.1 样本选择与数据来源

（1）样本选择

虽然早在 2003 年相关部门就推出有关投资者实地调研的规定，但自 2006 年沪深两市发布上市公司信息披露指引，才规定上市公司应在定期报告中对投资者实地调研的基本情况进行披露，使得市场中开始了解上市公司实地调研的情况。随着投资者对上市公司的实地调研行为增加，以及信息披露规则的变化，实地调研行为的信息可以详细地被市场获取。综合来自目标公司之外的信息的数据，本章的数据采集期间为 2009—2019 年，得到初始样本后，按照以下标准对样本进行剔除：

① 根据证监会 2012 年发布的上市公司分类标准，剔除银行、保险等金融业样本；

② 因与 ST 和 *ST 公司相关的信息量与正常经营的其他上市公司相比较为异常，故剔除数据采集期间 ST 或 *ST 的样本；

③ 剔除只有当年上市数据的样本；

④ 剔除相关变量数据缺失的样本。

通过以上标准进行筛选获得了 7 844 个观测值，为控制极端值对研究结论的影响，本章对连续变量在 1% 和 99% 分位数处做了 Winsorize 处理。

（2）数据来源及处理

上市公司财务相关数据来自国泰安 CSMAR 数据库，来自目标公司之外的信息由前文计算得到，分析师实地调研与外部非官方细分渠道的数据来自中国数据研究平台（CNRDS）。本章的数据整理以及实证检验过程分别通过 Excel 2019 和 Stata 16 等软件实现。

本章得到的 7 844 个样本在行业及时间维度上的分布情况见表 6-1。

表6-1　　　　　　　　　　　　样本分布表　　　　　　　　　单位：个

年份	2009	2010	2011	2012	2013	2014	2015	2016	2017	2018	2019	总计
农林牧渔业A	6	5	8	12	9	8	11	12	9	9	6	95
采矿业B	6	7	3	18	12	14	13	8	8	8	8	105
制造业C	185	195	274	618	605	614	599	635	589	687	673	5 674
电力、热力、燃气及水生产和供应业D	13	11	13	20	20	15	23	19	12	19	18	183
建筑业E	7	2	5	8	14	16	15	17	22	23	20	149
批发和零售业F	20	19	23	35	34	30	29	32	23	28	28	301
交通运输、仓储和邮政业G	13	11	13	19	17	21	16	14	8	13	17	162
住宿和餐饮业H	0	0	0	5	3	3	3	2	0	0	0	16
信息传输、软件和信息技术服务业I	9	7	17	57	68	55	73	72	81	78	89	606
房地产业K	15	15	8	28	18	6	18	22	10	17	14	171
租赁和商务服务业L	5	4	6	7	8	5	9	11	12	16	13	96
科学研究和技术服务业M	0	0	0	0	10	7	6	6	9	14	19	71
水利、环境和公共设施管理业N	3	0	0	10	10	12	12	10	8	12	18	95
卫生和社会工作业Q	0	0	0	0	0	0	0	0	0	0	6	6
文化、体育和娱乐业R	0	0	1	1	6	9	10	11	11	12	13	74
综合S	11	5	8	3	3	2	2	2	3	1	0	40
总计	293	281	379	841	837	817	839	873	805	937	942	7 844

从表6-1中可以看出，随着我国上市公司数量、规模逐年增长和扩大，以及与分析师相关的制度越来越健全，使用的样本数量无论是总体样本还是分行业样本，在经历急速增长后保持了稳定增长的趋势。不同行业之间分析师跟踪的样本差异较大，其中样本量最大的行业为制造业（C），共有5 674个样本，占总样本的72.34%，故在本章的稳健性检验中，将单独针对制造业样本对所提假设进行检验。样本量位居第二的为信息传输、软件和信息技术服务业（I），共有606个样本，占总样本的7.73%，被分析师实地调研的上市公司数量自2014年开始稳步增加。

6.2.2　模型设计

本章主要探讨来自目标公司之外的信息及其各细分渠道对分析师实地调研行为的影响，并在进一步分析中考虑了信息披露质量、上市公司风险承担以及行业竞争程度对分析师实地调研行为产生的影响。

为验证假设6.1，考察来自目标公司之外的信息对分析师实地调研行为的影响，本章借鉴谭松涛和崔小勇（2015）的研究，设计如下模型进行实证检验：

$$\text{Anavisit}_{it} = \beta_0 + \beta_1 \text{ExtraInfo}_{it} + \beta_k \text{Controls}_{it} + \sum \text{Year}_{it} + \sum \text{Industry}_{it} + \varepsilon_{it} \tag{6.1}$$

模型（6.1）中，Anavisit表示上市公司当年被多少位分析师（或分析师团队）实地调研，ExtraInfo表示来自目标公司之外的信息，Controls表示一系列上市公司影响分析师行为的因素，同时还控制了行业和年度固定效应，在利用模型（6.1）的回归结果中，β_1及其t值表示来自目标公司之外的信息对分析师实地调研的影响，若β_1显著大于0，则表示来自目标公司之外的信息有助于分析师做出实地调研的行为，上市公司来自目标公司之外的信息含量越丰富，分析师越倾向于进行实地调研，因此验证假设6.1a成立；反之，则验证假设6.1b成立。

与上文同理，为了检验来自目标公司之外的信息的各细化渠道对分析师实地调研行为的影响，本章按照前文分析将来自目标公司之外的信息渠道细化为新闻报道、微信公众号、股吧与监管函件四种类型，分别放入基本回归模型中，由此构成了如下模型：

$$Anavisit_{it} = \beta_0 + \beta_1 Newsnum_{it} + \beta_2 Agrnews_{it} + \beta_k Controls_{it} + \sum Year_{it} +$$
$$\sum Industry_{it} + \varepsilon_{it} \tag{6.2}$$

$$Anavisit_{it} = \beta_0 + \beta_1 Compinall_{it} + \beta_k Controls_{it} + \sum Year_{it} +$$
$$\sum Industry_{it} + \varepsilon_{it} \tag{6.3}$$

$$Anavisit_{it} = \beta_0 + \beta_1 Gubanum_{it} + \beta_2 Agrguba_{it} + \beta_3 Deofact_{it} + \beta_k Controls_{it} +$$
$$\sum Year_{it} + \sum Industry_{it} + \varepsilon_{it} \tag{6.4}$$

$$Anavisit_{it} = \beta_0 + \beta_1 Regulet_{it} + \beta_k Controls_{it} + \sum Year_{it} +$$
$$\sum Industry_{it} + \varepsilon_{it} \tag{6.5}$$

模型（6.2）至（6.5）中分别检验目标公司之外信息的各细化渠道对分析师实地调研行为的影响，其中模型（6.2）中 Newsnum 和 Agrnews 对应的是新闻报道的数量以及分歧度，模型（6.3）中 Compinall 对应的是提及上市公司的微信公众号文章数量，模型（6.4）中 Gubanum、Agrguba 和 Deofact 对应的是股吧中的帖子总数、帖子分歧度和帖子活跃度，模型（6.5）中 Regulet 对应监管函件数量，其他变量设置与模型（6.1）保持一致。

6.2.3 变量定义

（1）被解释变量

模型中的被解释变量为分析师实地调研 Anavisit，借鉴 Cheng 等（2016）的方法，本章采用分析师对上市公司的实地调研频次来代表分析师实地调研的强度，定义为上市公司当年度被分析师实地调研的总次数加1，然后取自然对数。

（2）其他变量

本章的解释变量和控制变量沿用第5章所涉及的模型和定义，此处不做赘述，具体变量定义如表6-2所示。

表6-2 变量定义表

变量类型	变量名称		变量符号	变量计算
被解释变量	分析师实地调研		$Anavisit_{it}$	ln（上市公司被分析师实地调研次数+1）
解释变量	来自目标公司之外的信息		$ExtraInfo_{it}$	指标计算详见第4章
	新闻报道	报纸与网络新闻报道数量	$Newsnum_{it}$	ln（纸质及网络媒体关于公司新闻总和+1）
		新闻报道分歧度	$Agrnews_{it}$	$1-\sqrt{1-\left(\dfrac{正面新闻数量_{it}-负面新闻数量_{it}}{正面新闻数量_{it}+负面新闻数量_{it}}\right)^2}$
	股吧	股吧帖子总数	$Gubanum_{it}$	ln（股吧当年同一家上市公司帖子总和+1）
		股吧帖子分歧度	$Agrguba_{it}$	$1-\sqrt{1-\left(\dfrac{正面帖子数量_{it}-负面帖子数量_{it}}{正面帖子数量_{it}+负面帖子数量_{it}}\right)^2}$
		股吧帖子活跃度	$Deofact_{it}$	上市公司帖子每年评论数/阅读数的平均值
	微信公众号文章提及次数		$Compinall_{it}$	ln（公司被财经类和券商类公众号文章提及次数+1）
	监管函件		$Regulet_{it}$	ln（上市公司当年收到监管函件数量+1）
控制变量	公司规模		$Size_{it}$	公司期末总资产的自然对数
	资产负债率		Lev_{it}	上市公司负债总额与总资产比值
	盈利能力		ROA_{it}	总资产收益率，第t年净利润/第t-1年总资产
	公司成长性		$Growth_{it}$	主营业务收入增长率
	董事会规模		$Board_{it}$	董事会总人数
	账面市值比		BM_{it}	BM=（年末股票价格×流通股数量+每股净资产×非流通股数量）/账面权益价值

续表

变量类型	变量名称	变量符号	变量计算
控制变量	托宾 Q 值	TobinQ$_{it}$	（总资产+权益市场价值–权益账面价值）/总资产
	产权性质	SOE$_{it}$	公司的产权性质，国有为1，否则为0
	审计事务所	Big4$_{it}$	会计师事务所为国际"四大"时为1，否则为0
	机构投资者	Inshold$_{it}$	机构投资者持股比例
	经营现金流	CFO$_{it}$	ln（经营活动产生的现金流净额）
	公司透明度	ABACC$_{it}$	以可操控应计利润的绝对值衡量，其值由调整的 Jones 模型计算得到
	年度虚拟变量	Year	2009—2019年的年度虚拟变量
	行业虚拟变量	Industry	所属行业虚拟变量，根据证监会2012年修订的《上市公司行业分类指引》标准设定

6.3　实证结果与分析

6.3.1　描述性统计

与前一章相似，对表6-2中所列示的主要变量进行描述性统计，对各个变量的总体分布情况进行说明，具体结果见表6-3。

表6-3　　　　　　　　　主要变量描述性统计

变量符号	N	mean	sd	min	p50	P75	max
Anavisit	7 844	1.709	0.753	0.693	1.609	2.303	3.258
ExtraInfo	7 844	5.737	0.866	3.686	5.709	6.344	7.961
Newsnum	7 844	5.422	0.973	3.296	5.373	6.004	8.306
Agrnews	7 844	0.073	0.075	0	0.049	0.110	0.344
Compinall	7 844	3.510	3.032	0	2.996	6.748	8.589
Gubanum	7 844	8.582	0.828	6.712	8.577	9.154	10.63
Agrguba	7 844	0.022	0.029	0	0.011	0.030	0.150

续表

变量符号	N	mean	sd	min	p50	P75	max
Deofact	7 844	0.002	0.002	0	0.001	0.003	0.008
Regulet	7 844	0.169	0.505	0	0	0	3
Size	7 844	22.06	1.151	19.55	21.90	22.69	26.11
Lev	7 844	0.383	0.195	0.049	0.371	0.526	0.958
ROA	7 844	0.057	0.056	−0.267	0.052	0.085	0.226
Growth	7 844	0.209	0.402	−0.594	0.137	0.296	3.157
Board	7 844	8.599	1.680	5	9	9	15
BM	7 844	0.578	0.230	0.116	0.572	0.748	1.146
TobinQ	7 844	2.143	1.236	0.873	1.749	2.496	8.591
SOE	7 844	0.285	0.451	0	0	1	1
Big4	7 844	0.044	0.205	0	0	0	1
Inshold	7 844	0.374	0.236	0	0.375	0.561	0.873
CFO	7 844	19.08	1.502	15.00	19.04	20.00	23.62
ABACC	7 844	0.059	0.062	0.001	0.041	0.077	0.421

表6-3汇总了2009—2019年沪深A股上市公司样本中主要变量描述性统计的分析结果。从中可以看出，除微信公众号Compinall、公司规模Size、董事会总人数Board、托宾Q值TobinQ和经营现金流CFO外，其余变量的分布较为集中。实地调研Anavisit的均值为1.709，最小值为0.693［ln（1+1）］，中位数为1.609［ln（4+1）］，最大值为3.258［ln（25+1）］，说明样本中的上市公司至少被1位分析师进行过实地调研，最多被实地调研25次，结合标准差0.753可以看出，上市公司被分析师实地调研的次数差异较大。

来自目标公司之外的信息ExtraInfo的均值为5.737，最小值为3.686，中位数为5.709，最大值为7.961，说明被分析师实地调研的上市公司其外部信息渠道数据分布较为集中，但是差异较大。报纸与网络新闻报道数量Newsnum经过加1后再取自然对数的最小值为3.296，最大值为8.306，结合标准差0.973，说明报纸及网络媒体对上市公司的新闻报道在数量上具有差异。从新闻分歧度Agrnews来看，其分歧度最小值为0，代表没有分歧度，最大值为0.344，中位数为0.049，均值为0.073，说明从新闻报道来看，新闻分歧度数据分布较为集中。微信公众号文章提及次数Compinall的均值为3.510，最小值为0，最大值为8.589，结合标准差3.032来看，微信公众号文章提及上市公司的次数差异很大，有被分析师实地调研的上市公司没有被微信公众号文章提及，也有被分析师实地调研的上市公司被提及多次的情况。股吧帖子总数也呈现了相似的情况，但与微信公众号Compinall不同的是，被分析师进行实地调研的上市公司在股吧中一年最少有821［Ln（821+1）约等于6.712］个帖子，最多在股吧中拥有41 357（Ln（41 357+1）约等于10.63）个帖子，其标准差0.828也说明分析师实地调研的上市公司，其在股吧中拥有帖子的数量差异很大；股吧帖子分歧度Agrguba的最小值为0，最大值为0.150，平均值为0.022，说明股吧帖子的分歧度存在差异；帖子活跃度Deofact的最小值为0，最大值为0.008，标准差为0.002，说明股吧中的帖子活跃度之间的差异较小。监管函件最小值、中位数、3/4位数都为0，最大值为3，平均值为0.169，说明分析师进行实地调研的上市公司中收到监管函件的数量较少。

反映样本个体情况的控制变量中，公司规模Size均值为22.06，最小值为19.55，最大值为26.11，标准差为1.151，说明被分析师实地调研的上市公司之间的规模存在较大差异。资产负债率Lev均值为0.383，最小值为0.049，最大值为0.958，均值低于0.5，说明沪深两市A股上市公司的资本结构较为合理。盈利能力ROA和主营业务收入增长Growth与前文情况一致。董事会规模Board均值为8.599，最小值为5，最大值为15，中位数和3/4位数均为9，标准差为1.680，说明上市公司之间的董事会规模存在较大差异。账面市值比BM均值为0.578，最小值为0.116，最大值为1.146，中位数为0.572，说明市值账面比的数据分布较为集中。托宾Q值TobinQ的最小值为0.873，最大值为8.591，均值为2.143，结合标准差1.236，说明被分析师实地调研的上市公司价值之间差异较大。产权性质SOE均值为0.285，中位数为0，3/4位数为1，说明分析师实地调研的上市公司中，产权性质为国有的比例为28.5%。审计事务所Big4均值为

0.044，3/4 位数为 0，说明分析师实地调研的上市公司聘请国际"四大"会计师事务所的比例较低。机构投资者持股比例 Inshold 最小值为 0，最大值为 0.873，均值为 0.374，说明各公司之间机构投资者持股比例的差异较大。经营活动现金流 CFO 最小值为 15.00，最大值为 23.62，平均值为 19.08，结合标准差 1.502，说明经营活动产生的现金流净额数据分布不集中，并且公司之间的差异较大。公司透明度 ABACC 最小值为 0.001，最大值为 0.421，均值为 0.059，说明上市公司之间透明度差异较大。

6.3.2　相关性分析

对表 6-2 的主要变量进行 Pearson 相关性检验，结果见表 6-4 和表 6-5。表 6-4 和表 6-5 所报告的 Pearson 相关系数，从被解释变量分析师实地调研与解释变量来自目标公司之外的信息及其各细分渠道相关变量来看，Anavisit 与 ExtraInfo、Newsnum、Agrnews 和 Deofact 呈显著正相关的关系，与 Compinall、Gubanum 和 Regulet 呈显著负相关的关系；除了与股吧帖子分歧度 Agrguba 负相关，被解释变量 Anavisit 与其他解释变量都在 1%~5% 的水平上显著。从被解释变量与控制变量之间的相关关系来看，除了与 TobinQ 负相关但不显著、与 ABACC 正相关但不显著，与其他控制变量均在 1%~5% 的水平上显著，其中与 BM 呈负相关。

从来自目标公司之外的信息 ExtraInfo 与各细分渠道变量的相关系数来看，来自目标公司之外的信息 ExtraInfo 与 Newsnum、Compinall 和 Gubanum 在 1% 的水平上呈现显著正相关的关系，与 Regulet 在 5% 的水平上显著正相关；来自目标公司之外的信息 ExtraInfo 与股吧帖子活跃度 Deofact 呈负相关关系。细化的信息渠道中，新闻数量 Newsnum 与新闻分歧度 Agrnews 在 1% 的水平上显著负相关；与 Agrguba、Deofact 和 Regulet 仅呈现正相关。其他细化信息渠道变量之间都在 1% 的水平上显著相关。

在控制变量之间，除了 Size 与 ABACC、ROA 与 Board、Growth 与 Big4、Growth 与 Inshold、Board 与 ABACC、SOE 与 ABACC、Big4 与 ABACC 以外，其余控制变量相互之间的相关系数均在 1%~10% 的水平上显著相关。经过进一步的回归分析 VIF 检验，其结果为 3.04，表明变量之间严重的多重共线性关系是不存在的。

表6-4　相关性检验结果（1）

	Anavisit	ExtraInfo	Newsnum	Agrnews	Compinall	Gubanum	Agrguba	Deofact
Anavisit	1							
ExtraInfo	0.209***	1						
Newsnum	0.224***	0.864***	1					
Agrnews	0.048***	-0.087***	-0.077***	1				
Compinall	-0.045***	0.583***	0.407***	0.061***	1			
Gubanum	-0.085***	0.588***	0.332***	-0.030***	0.404***	1		
Agrguba	-0.014	-0.038***	0.011	0.088***	0.200***	-0.053***	1	
Deofact	0.236***	-0.006	0.001	-0.149***	-0.560***	-0.317***	-0.250***	1
Regulet	-0.161***	0.026**	0.016	-0.078***	0.060***	0.214***	0.050***	-0.190***
Size	0.139***	0.411***	0.458***	-0.010	0.106***	0.416***	0.033**	-0.134***
Lev	0.035***	0.187***	0.197***	-0.063***	-0.037***	0.178***	-0.057***	0.023*
ROA	0.170***	0.058***	0.117***	0.125***	0.031***	-0.106***	0.147***	0.013
Growth	0.041***	0.052***	0.066***	0.070***	0.017	0.008	0.085***	-0.037***
Board	0.141***	0.123***	0.129***	-0.017	-0.044***	0.018	-0.041***	0.107***
BM	-0.023**	-0.196***	-0.088***	-0.056***	-0.335***	-0.092***	-0.114***	0.168***
TobinQ	-0.007	0.228***	0.145***	0.030***	0.302***	0.109***	0.088***	-0.130***
SOE	0.078***	0.172***	0.125***	-0.070***	-0.080***	0.104***	-0.086***	0.161***
Big4	0.119***	0.162***	0.194***	-0.051***	0.007	0.098***	0.022*	0.031***
Inshold	0.139***	0.187***	0.276***	-0.002	0.063***	-0.033***	0.125***	-0.019*
CFO	0.151***	0.328***	0.386***	-0.016	0.067***	0.297***	0.056***	-0.086***
ABACC	0.006	0.101***	0.065***	-0.020*	0.068***	0.074***	0.056***	-0.003

表6-5　　相关性检验结果（2）

	Regulet	Size	Lev	ROA	Growth	Board	BM	TobinQ	SOE	Big4	Inshold	CFO	ABACC
Regulet	1												
Size	0.066***	1											
Lev	0.074***	0.547***	1										
ROA	-0.120***	-0.062***	-0.360***	1									
Growth	0.078***	0.043***	0.058***	0.218***	1								
Board	-0.082***	0.223***	0.141***	-0.001	-0.020*	1							
BM	-0.0120	0.468***	0.381***	-0.325***	-0.055***	0.141***	1						
TobinQ	0.0150	-0.345***	-0.311***	0.289***	0.050***	-0.125***	-0.839***	1					
SOE	-0.091***	0.317***	0.299***	-0.099***	-0.067***	0.295***	0.184***	-0.114***	1				
Big4	-0.020*	0.297***	0.141***	0.019*	-0.015	0.118***	0.109***	-0.069***	0.108***	1			
Inshold	-0.039***	0.394***	0.230***	0.121***	0.007	0.181***	-0.081***	0.121***	0.342***	0.153***	1		
CFO	0.023**	0.762***	0.345***	0.179***	0.039***	0.178***	0.270***	-0.173***	0.258***	0.265***	0.375***	1	
ABACC	0.049***	-0.013	0.044***	-0.026***	0.141***	-0.014	-0.097***	0.086***	-0.005	0.018	0.015	0.014	1

注：*、**和***分别表示系数在10%、5%和1%的水平下显著，括号内数值为t值。

6.3.3　多元回归结果与分析

经过上文描述性统计分析和相关性分析后，本节将通过多元回归的方法对本章所提出的关于来自目标公司之外信息如何影响分析师实地调研行为的假设进行检验。与前文结构相似，首先，对来自目标公司之外的信息的存在性加以检验，证明来自目标公司之外的信息对分析师实地调研行为存在影响，这是本章检验假设的基础；其次，研究来自目标公司之外的信息各细化渠道对分析师实地调研行为的影响。

表6-6汇总了对7 844个观察值进行多元回归检验的结果。其中第（1）列为利用模型（6.1）不加任何控制变量，检验外部信息渠道存在性的回归结果；第（2）列为模型（6.1）完整的多元回归结果；第（3）至第（6）列分别为利用模型（6.2）至（6.5）检验来自目标公司之外的信息各细化渠道对分析师实地调研行为的影响。

表6-6　分析师实地调研行为与来自目标公司之外的信息的多元回归结果

	（1） Anavisit	（2） Anavisit	（3） Anavisit	（4） Anavisit	（5） Anavisit	（6） Anavisit
ExtraInfo	0.223***	0.064***				
	（19.03）	（4.02）				
Newsnum			0.073***			
			（6.52）			
Agrnews			0.754***			
			（7.07）			
Compinall				0.084***		
				（9.46）		
Gubanum					−0.073***	
					（−4.73）	
Agrguba					−0.018	
					（−0.05）	
Deofact					−12.821	
					（−1.08）	
Regulet						−0.108***
						（−7.68）
Size		0.157***	0.147***	0.151***	0.226***	0.195***
		（9.58）	（9.64）	（10.38）	（14.69）	（13.99）

续表

	（1）Anavisit	（2）Anavisit	（3）Anavisit	（4）Anavisit	（5）Anavisit	（6）Anavisit
Lev		−0.167***	−0.177***	−0.168***	−0.178***	−0.152***
		（−2.98）	（−3.17）	（−3.03）	（−3.19）	（−2.72）
ROA		1.322***	1.119***	1.207***	1.145***	1.165***
		（7.71）	（6.54）	（7.06）	（6.63）	（6.81）
Growth		0.005	−0.002	0.004	0.002	0.017
		（0.24）	（−0.10）	（0.18）	（0.10）	（0.80）
Board		0.027***	0.026***	0.028***	0.027***	0.026***
		（5.60）	（5.44）	（5.90）	（5.62）	（5.49）
BM		−0.706***	−0.704***	−0.646***	−0.877***	−0.807***
		（−9.29）	（−9.56）	（−8.75）	（−11.76）	（−11.20）
TobinQ		−0.071***	−0.072***	−0.071***	−0.064***	−0.066***
		（−6.10）	（−6.21）	（−6.10）	（−5.48）	（−5.70）
SOE		−0.089***	−0.077***	−0.084***	−0.068***	−0.090***
		（−4.25）	（−3.71）	（−4.06）	（−3.24）	（−4.31）
Big4		0.132***	0.130***	0.137***	0.136***	0.133***
		（3.16）	（3.15）	（3.29）	（3.22）	（3.19）
Inshold		0.072*	0.041	0.068*	−0.056	0.024
		（1.74）	（1.01）	（1.68）	（−1.30）	（0.60）
CFO		0.012	0.014	0.013	0.012	0.012
		（1.37）	（1.63）	（1.52）	（1.44）	（1.42）
ABACC		−0.101	−0.104	−0.104	−0.065	−0.068
		（−0.77）	（−0.79）	（−0.79）	（−0.50）	（−0.51）
Constant	0.832***	−1.607***	−1.438***	−1.185***	−1.959***	−1.983***
	（7.56）	（−6.57）	（−5.96）	（−4.88）	（−8.42）	（−8.70）
Year	控制	控制	控制	控制	控制	控制
Industry	控制	控制	控制	控制	控制	控制
样本量	7 844	7 844	7 844	7 844	7 844	7 844
Adj R²	0.151	0.204	0.212	0.211	0.206	0.207

注：*、**和***分别表示系数在10%、5%和1%的水平上显著，括号内数值为t值。

在表6-6汇总的结果中，第（1）列的ExtraInfo系数为0.223，且在1%的水平上显著，说明来自目标公司之外的信息对分析师实地调研行为的影响是存在的，为后文的假设检验提供了初步的证据。

表6-6的第（2）列在第（1）列的基础上加入了控制变量，ExtraInfo系数为0.064且在1%的水平上显著正相关，说明来自目标公司之外的信息渠道所包含的信息越多，分析师越倾向于进行实地调研。

在控制变量中，公司规模Size、资产负债率Lev、资产收益率ROA、董事会规模Board、账面市值比BM、托宾Q值TobinQ、产权性质SOE、审计事务所Big4与被解释变量分析师实地调研Anavisit在1%的水平上显著相关，说明分析师实地调研所关注的特征包含上述控制变量，这些特征越明显，分析师越倾向于进行实地调研；而与前文分析师跟踪行为回归的控制变量结果比较，可以发现分析师跟踪与分析师实地调研行为，对上市公司特征的关注是有差异存在的。

表6-6的第（3）列检验了新闻报道对分析师实地调研行为的影响。新闻报道总数Newsnum的系数为0.073，在1%的水平上显著正相关，说明新闻报道的数量会影响分析师实地调研行为，新闻媒体报道的数量越多，分析师越倾向于进行实地调研；新闻分歧度Agrnews的系数为0.754，与分析师实地调研Anavisit在1%的水平上显著正相关，表明新闻分歧度数值越大，也就是新闻媒体对于上市公司的报道持有的态度越一致，分析师越倾向于进行实地调研，侧面为修正的二级传播理论提供了支持。

表6-6的第（4）列检验了微信公众号对分析师实地调研行为的影响。微信公众号提及上市公司的文章总数Compinall的系数为0.084，与分析师实地调研Anavisit在1%的水平上显著正相关，说明微信公众号提及上市公司的文章数量越多，分析师越倾向于进行实地调研。

表6-6的第（5）列检验了股吧信息渠道对分析师实地调研行为的影响。股吧帖子总数Gubanum的系数为-0.073，与分析师实地调研

Anavisit在1%的水平上呈显著负相关；股吧帖子分歧度Agrguba、股吧帖子活跃度Deofact与分析师实地调研Anavisit只存在负向关系但不显著。与前文分析师跟踪行为部分存在差异，股吧帖子的数量主要影响了分析师实地调研的行为，帖子数量越多分析师越不会进行实地调研，前文实证检验结论是当股吧帖子的态度一致时对分析师跟踪行为起到了显著正向影响，但是在分析师实地调研行为阶段，股吧信息渠道带来的是负向影响，说明当分析师在做实地调研决定时，投资者之间的高讨论度会使分析师放弃对该上市公司进行实地调研。分析师的实地调研主要目的是挖掘增量信息，而上市公司在股吧中的高讨论度，使其包含的信息在投资者之间的交流中被释放，故分析师在进行实地调研时，会避免选择在股吧中被讨论程度高的上市公司。

表6-6的第（6）列检验了监管函件对分析师实地调研行为的影响。监管函件Regulet的系数为-0.108，与分析师实地调研Anavisit在1%的水平上显著负相关。由于监管函本身向市场中传递负面情绪，故上市公司收到的监管函件越多，分析师越不会进行实地调研。

6.3.4 进一步分析

（1）上市公司信息披露质量

上市公司自行信息披露与外部信息渠道构成了它的信息环境，已有研究证实分析师关注使得企业的信息环境变得更好，有效减少了信息不对称的情形。Cotter等（2006）认为分析师作为外部治理的一部分，有效提高了资本市场的运作效率，对上市公司的信息披露起到了监督的作用。上市公司信息披露质量与外部相关信息渠道息息相关，外部非官方信息渠道作为外部治理的一种，也受到上市公司信息披露的影响，故本节采用沪深两市证券交易所发布的上市公司信息披露考评结果作为信息披露质量的代理变量来进行分组回归。其中2001—2010年采用的是"优秀"、"良好"、"合格"和"不合格"；2011年以后采用的是"A"、"B"、"C"和"D"，利用模型（6.1）根据考评结果分为四组进行回归，得到结果见表6-7。

表6-7 目标公司信息披露质量、来自目标公司之外的信息与分析师实地调研行为

变量 名称	（1） Anavisit 信息披露质量=A	（2） Anavisit 信息披露质量=B	（3） Anavisit 信息披露质量=C	（4） Anavisit 信息披露质量=D
ExtraInfo	0.045	0.094***	0.021	−0.669*
	（1.42）	（4.75）	（0.41）	（−1.74）
Size	0.152***	0.136***	0.209***	0.950**
	（4.44）	（6.65）	（3.55）	（2.53）
Lev	0.219	−0.159**	−0.145	−1.034
	（1.57）	（−2.36）	（−0.92）	（−0.87）
ROA	0.970**	1.208***	−0.361	−3.186**
	（1.98）	（5.43）	（−0.79）	（−2.12）
Growth	−0.011	−0.012	0.154**	−0.066
	（−0.17）	（−0.49）	（2.58）	（−0.15）
Board	0.032***	0.024***	0.016	−0.052
	（3.48）	（4.03）	（0.86）	（−0.40）
BM	−1.068***	−0.535***	−0.676**	−4.669***
	（−7.38）	（−5.55）	（−2.43）	（−3.69）
TobinQ	−0.101***	−0.060***	−0.036	−0.081
	（−4.73）	（−3.92）	（−0.84）	（−0.67）
SOE	−0.018	−0.100***	−0.138*	−0.246
	（−0.45）	（−3.77）	（−1.96）	（−0.49）
Big4	0.161**	0.135**	−0.063	−0.313
	（2.37）	（2.32）	（−0.41）	（−0.37）
Inshold	−0.050	0.034	0.304**	−1.785**
	（−0.58）	（0.66）	（2.17）	（−2.86）

续表

变量名称	（1） Anavisit 信息披露质量=A	（2） Anavisit 信息披露质量=B	（3） Anavisit 信息披露质量=C	（4） Anavisit 信息披露质量=D
CFO	0.011	0.010	0.010	−0.026
	(0.53)	(1.02)	(0.36)	(−0.23)
ABACC	0.010	−0.135	−0.244	−2.463
	(0.03)	(−0.79)	(−0.63)	(−1.49)
Constant	−0.913*	−1.291***	−2.722***	−8.714
	(−1.80)	(−4.17)	(−2.91)	(−1.44)
Year	控 制	控 制	控 制	控 制
Industry	控 制	控 制	控 制	控 制
样本量	2 016	5 027	567	54
Adj R^2	0.202	0.204	0.252	0.247

注：*、**和***分别表示系数在10%、5%和1%的水平上显著，括号内数值为t值。

表6-7汇总了不同信息披露质量、来自目标公司之外的信息对分析师实地调研行为影响的回归结果。其中，第（1）列为目标公司信息披露质量为"A"时，来自目标公司之外的信息系数为0.045，t值为1.42，来自目标公司之外的信息和分析师实地调研仅存在正相关但不显著；第（2）列为目标公司信息披露质量为"B"时，来自目标公司之外的信息系数为0.094，与分析师实地调研在1%的水平上显著正相关；第（3）列为目标公司信息披露质量为"C"时，来自目标公司之外的信息系数为0.021，t值为0.41，与分析师实地调研仅正相关但不显著；第（4）列为目标公司信息披露质量为"D"时，来自目标公司之外的信息系数为−0.669，与分析师实地调研在10%的水平上显著负相关。综上分组回归结果，说明目标公司信息披露质量为"B"及以上，也就是考评结果为"B"或者"良好"及以上的目标公司，其来自目标公司之外的信息含量越丰富，分析师越倾向于对这些公司进行实地调研。分析师实地调

研的主要目的是获得具有价值的增量信息，以及了解被调研公司的真实经营情况，通过对这类公司进行实地调研获得的增量信息更具有价值。而当目标公司信息披露质量为"D"时，即便目标公司之外的信息渠道包含的信息丰富，分析师也不会进行实地调研，因为其考评结果为"D"或者"不合格"，来自目标公司之外的信息情绪更可能是负面的，分析师不会倾向于进行没有意义的实地调研。

（2）行业竞争程度

在市场环境中，上市公司作为市场中的经济主体随时要接受来自市场中其他经济主体的竞争，Raith（2003）认为信息机制与治理机制结合形成了市场竞争。已有实证研究表明，当行业中的企业增加，竞争愈加激烈时，会有效缓解市场中信息不对称的现象，激烈的市场竞争提高了管理层的工作效率（Holmstrom，1982）。Birt等（2006）研究发现，上市公司向外披露信息的意愿与其所处行业的竞争程度相关。行业竞争程度可以在一定程度上反映上市公司的生存环境，不同的行业生存环境使得上市公司所处的信息环境也存在差异，所处行业竞争程度激烈的上市公司会有动机向市场中发布更多信息，从而遏制市场中信息不对称的现象，大大提高了市场信息效率。

分析师实地调研的主要目的是获取信息方面的优势，分析师通过实地调研可以获得财务报表以外的增量信息，实现资本市场中分析师的自身价值。胡奕明等（2003）研究发现实地调研中大多数有上市公司人员陪同，这是获取非公开信息的重要方式。Cheng等（2019）研究发现，实地调研活动多数是由投资者一方发起。徐媛媛等（2015）通过研究发现，分析师通过实地调研能够如实了解上市公司的经济效益。

行业竞争程度可以用市场中的各上市公司所占销售额的集中程度来表示，赫芬达尔指数可以用来度量市场中销售份额的集中程度，因此本部分以赫芬达尔指数HHI度量行业竞争程度。本部分在行业层面上，按照所有行业的HHI的中位数将全体样本进行分组，当某行业的HHI小于当年全体行业中位数时，归为行业竞争程度低组，否则归为行业竞争程度高组，回归结果见表6-8。

表6-8　行业竞争程度、来自目标公司之外的信息与分析师实地调研行为

变量符号	（1） Anavisit 行业竞争程度较高	（2） Anavisit 行业竞争程度较低
ExtraInfo	0.081***	0.038
	（3.79）	（1.64）
Size	0.145***	0.168***
	（6.57）	（6.85）
Lev	−0.195**	−0.134*
	（−2.53）	（−1.65）
ROA	1.442***	1.266***
	（6.32）	（4.80）
Growth	−0.002	0.003
	（−0.07）	（0.10）
Board	0.024***	0.030***
	（3.55）	（4.35）
BM	−0.684***	−0.699***
	（−6.65）	（−5.99）
TobinQ	−0.072***	−0.072***
	（−4.38）	（−4.21）
SOE	−0.095***	−0.084***
	（−3.35）	（−2.74）
Big4	0.093*	0.184***
	（1.67）	（2.94）
Inshold	0.048	0.086
	（0.84）	（1.43）

续表

变量符号	（1） Anavisit 行业竞争程度较高	（2） Anavisit 行业竞争程度较低
CFO	0.026**	0.000
	（2.10）	（0.02）
ABACC	−0.096	−0.105
	（−0.55）	（−0.50）
Constant	−1.781***	−1.429***
	（−5.37）	（−3.91）
Year	控制	控制
Industry	控制	控制
样本量	3 966	3 878
Adj R^2	0.229	0.179

注：*、**和***分别表示系数在10%、5%和1%的水平上显著，括号内数值为t值。

表6-8汇总了不同行业竞争程度、来自目标公司之外的信息对分析师实地调研行为影响的回归结果。从检验结果可以看出，在行业竞争程度较高组中，来自目标公司之外的信息系数为0.081，t值为3.79，与分析师实地调研Anavisit在1%的水平上显著正相关。在行业竞争程度较低组中，来自目标公司之外的信息与分析师实地调研仅存在正相关但不显著。以上结果说明，在行业竞争程度较高的行业，来自目标公司之外的信息越丰富，分析师就越倾向于进行实地调研；在行业竞争程度较低的行业，来自目标公司之外的信息丰富程度对分析师实地调研的影响并不明显。这也说明了分析师在进行实地调研时，会偏好行业竞争程度较高的上市公司进行实地调研，也侧面印证了处在竞争激烈行业的上市公司，来自目标公司之外的信息含量丰富。

（3）企业风险承担程度

企业风险承担反映了上市公司在投资决策过程中对投资项目的选

择，余明桂等（2013）研究发现，企业风险承担水平越高，越倾向于选择风险性的投资项目，有助于企业获得更高的投资回报，增强其长期竞争优势。企业风险承担水平也代表了企业管理层的决策自主权，张三保和张志学（2012）研究发现，上市公司风险承担水平的提高与管理层决策自主权息息相关。企业风险承担是一种复杂的综合性行为，李文贵和余明桂（2012）研究发现，风险承担程度有助于提升企业价值。因此本节在基本结果检验的基础上，进一步区分上市公司风险承担程度，为来自目标公司之外的信息与分析师实地调研行为之间的关系提供经验证据。表6-9报告了企业风险承担程度、来自目标公司之外的信息对分析师实地调研行为影响的回归结果。

表6-9 企业风险承担程度、来自目标公司之外的信息与分析师实地调研行为

变量符号	（1） Anavisit 企业风险承担程度较高	（2） Anavisit 企业风险承担程度较低
ExtraInfo	0.023	0.121***
	（1.09）	（4.96）
Size	0.182***	0.113***
	（8.33）	（4.51）
Lev	−0.145*	−0.165*
	（−1.96）	（−1.86）
ROA	1.196***	1.731***
	（6.03）	（4.44）
Growth	0.004	0.033
	（0.15）	（0.81）
Board	0.031***	0.023***
	（4.53）	（3.33）
BM	−0.799***	−0.616***
	（−7.63）	（−5.44）

续表

变量符号	（1） Anavisit 企业风险承担程度较高	（2） Anavisit 企业风险承担程度较低
TobinQ	−0.059***	−0.097***
	（−3.72）	（−5.55）
SOE	−0.074**	−0.105***
	（−2.49）	（−3.52）
Big4	0.156***	0.117**
	（2.65）	（1.97）
Inshold	0.111**	0.036
	（2.01）	（0.57）
CFO	0.004	0.022
	（0.32）	（1.63）
ABACC	−0.258	0.092
	（−1.51）	（0.44）
Constant	−1.789***	−1.121***
	（−5.48）	（−2.94）
Year	控制	控制
Industry	控制	控制
样本量	4 169	3 675
Adj R²	0.217	0.193

注：*、**和***分别表示系数在10%、5%和1%的水平上显著，括号内数值为t值。

从表6-9的回归结果中可以看出，在企业风险承担程度较高组，外部信息渠道的系数为0.023，t值为1.09，与分析师实地调研行为仅呈正相关关系；而在企业风险承担程度较低组，来自目标公司之外的信息系数为0.121，与分析师实地调研在1%的水平上显著正相关。通过以上结果可以看出，分析师在进行实地调研时，会偏好承担风险程度较低的上市公司。当上市公司风险承担程度较低时，来自目标公司之外的信息越丰富，越会吸引分析师来进行实地调研。从侧面也说明，分析师实地调研行为透露出对风险的规避态度，因为分析师在职业压力下，会倾向于选择一些决策相对保守的上市公司进行实地调研，而不是对决策激进的上市公司进行实地调研。

6.4　稳健性检验

为验证本章结果的稳健性，本节进行了如下方式的进一步检验。

6.4.1　标准误的修正

样本之间的关联性会导致标准误的低估，为避免出现这样的情形，本部分将在前文陈述的实证检验基础上，在公司层面进行 Cluster 聚类处理。沿用模型（6.1），与前一章稳健性检验处理方式一致，由此得到的回归结果见表6-10中第（1）列。

表6-10　　　　　　　　　　　稳健性检验结果

变量符号	（1） Anavisit	（2） Anavisit
ExtraInfo	0.064***	
	（2.89）	
Baiduindex		0.053***
		（2.98）
Constant	−1.607***	−1.920***
	（−4.29）	（−8.37）
Year		控制
Industry		控制
样本数	7 844	7 844
Adj R^2	0.204	0.203

注：*、**和***分别表示系数在10%、5%和1%的水平上显著，括号内数值为t值。

在表6-10第（1）列所报告的聚类效应后的回归结果中，来自目标公司之外的信息 ExtraInfo 的系数为 0.064，与分析师实地调研 Anavisit 在1% 的水平上显著正相关，为假设 6.1a 提供支持证据。

6.4.2 变换外部信息渠道度量方式的稳健性检验

在本部分稳健性检验中，对来自目标公司之外的信息渠道的度量方式进行改变，与前一章中稳健性检验操作一致，利用百度搜索指数替代来自目标公司之外信息指标，以此作为目标公司之外信息的代理变量，代入模型（6.1）。用百度搜索指数 Baiduindex 替换来自目标公司之外的信息 ExtraInfo，变换度量方式的回归结果见表6-10中第（2）列。

通过表6-10中第（2）列可知，百度搜索指数 Baiduindex 的系数为 0.053，与分析师实地调研 Anavisit 在 1% 的水平上显著正相关，证实来自目标公司之外的信息对分析师实地调研行为存在正向影响，支持了假设 6.1a，说明本章的研究结果是稳健的。

6.4.3 制造业子样本的稳健性检验

与前一章类似，利用制造业 5 674 个样本，对来自目标公司之外的信息对分析师实地调研行为的影响进行稳健性检验。利用模型（6.1）至（6.5）进行多元回归，回归结果见表6-11。

表6-11 制造业子样本回归结果

变量符号	（1）Anavisit	（2）Anavisit	（3）Anavisit	（4）Anavisit	（5）Anavisit
ExtraInfo	0.078***				
	(4.14)				
Newsnum		0.085***			
		(6.17)			
Agrnews		0.764***			
		(6.24)			

续表

变量符号	（1）Anavisit	（2）Anavisit	（3）Anavisit	（4）Anavisit	（5）Anavisit
Compinall			0.091***		
			(8.50)		
Gubanum				−0.058***	
				(−3.13)	
Agrguba				0.008	
				(0.02)	
Deofact				−15.901	
				(−1.14)	
Regulet					−0.098***
					(−5.68)
Constant	−1.758***	−1.581***	−1.344***	−2.225***	−2.261***
	(−6.13)	(−5.57)	(−4.78)	(−8.35)	(−8.61)
Year	控制	控制	控制	控制	控制
Industry	控制	控制	控制	控制	控制
样本数	5 674	5 674	5 674	5 674	5 674
Adj R^2	0.207	0.214	0.214	0.207	0.208

注：*、**和***分别表示系数在10%、5%和1%的水平上显著，括号内数值为t值。

表6-11汇总了利用制造业的5 674个样本对来自目标公司之外的信息对分析师实地调研行为影响的稳健性检验结果。其中，第（1）列的ExtraInfo系数为0.078，且在1%的水平上显著正相关，表明在制造行业的上市公司中，目标公司之外的信息同样影响了分析师实地调研的行为。第（2）列Newsnum的系数为0.085，与分析师实地调研Anavisit在1%的水平上显著正相关，新闻分歧度Agrnews的系数为0.764，与分析师实地调研Anavisit在1%的水平上显著正相关，与前文结论一致。第

（3）列微信公众号提及上市公司的文章总数 Compinall 的系数为 0.091，与分析师实地调研在 1% 的水平上显著正相关，说明微信公众号提及上市公司的文章数量越多，分析师越倾向于进行实地调研，侧面证实了分析师的目光落在市场中被热切关注的上市公司上。第（4）列检验了股吧信息渠道对分析师实地调研行为的影响，股吧帖子总数 Gubanum 的系数为 -0.058，与分析师实地调研 Anavisit 在 1% 的水平上显著负相关；股吧帖子分歧度 Agrguba 的系数为 0.008，与分析师实地调研 Anavisit 仅正相关；股吧帖子活跃度 Deofact 的系数为 -15.901，与分析师实地调研负相关。此处与前文全样本的差异在于，制造业上市公司的股吧分歧度与分析师实地调研呈正相关而非全样本的负相关。第（5）列检验了监管函件对分析师实地调研行为的影响，监管函件 Regulet 的系数为 -0.098，与分析师实地调研 Anavisit 在 1% 的水平上显著负相关，与前文的研究结论基本一致，为本章假设提供了证据，证明本章的结论是稳健的。

6.4.4　Change 模型

借鉴已有研究（Luo，2017），采用 Change 模型重新对主假设进行检验。具体做法为在模型（6.1）至（6.5）的基础上，对被解释变量 $Anavisit_t$，取 $D.Anavisit_{it} = Anavisit_t - Anavisit_{t-1}$ 作为 $Anavisit_t$ 第 t 年的增量变化，对除了 SOE 和 Big4 的其他变量 X_t，取 $D.X = X_t - X_{t-1}$ 作为 X_t 第 t 年的增量变化，构建模型（6.6），结果见表 6-12。

$$D.Anavisit_{it} = \beta_0 + \beta_1 D.ExtraInfo_{it} + \beta_k D.Controls_{it} + \sum Year_{it} + \sum Industry_{it} + \varepsilon_{it} \tag{6.6}$$

表 6-12　来自目标公司之外的信息对分析师实地调研行为的影响——Change 模型

变量符号	（1）D.Anavisit	（2）D.Anavisit	（3）D.Anavisit	（4）D.Anavisit	（5）D.Anavisit
D.ExtraInfo	0.092***				
	（3.99）				
D.Newsnum		0.085***			
		（4.74）			

续表

变量符号	（1） D.Anavisit	（2） D.Anavisit	（3） D.Anavisit	（4） D.Anavisit	（5） D.Anavisit
D.Agrnews		0.237**			
		(2.35)			
D.Compinall			0.060***		
			(5.53)		
D.Gubanum				−0.026	
				(−1.34)	
D.Agrguba				−0.648*	
				(−1.91)	
D.Deofact				−2.410	
				(−0.18)	
D.Regulet					−0.043***
					(−2.67)
Constant	−0.189**	−0.205**	−0.722***	−0.144*	−0.146*
	(−2.30)	(−2.47)	(−8.13)	(−1.73)	(−1.78)
行业	控　制	控　制	控　制	控　制	控　制
年份	控　制	控　制	控　制	控　制	控　制
样本量	4 798	4 798	4 798	4 798	4 798
Adj R^2	0.075	0.077	0.077	0.072	0.073

注：*、**和***分别表示系数在10%、5%和1%的水平上显著，括号内数值为t值。

通过表6-12的第（1）至第（5）列汇总的结果发现，除股吧信息渠道外，来自目标公司之外的其他信息渠道基本与主回归的结果一致，进一步排除了反向因果关系，以及可能存在遗漏控制变量的情形，减轻了模型中的变量随机游走的趋势。

6.4.5 倾向得分匹配检验

为避免来自目标公司之外的信息对分析师实地调研的研究存在样本选择偏误等内生性问题，将进一步在稳健性检验中使用倾向得分匹配法（Propensity Score Matching，PSM）克服内生性的影响。以来自目标公司之外的信息每年的中位数为标准，对来自目标公司之外的信息含量进行分组。首先以分析师实地调研 Anavisit 为因变量，公司规模 Size、资产负债率 Lev、主营业务收入增长率 Growth、董事会规模 Board、经营现金流 CFO 和公司透明度 ABACC 等公司特征作为自变量，运用 logit 回归模型估计出每个年度观察样本中外部信息渠道的倾向得分，然后根据倾向得分使用近邻一对一匹配寻找配对样本，最后利用倾向得分匹配后得到的匹配样本，采用模型（6.1）至（6.5）进行回归，得到表6-13。

表6-13　　　　　　　　倾向得分匹配后匹配样本回归结果

变量符号	（1）Anavisit	（2）Anavisit	（3）Anavisit	（4）Anavisit	（5）Anavisit
ExtraInfo	0.121***				
	(5.01)				
Newsnum		0.113***			
		(5.42)			
Agrnews		0.614***			
		(2.63)			
Compinall			−0.020***		
			(−3.15)		
Gubanum				−0.053*	
				(−1.75)	
Agrguba				0.220	
				(0.36)	

续表

变量符号	（1）Anavisit	（2）Anavisit	（3）Anavisit	（4）Anavisit	（5）Anavisit
Deofact				−46.707*	
				（−1.95）	
Regulet					−0.188***
					（−4.89）
Size	0.069**	0.064**	0.110***	0.267***	0.108***
	（2.15）	（2.08）	（3.40）	（8.17）	（3.64）
Lev	−0.057	−0.039	−0.025	−0.220**	0.007
	（−0.51）	（−0.34）	（−0.23）	（−2.05）	（0.06）
ROA	2.194***	1.871***	2.013***	1.087***	1.831***
	（6.58）	（5.58）	（6.09）	（3.51）	（5.54）
Growth	0.056	0.052	0.045	0.028	0.075
	（0.98）	（0.89）	（0.82）	（0.64）	（1.39）
Board	0.036***	0.041***	0.035***	0.026**	0.032***
	（3.24）	（4.02）	（3.26）	（2.52）	（2.99）
BM	−0.366**	−0.490***	−0.731***	−0.956***	−0.639***
	（−2.51）	（−3.56）	（−5.16）	（−6.23）	（−4.75）
TobinQ	−0.090***	−0.094***	−0.079***	−0.059***	−0.082***
	（−4.08）	（−4.28）	（−3.61）	（−2.73）	（−3.79）
SOE	0.028	0.052	0.043	−0.103**	0.028
	（0.58）	（1.06）	（0.90）	（−2.28）	（0.58）
Big4	0.060	−0.075	0.034	0.050	0.021
	（0.50）	（−0.74）	（0.32）	（0.48）	（0.19）

续表

变量符号	（1） Anavisit	（2） Anavisit	（3） Anavisit	（4） Anavisit	（5） Anavisit
Inshold	0.252***	0.185**	0.143*	−0.082	0.161*
	（2.96）	（2.12）	（1.68）	（−0.97）	（1.85）
CFO	−0.026	−0.022	−0.035*	−0.014	−0.035**
	（−1.39）	（−1.19）	（−1.92）	（−0.89）	（−1.97）
ABACC	−0.068	0.014	0.068	−0.280	0.021
	（−0.24）	（0.05）	（0.25）	（−1.24）	（0.08）
Constant	0.011	0.122	0.295	−2.368***	0.328
	（0.02）	（0.22）	（0.52）	（−4.06）	（0.60）
Industry	控制	控制	控制	控制	控制
样本数	3 502	3 502	3 502	3 502	3 502
Adj R²	0.087	0.088	0.081	0.195	0.094

注：*、**和***分别表示系数在10%、5%和1%的水平上显著，括号内数值为t值。

从表6-13所汇总的结果来看，来自目标公司之外的信息ExtraInfo系数为0.121，与分析师实地调研Anavisit在1%的水平上显著正相关；其他细化信息渠道与分析师实地调研Anavisit的关系与方向也基本一致。回归结果表明，本章研究样本的选择性偏差问题并没有影响本书的主要结论。

7 来自目标公司之外的信息与分析师 研报相关行为的实证检验

本章将对来自目标公司之外的信息对分析师研报相关行为的影响展开实证研究。本部分的研报相关行为包含了上市公司研报关注度以及分析师预测准确度。首先，通过理论分析提出关于分析师研报相关行为受到来自目标公司之外的信息影响的研究假设；其次，进行研究设计，包括样本选择与数据来源，以及模型设计、变量定义；再次，进行实证结果与分析，将对描述性统计、相关性检验以及多元回归检验的结果加以说明和分析；最后，进一步分析和稳健性检验，对来自目标公司之外的信息对研报财务信息含量、分析师修正间隔进行检验。通过对目标公司的信息披露质量进行分组回归，并进行多种稳健性检验，以确认本章的研究结论的可靠性。

7.1 理论分析与研究假设

分析师研报作为分析师行为的最后一步，也是其向市场中呈现的作品。分析师研报相关行为，主要分为上市公司研报关注度以及分析师预测准确度。

早期研究表明，目标公司在资本市场中公开披露的信息是分析师进行预测的主要信息来源（Schipper，1991）。分析师关注的核心内容是公司财务报告中披露的信息，强调对公司盈利情况的分析，同时会考虑公司所面临的风险、竞争地位和发展战略等非财务信息。当分析师接收到来自目标公司之外的丰富信息时，会在其报告中提及。对于分析师而言，无论是上市公司公开披露的信息，抑或其他"软信息"，都是其做出预测的依据。上市公司的信息披露数量、信息披露形式以及信息披露质量等因素都能够对分析师预测行为产生影响（Parkash 等，1995；Merkley 等，2013；Christense 等，2013）。此外，分析师的信息生产活动对目标公司披露的文本信息也有较强的敏感性，Lehavy 等（2011）实证检验了分析师跟踪、盈余预测行为与财务年报可读性之间的关系，并且发现当年报复杂性较强时，投资者可以将分析师预测信息作为自身投资时的重要参考，年报复杂性越强，分析师的专业解读作用就越重要，反之亦然。信息渠道的增加使得市场中充斥着各种各样的声音，分析师获取和加工公共信息的成本降低，就有能力投入更多时间去对更多的公司进行分析，或者投入更多资源去获取和处理私有信息，提高预测准确度，减小预测分歧度。

分析师研报作为分析师表达自身观点的主要载体，应当具有服务价值投资、揭示价格错位、引导理性投资的作用。分析师需要有依据地在研报中表达自身的观点，而支撑分析师观点的便是信息。随着市场中信息量的增加，分析师所能获取到的信息量以及获取信息的难度降低，分析师收集信息的时间缩短，信息处理成本减少，使得分析师更愿意去表达自身的观点，其结果直观表现为当年目标公司被分析师研报提及的次数。而市场中有关目标公司的信息越多，越可以转化为分析师可以利用的信息，帮助分析师进行分析，支撑起分析师对目标公司的观点。

综上所述，提出如下假设：

H7.1：来自目标公司之外的信息含量越多，分析师在研报中提及的次数越多。

决定分析师盈余预测准确性的首先是其自身能力，其次是其对企业进行分析预测时能够获取信息的数量和质量，这些信息通常包括企业公开披露的信息和从管理层直接获得的私有信息，分析师依赖公开信息和私有信息进行预测。公司或其他媒介会披露大量的信息，分析师拥有理解和加工信息的能力，虽然财务报告所提供的信息并不是充分的，但却是能够影响分析师预测的重要信息源。研究发现，不同分析师在盈余预测过程中关注的重点也是有所不同的，预测准确度低的分析师更加关注公司的年报和附注；而预测准确度高的分析师则更加关注公司特质信息、关键财务指标。Byard等（2003）将分析师进行预测时所获得的信息分成了公开信息和私有信息两种类型，在此基础上检验了信息披露质量对分析师预测精准度的影响，高质量的信息披露不仅有助于改善公共信息的数量，还能提高分析师自身所获私有信息的质量，进而提高了分析师预测的准确度。

通过以往研究，本书发现分析师预测准确度主要与来自目标公司内部的信息披露相关，其信息来源主要是目标公司公开披露的信息，特别是财务报告中的信息，来自目标公司自身的信息是分析师开展盈余预测工作的主要信息来源。但是随着科技的发展，来自目标公司之外的信息越来越多，鱼龙混杂，这些来自目标公司之外的信息也和上市公司公开披露的信息一样，会对分析师预测的准确程度产生影响。分析师的专业分析能力和广泛的信息收集途径可以对投资者的投资决策起到一定的指导作用，但分析师绝不是万能的，一般来说分析师所提供的盈利预测只是投资者可获得的诸多信息之一，并且受分析师自身能力限制，分析师盈余预测也可能出现偏差。

故提出对立假设：

H7.2a：来自目标公司之外的信息含量越多，分析师预测准确度越高。

H7.2b：来自目标公司之外的信息含量越多，分析师预测准确度越低。

7.2 研究设计

7.2.1 样本选择与数据来源

（1）样本选择

与前文研究区间保持一致，本章数据的采集区间为2009—2019年，得到初始样本后，再按照以下标准对样本进行剔除：

① 以证监会2012年发布的上市公司分类为标准，剔除银行、保险等金融业样本；

② 因与ST和*ST公司相关的信息量与正常经营的其他上市公司相比较为异常，故剔除数据采集期间ST或*ST的样本；

③ 剔除只有当年上市数据的样本；

④ 剔除相关变量数据缺失的样本。

按照以上标准进行筛选，获得了14 226个观测值，为控制极端值对本章研究结论的影响，本章对相关变量在1%和99%分位数处做了Winsorize处理。

（2）数据来源及处理

本章上市公司财务、分析师研究报告以及分析师预测相关数据来自国泰安CSMAR数据库，来自目标公司之外的信息由第4章计算得到，来自目标公司之外的信息各细分渠道数据来自中国研究数据服务平台（CNRDS），本章的数据整理以及实证检验过程分别通过Excel 2019和Stata 16等软件实现。

本章得到的14 226个样本在行业及时间维度上的分布情况见表7-1。

表7-1 样本分布表

年份	2009	2010	2011	2012	2013	2014	2015	2016	2017	2018	2019	总计
农林牧渔业A	18	12	16	17	15	11	18	20	16	14	13	170
采矿业B	34	37	34	44	42	41	37	44	49	50	52	464
制造业C	593	529	625	817	779	818	885	1027	977	1079	1125	9 254
电力、热力、燃气及水生产和供应业D	51	48	45	54	50	51	55	61	62	53	64	594
建筑业E	31	18	14	22	21	23	33	41	36	43	43	325
批发和零售业F	63	53	59	73	65	52	65	74	73	68	72	717
交通运输、仓储和邮政业G	50	58	54	51	48	55	50	60	59	45	49	579
住宿和餐饮业H	0	0	0	7	7	6	7	7	0	0	0	34
信息传输、软件和信息技术服务业I	39	40	54	67	80	71	97	113	118	112	126	917
房地产业K	37	35	31	55	31	21	48	60	42	37	34	431
租赁和商务服务业L	13	10	14	14	13	13	15	18	14	20	21	165
科学研究和技术服务业M	0	0	0	0	10	8	13	12	13	24	30	110
水利、环境和公共设施管理业N	5	0	0	16	18	16	20	21	19	24	34	173
卫生和社会工作业Q	0	0	0	0	0	0	0	0	0	0	6	6
文化、体育和娱乐业R	0	0	8	11	16	17	18	25	29	26	33	183
综合S	24	16	19	4	4	6	9	7	7	4	4	104
总计	958	856	973	1 252	1 199	1 209	1 370	1 590	1 514	1 599	1 706	14 226

从表7-1中可以看出，随着我国上市公司数量、规模逐年增长和扩大，以及与分析师相关的制度越来越健全，使用的样本数量无论是总体样本还是分行业样本，在经历急速增长后均保持了稳定增长的趋势。不同行业之间分析师研究报告的样本差异较大，其中样本量最大的行业为制造业（C），共有9 254个样本，占总样本的65.04%，故在本章的稳健性检验中，将单独针对制造业样本对所提假设进行检验。样本量位居第二的为信息传输、软件和信息技术服务业（I），共有917个样本，占总样本的6.45%，其被分析师研究报告提及的上市公司数量自2014年开始稳步增加。

7.2.2　模型设计

本章主要探讨来自目标公司之外的信息及各细分渠道对分析师研究报告相关行为的影响。分析师研究报告的相关行为包含分析师研报关注度和分析师预测准确度。在进一步分析中，考虑了分析师报告中财务信息含量、分析师修正间隔和上市公司信息透明度等对分析师报告行为产生的影响。

为验证假设7.1，考察来自目标公司之外的信息对分析师报告关注度的影响，本章借鉴胡奕明等（2003）的研究，涉及对如下模型进行实证检验：

$$\text{Anareport}_{it} = \beta_0 + \beta_1 \text{ExtraInfo}_{it} + \beta_k \text{Controls}_{it} + \sum \text{Year}_{it} + \sum \text{Industry}_{it} + \varepsilon_{it} \tag{7.1}$$

模型（7.1）中，Anareport表示分析师研报关注度，指上市公司当年被多少位分析师（或分析师团队）的研究报告提及，ExtraInfo表示来自目标公司之外的信息，Controls表示一系列上市公司影响分析师行为的因素，同时还控制了行业和年度固定效应，在利用模型（7.1）的回归结果中，β_1及其t值表示来自目标公司之外的信息对分析师研报关注度的影响，若β_1显著大于0，则表示来自目标公司之外的信息有助于分析师做出在研报中提及上市公司的行为。来自目标公司之外的信息含量越丰富，分析师越倾向于在研究报告中提及该公司，因此验证假设7.1。

　　与上文同理，为了检验各类细化渠道对分析师研报关注度的影响，本章按照前文分析，将来自目标公司之外的信息细化分为新闻报道、股吧、微信公众号与监管函件共四种类型，分别置入基本回归模型中，由此构成了如下模型：

$$Anareport_{it} = \beta_0 + \beta_1 Newsnum_{it} + \beta_2 Agrnews_{it} + \beta_k Controls_{it} + \sum Year_{it} + \sum Industry_{it} + \varepsilon_{it} \tag{7.2}$$

$$Anareport_{it} = \beta_0 + \beta_1 Compinall_{it} + \beta_k Controls_{it} + \sum Year_{it} + \sum Industry_{it} + \varepsilon_{it} \tag{7.3}$$

$$Anareport_{it} = \beta_0 + \beta_1 Gubanum_{it} + \beta_2 Agrguba_{it} + \beta_3 Deofact_{it} + \beta_k Controls_{it} + \sum Year_{it} + \sum Industry_{it} + \varepsilon_{it} \tag{7.4}$$

$$Anareport_{it} = \beta_0 + \beta_1 Regulet_{it} + \beta_k Controls_{it} + \sum Year_{it} + \sum Industry_{it} + \varepsilon_{it} \tag{7.5}$$

　　模型（7.2）至（7.5）中分别检验各细化渠道对分析师研报关注度的影响，其中模型（7.2）中 Newsnum 和 Agrnews 对应新闻报道的数量以及分歧度，模型（7.3）中 Compinall 对应的是提及上市公司的微信公众号文章数量，模型（7.4）中 Gubanum、Agrguba 和 Deofact 对应的是股吧中的帖子总数、帖子分歧度和帖子活跃度，模型（7.5）中 Regulet 对应监管函件数量，其他变量设置与模型（7.1）保持一致。

　　为验证假设 7.2，考察来自目标公司之外的信息对分析师预测准确度的影响，借鉴周开国（2014）的研究，本章设计对如下模型进行实证检验：

$$ForecastAcc_{it} = \beta_0 + \beta_1 ExtraInfo_{it} + \beta_k Controls_{it} + \sum Year_{it} + \sum Industry_{it} + \varepsilon_{it} \tag{7.6}$$

　　模型（7.6）中，ForecastAcc 表示被分析师预测的准确度，取上市公司当年被分析师预测准确度的平均值，ExtraInfo 表示来自目标公司之外的信息，Controls 表示一系列上市公司影响分析师行为的因素，同时还控制了行业和年度固定效应，在利用模型（7.6）的回归结果中，β_1 及其 t 值表示来自目标公司之外的信息对分析师预测准确度的影响，若 β_1 显著大于 0，则表示来自目标公司之外的信息并没有提升分析师的预测准确度。来自目标公司之外的信息含量越丰富，分析师对上市公司的预测准确度越低，因此验证假设 7.2b；反之，则验证假设 7.2a。

与上文同理，为了检验各类来自目标公司之外信息的细化渠道对分析师预测准确度的影响，本章按照前文分析，将来自目标公司之外的信息细化为新闻报道、股吧、微信公众号与监管函件四种类型，分别放入基本回归模型中，由此构成了如下模型：

$$\text{ForecastAcc}_{it} = \beta_0 + \beta_1 \text{Newsnum}_{it} + \beta_2 \text{Agrnews}_{it} + \beta_k \text{Controls}_{it} + \sum \text{Year}_{it} + \sum \text{Industry}_{it} + \varepsilon_{it} \tag{7.7}$$

$$\text{ForecastAcc}_{it} = \beta_0 + \beta_1 \text{Compinall}_{it} + \beta_k \text{Controls}_{it} + \sum \text{Year}_{it} + \sum \text{Industry}_{it} + \varepsilon_{it} \tag{7.8}$$

$$\text{ForecastAcc}_{it} = \beta_0 + \beta_1 \text{Gubanum}_{it} + \beta_2 \text{Agrguba}_{it} + \beta_3 \text{Deofact}_{it} + \beta_k \text{Controls}_{it} + \sum \text{Year}_{it} + \sum \text{Industry}_{it} + \varepsilon_{it} \tag{7.9}$$

$$\text{ForecastAcc}_{it} = \beta_0 + \beta_1 \text{Regulet}_{it} + \beta_k \text{Controls}_{it} + \sum \text{Year}_{it} + \sum \text{Industry}_{it} + \varepsilon_{it} \tag{7.10}$$

模型（7.7）至（7.10）分别检验来自目标公司之外信息的各细化渠道对分析师预测准确度的影响。

7.2.3 变量定义

（1）被解释变量

本书将分析师研报相关行为分为两种：分析师研报关注度和分析师预测准确度。其中分析师研报关注度借鉴王苏生等（2014）的方法，用一年内提及该公司的分析师研究报告份数表示，本章将分析师研究报告的份数加 1 后再取自然对数作为分析师研报关注度的代理变量。

而分析师预测准确度借鉴伍燕然等（2016）、董望等（2017）的方法，使用分析师对上市公司预测的每股收益减去上市公司实际的每股收益取绝对值作为预测的偏差值，其值由下式计算：

$$\text{ForecastAcc}_{it} = \left| \text{Feps}_{it} - \text{Eps}_{it} \right|$$

其中，Feps_{it} 代表分析师对上市公司该年每股收益的预测值，Eps_{it} 表示上市公司该年实际的每股收益值。ForecastAcc_{it} 作为预测与实际差值的绝对值，它可以表现分析师预测的偏差，代表分析师预测的准确度。

ForecastAcc$_{it}$的值越大说明分析师预测偏差越大，预测的准确度越低；反之，说明分析师预测偏差较小，预测的准确度较高。

（2）其他变量

本章的解释变量和控制变量沿用第5章所涉及的模型和定义，此处不做赘述，具体变量定义如表7-2所示。

表7-2　　　　　　　　　　　　　变量定义表

变量类型	变量名称	变量符号	变量计算
被解释变量	分析师报告关注度	Anareport$_{it}$	ln（上市公司当年研报提及次数+1）
	分析师预测准确度	ForecastAcc$_{it}$	分析师对上市公司预测的EPS减去该年股票的实际EPS的差值取绝对值再除以该股票的实际EPS的绝对值
解释变量	来自目标公司之外的信息	ExtraInfo$_{it}$	指标计算详见第4章
	新闻报道 报纸与网络新闻报道数量	Newsnum$_{it}$	ln（纸质及网络媒体关于公司新闻总和+1）
	新闻报道分歧度	Agrnews$_{it}$	$1 - \sqrt{1 - \left(\dfrac{\text{正面新闻数量}_{it} - \text{负面新闻数量}_{it}}{\text{正面新闻数量}_{it} + \text{负面新闻数量}_{it}}\right)^2}$
	股吧 股吧帖子总数	Gubanum$_{it}$	ln（股吧当年同一家上市公司帖子总和+1）
	股吧帖子分歧度	Agrguba$_{it}$	$1 - \sqrt{1 - \left(\dfrac{\text{正面帖子数量}_{it} - \text{负面帖子数量}_{it}}{\text{正面帖子数量}_{it} + \text{负面帖子数量}_{it}}\right)^2}$
	股吧帖子活跃度	Deofact$_{it}$	上市公司每年评论数/阅读数的平均值
	微信公众号文章提及次数	Compinall$_{it}$	Ln（公司被财经类和券商类公众号提及次数+1）
	监管函件	Regulet$_{it}$	Ln（上市公司当年收到监管函件数量+1）
控制变量	公司规模	Size$_{it}$	公司期末总资产的自然对数
	资产负债率	Lev$_{it}$	上市公司负债总额与总资产比值
	盈利能力	ROA$_{it}$	总资产收益率，第t年净利润/第t-1年总资产
	公司成长性	Growth$_{it}$	主营业务收入增长率
	董事会规模	Board$_{it}$	董事会总人数

续表

变量类型	变量名称	变量符号	变量计算
控制变量	账面市值比	BM_{it}	BM=（年末股票价格×流通股数量+每股净资产×非流通股数量）/账面权益价值
	托宾Q值	$TobinQ_{it}$	（总资产+权益市场价值–权益账面价值）/总资产
	产权性质	SOE_{it}	公司的产权性质，国有为1，否则为0
	审计事务所	$Big4_{it}$	会计师事务所为国际"四大"时为1，否则为0
	机构投资者	$Inshold_{it}$	机构投资者持股比例
	经营现金流	CFO_{it}	Ln（经营活动产生的现金流净额）
	公司透明度	$ABACC_{it}$	以可操控应计利润的绝对值衡量，其值由调整的Jones模型计算得到
	年度虚拟变量	Year	2009—2019年的年度虚拟变量
	行业虚拟变量	Industry	所属行业虚拟变量，根据证监会2012年修订的《上市公司行业分类指引》标准设定

7.3 实证结果与分析

7.3.1 描述性统计

下面将对表7-2中所列示的主要变量进行描述性统计，对各个变量的总体分布情况进行说明，具体结果见表7-3。

表7-3 主要变量描述性统计

变量符号	N	mean	sd	min	p50	P75	max
Anareport	14 226	2.555	1.136	0.693	2.639	3.466	4.691
ForecastAcc	14 011	1.962	3.299	0.060	0.830	1.971	22.23
ExtraInfo	14 226	5.817	0.880	3.686	5.795	6.423	7.961

变量符号	N	mean	sd	min	p50	P75	max
Newsnum	14 226	5.483	1.032	3.135	5.425	6.105	8.306
Agrnews	14 226	0.073	0.075	0	0.048	0.109	0.344
Compinall	14 226	3.258	3.049	0	2.565	6.579	8.589
Gubanum	14 226	8.671	0.820	6.712	8.687	9.225	10.65
Agrguba	14 226	0.021	0.029	0	0.010	0.027	0.150
Deofact	14 226	0.002	0.002	0	0.001	0.003	0.008
Regulet	14 226	0.153	0.473	0	0	0	3
Size	14 226	22.40	1.318	19.55	22.21	23.18	26.11
Lev	14 226	0.422	0.199	0.049	0.419	0.575	0.958
ROA	14 226	0.057	0.055	−0.267	0.050	0.083	0.226
Growth	14 226	0.203	0.412	−0.594	0.129	0.281	3.157
Board	14 226	8.834	0.199	1.609	2.197	2.197	2.708
BM	14 226	0.611	0.245	0.116	0.604	0.799	1.146
TobinQ	14 226	2.048	1.230	0.873	1.657	2.385	8.591
SOE	14 226	0.416	0.493	0	0	1	1
Big4	14 226	0.081	0.273	0	0	0	1
Inshold	14 226	0.428	0.238	0	0.443	0.620	0.873
CFO	14 226	19.46	1.632	15.00	19.39	20.50	23.62
ABACC	14 226	0.058	0.061	0.001	0.041	0.077	0.421

表7-3汇总了2009—2019年沪深A股上市公司样本中主要变量的描述性统计分析结果。从中可以看出，除分析师研究报告Anareport、分析师预测准确度ForecastAcc、报纸与网络新闻报道数Newsnum、微信公众号Compinall、股吧帖子总数Gubanum、公司规模Size、董事会规模Board、托宾Q值TobinQ和经营现金流CFO外，其余变量的离散分布较为集中。

分析师研究报告Anareport的均值为2.555（21.97份），最小值为0.693（1份），中位数为2.639（13份），最大值为4.691（108份），说明样本中的上市公司至少被 1 份分析师研究报告提及，而最多被 108 份分析师研究报告提及，结合标准差 1.136，可以看出上市公司被分析师研究报告提及的数量差异很大。分析师预测准确度 ForecastAcc 均值为 1.962，最小值为 0.060，最大值为 22.23，标准差为 3.299，说明上市公司被分析师预测的准确程度差异很大。

来自目标公司之外的信息 ExtraInfo 均值为 5.817，最小值为 3.686，中位数为 5.795，最大值为 7.961，说明被分析师研究报告提及的来自目标公司之外的信息数据分布较为集中。报纸与网络新闻报道总数 Newsnum 经过加 1 再取对数后，其最小值为 3.135，最大值为 8.306，结合标准差 1.032，说明报纸及网络媒体对上市公司的新闻报道在数量上具有差异；而从新闻分歧度 Agrnews 来看，最大值为 0.344，中位数为 0.048，均值为 0.073，说明新闻分歧度数据分布较为集中。微信公众号文章提及次数 Compinall 的均值为 3.258，最小值为 0，最大值为 8.589，结合标准差 3.049 来看，微信公众号文章提及上市公司的次数差异很大，有被分析师研究报告提及的上市公司没有被微信公众号文章提及的情况，也有被微信公众号文章提及多次的情况。股吧帖子总数也呈现了相似的情况，但与微信公众号文章提及次数 Compinall 不同的是，被分析师研究报告提及的上市公司在股吧中一年最少也有 821 个帖子（ln（821+1）约等于 6.712），最多有 42 193 个帖子（ln（42 193+1）约等于 10.65），其标准差为 0.820，说明分析师研究报告提及的上市公司在股吧中拥有帖子的数量差异很大。股吧帖子分歧度 Agrguba 的最小值为 0，最大值为 0.150，平均值为 0.021，说明股吧帖子分歧度存在差异。帖子活跃度 Deofact 最小值为 0，最大值为 0.008，标准差为 0.002，说明股吧中的帖子活跃度之间的差异较小。监管函件 Regulet 最小值、中位数、3/4 位数都为 0，最大值为 3，平均值为 0.153，说明在分析师研究报告中提及的上市公司收到监管函件的数量较少。

从反映样本个体情况的控制变量看，其分布情况与第 5 章分析师跟踪的控制变量分布相似，此处不做赘述。

7.3.2 相关性分析

对表 7-2 的主要变量进行 Pearson 相关性检验，结果见表 7-4 和表 7-5。表 7-4 和表 7-5 所报告的 Pearson 相关系数，从被解释变量分析师研究报告与解释变量来自目标公司之外信息和各细分渠道相关变量来看，分析师研究报告 Anareport 与 ExtraInfo、Newsnum、Agrnews、Compinall、Gubanum 和 Agrguba 在 1% 的水平上显著正相关，分析师研究报告 Anareport 与股吧帖子活跃度 Deofact、监管函件 Regulet 在 1% 的水平上显著负相关。从被解释变量与控制变量之间的相关关系来看，除了公司透明度 ABACC、资产负债率 Lev 外，分析师研究报告 Anareport 与控制变量在 1% 的水平上显著，其中与 BM、SOE 呈负相关关系。

分析师预测准确度 ForecastAcc 与 ExtraInfo、Deofact、Regulet 在 1% 的水平上显著正相关，与 Agrnews、Agrguba 在 1% 的水平上显著负相关。从被解释变量与控制变量之间的相关关系来看，除了 BM 与 TobinQ 外，分析师预测准确度 ForecastAcc 与其他控制变量均在 1% 的水平上显著相关。

从来自目标公司之外的信息 ExtraInfo 与各细分渠道变量的相关系数来看，来自目标公司之外的信息 ExtraInfo 与 Newsnum、Compinall 和 Gubanum 在 1% 的水平上显著正相关，与股吧帖子活跃度 Deofact 在 5% 的水平上显著正相关，与 Regulet 呈正相关但不显著。在各细化信息渠道中，新闻数量 Newsnum 与新闻分歧度 Agrnews 在 1% 的水平上显著负相关；与 Compinall、Gubanum 在 1% 的水平上显著正相关，与 Agrguba、Deofact 在 5% 的水平上相关，与 Regulet 正相关。其他细化信息渠道变量之间都在 1% 的水平上显著相关。

在控制变量之间，除了 Lev 与 ABACC、ROA 与 Big4、ROA 与 ABACC、Growth 与 CFO 以外，其余控制变量相互之间的相关系数在 1%~10% 的水平上显著相关。在进一步分析中，经过回归分析后的 VIF 检验，其结果为 3.16，表明变量之间严重的多重共线性关系是不存在的。

表7-4

相关性检验结果（1）

变量符号	Anareport	ForecastAcc	ExtraInfo	Newsnum	Agrnews	Compinall	Gubanum	Agrguba	Deofact
Anareport	1								
ForecastAcc	-0.073***	1							
ExtraInfo	0.327***	0.032	1						
Newsnum	0.426***	0.005	0.863***	1					
Agrnews	0.116***	-0.062***	-0.138***	-0.130***	1				
Compinall	0.113***	-0.013	0.523***	0.383***	0.028***	1			
Gubanum	0.037***	0.009	0.612***	0.361***	-0.049***	0.398***	1		
Agrguba	0.142***	-0.091***	-0.030***	0.021***	0.059***	0.225***	-0.051***	1	
Deofact	-0.025***	0.075***	0.020**	-0.019**	-0.139***	-0.592***	-0.278***	-0.254***	1
Regulet	-0.079***	0.022***	0.001	0.011	-0.064***	0.076***	0.173***	0.043***	-0.205***
Size	0.326***	-0.074***	0.446***	0.498***	-0.042***	0.134***	0.441***	0.038***	-0.135***
Lev	-0.001	0.025***	0.219***	0.214***	-0.060***	-0.033***	0.195***	-0.073***	0.054***
ROA	0.396***	-0.198***	0.014	0.080***	0.110***	-0.00800	-0.140***	0.128***	0.015*
Growth	0.089***	-0.045***	0.022***	0.029***	0.055***	-0.019**	-0.00700	0.037***	0.00300
Board	0.094***	-0.028***	0.137***	0.129***	-0.025***	-0.062***	0.053***	-0.037***	0.121***
BM	-0.103***	0.003	-0.079***	0.025***	-0.053***	-0.220***	0.035***	-0.095***	0.076***
TobinQ	0.105***	-0.002	0.134***	0.062***	0.020*	0.213***	0.00700	0.084***	-0.067***
SOE	-0.034***	-0.044***	0.186***	0.129***	-0.054***	-0.074***	0.140***	-0.062***	0.155***
Big4	0.171***	-0.055***	0.217***	0.258***	-0.072***	0.032***	0.127***	0.028***	0.018*
Inshold	0.274***	-0.112***	0.192***	0.286***	-0.017*	0.056***	-0.00700	0.120***	-0.023***
CFO	0.360***	-0.148***	0.375***	0.438***	-0.041***	0.100***	0.335***	0.060***	-0.104***
ABACC	0.011	0.028***	0.070***	0.025***	-0.027***	0.055***	0.048***	0.049***	0.00900

表7-5

相关性检验结果（2）

	Regulet	Size	Lev	ROA	Growth	Board	BM	TobinQ	SOE	Big4	Inshold	CFO	ABACC
Regulet	1												
Size	0.032***	1											
Lev	0.029***	0.546***	1										
ROA	-0.103***	-0.118***	-0.407***	1									
Growth	0.06***	0.014	0.049***	0.186***	1								
Board	-0.092***	0.252***	0.165***	-0.026***	-0.029***	1							
BM	0.0060	0.576***	0.430***	-0.343***	-0.037***	0.163***	1						
TobinQ	0.00400	-0.416***	-0.348***	0.318***	0.029***	-0.139***	-0.833***	1					
SOE	-0.130***	0.371***	0.323***	-0.149***	-0.074***	0.294***	0.254***	-0.177***	1				
Big4	-0.038***	0.395***	0.148***	0.006	-0.022***	0.096***	0.186***	-0.118***	0.165***	1			
Inshold	-0.064***	0.445***	0.236***	0.085***	-0.025***	0.196***	0.031***	0.046***	0.376***	0.230***	1		
CFO	-0.007	0.803***	0.369***	0.114***	0.013	0.221***	0.385***	-0.253***	0.303***	0.355***	0.431***	1	
ABACC	0.042***	-0.060***	0.012	0	0.162***	-0.041***	-0.117***	0.102***	-0.033**	-0.021**	-0.020**	-0.023***	1

注：*、**和***分别表示系数在10%、5%和1%的水平下显著。

7.3.3　多元回归结果与分析

经过前文描述性统计分析和相关性分析后，本节将通过多元回归的方法对本章所提出的关于来自目标公司之外信息如何影响分析师研报相关行为的假设进行检验。与前文结构相似，首先对来自目标公司之外信息的存在性进行检验，证明目标公司之外信息对分析师研究报告的相关行为存在影响，这是本章假设检验的基础；其次研究各细化信息渠道对分析师研究报告的相关行为的影响。

（1）来自目标公司之外的信息对分析师研报关注度的影响

表7-6汇总了对14 226个观察值所进行的来自目标公司之外的信息对分析师研报关注度影响的多元回归检验结果。其中，第（1）列为利用模型（7.1）不加任何控制变量，检验目标公司之外的信息存在性的回归结果；第（2）列为模型（7.1）完整的多元回归结果；第（3）至第（6）列分别是利用模型（7.2）至（7.5）检验各细化渠道对分析师研报关注度的影响。

表7-6　分析师研报关注度与来自目标公司之外的信息的多元回归结果

变量符号	（1）Anareport	（2）Anareport	（3）Anareport	（4）Anareport	（5）Anareport	（6）Anareport
ExtraInfo	0.642***	0.213***				
	(56.43)	(14.35)				
Newsnum			0.260***			
			(24.51)			
Agrnews			1.890***			
			(18.30)			
Compinall				0.261***		
				(25.62)		
Gubanum					−0.220***	
					(−15.97)	

续表

变量符号	(1) Anareport	(2) Anareport	(3) Anareport	(4) Anareport	(5) Anareport	(6) Anareport
Agrguba					1.660***	
					(5.22)	
Deofact					−44.810***	
					(−4.35)	
Regulet						−0.127***
						(−7.26)
Size		0.463***	0.431***	0.467***	0.681***	0.583***
		(29.78)	(30.00)	(34.41)	(47.83)	(44.72)
Lev		−0.248***	−0.301***	−0.268***	−0.286***	−0.237***
		(−4.53)	(−5.63)	(−4.99)	(−5.28)	(−4.33)
ROA		6.240***	5.671***	5.932***	5.594***	6.041***
		(31.31)	(29.35)	(30.16)	(28.58)	(30.35)
Growth		0.006	−0.005	0.004	−0.000	0.017
		(0.28)	(−0.25)	(0.18)	(−0.01)	(0.81)
Board		0.009*	0.007	0.011**	0.009**	0.008*
		(1.90)	(1.56)	(2.43)	(2.04)	(1.86)
BM		−1.468***	−1.429***	−1.342***	−1.973***	−1.746***
		(−22.04)	(−22.28)	(−20.86)	(−29.75)	(−27.27)
TobinQ		−0.071***	−0.074***	−0.068***	−0.049***	−0.055***
		(−7.20)	(−7.71)	(−7.10)	(−5.03)	(−5.58)
SOE		−0.383***	−0.354***	−0.374***	−0.326***	−0.385***
		(−21.03)	(−19.88)	(−20.98)	(−17.81)	(−20.94)
Big4		−0.033	−0.038	−0.037	−0.051*	−0.031

续表

变量符号	（1）Anareport	（2）Anareport	（3）Anareport	（4）Anareport	（5）Anareport	（6）Anareport
Big4		（−1.17）	（−1.40）	（−1.34）	（−1.81）	（−1.09）
Inshold		0.370***	0.276***	0.336***	−0.070*	0.218***
		（9.33）	（7.40）	（8.84）	（−1.69）	（5.64）
CFO		0.007	0.008	0.010	0.014*	0.011
		（0.82）	（0.91）	（1.17）	（1.69）	（1.21）
ABACC		0.171	0.203	0.198	0.260**	0.236*
		（1.29）	（1.61）	（1.53）	（2.01）	（1.77）
Constant	−1.191***	−8.215***	−7.623***	−7.215***	−9.384***	−9.454***
	（−10.90）	（−37.08）	（−35.13）	（−33.02）	（−46.64）	（−47.03）
Year	控制	控制	控制	控制	控制	控制
Industry	控制	控制	控制	控制	控制	控制
样本量	14 226	14 226	14 226	14 226	14 226	14 226
Adj R^2	0.185	0.423	0.451	0.450	0.431	0.416

注：*、**和***分别表示系数在10%、5%和1%的水平上显著，括号内数值为t值。

在表 7-6 汇总的结果中，第（1）列的 ExtraInfo 系数为 0.642 且在 1% 的水平上显著，说明了来自目标公司之外的信息对分析师研报关注度的影响是存在的，为后文的假设检验提供了初步的证据。

表 7-6 的第（2）列是在第（1）列的基础上加入控制变量，ExtraInfo 系数为 0.213，且与研报关注度 Anareport 在 1% 的水平上显著正相关，说明来自目标公司之外的信息越多，分析师越倾向于在研报中提及目标公司。

表 7-6 的第（3）列检验了新闻报道对分析师研报关注度的影响。新闻报道总数 Newsnum 的系数为 0.260，与分析师研报关注度 Anareport 在 1% 的水平上显著正相关，说明新闻报道的数量会影响分析师研报关

注度。新闻报道的数量越多，分析师越倾向于在研报中提及目标公司；新闻分歧度 Agrnews 的系数为 1.890，与分析师研报关注度 Anareport 在 1% 的水平上显著正相关，表明新闻分歧度数值越大，也就是新闻媒体对于目标公司的报道持有的态度越趋于一致，分析师的研报越倾向于迎合新闻报道的态度。

表 7-6 的第（4）列检验了微信公众号对分析师研报关注度的影响。微信公众号提及目标公司的文章总数 Compinall 的系数为 0.261，与分析师研报关注度 Anareport 在 1% 的水平上显著正相关，说明微信公众号提及目标公司文章的数量越多，分析师越倾向于在研报中提及目标公司。

表 7-6 的第（5）列检验了股吧信息渠道对分析师研报关注度的影响。股吧帖子总数 Gubanum 的系数为 -0.220，与研报关注度 Anareport 在 1% 的水平上显著负相关；股吧帖子分歧度 Agrguba 的系数为 1.660，与研报关注度 Anareport 在 1% 的水平上显著正相关；股吧帖子活跃度 Deofact 的系数为 -44.810，与研报关注度 Anareport 在 1% 的水平上显著负相关。与前文分析师跟踪行为类似，通过股吧信息渠道与分析师研报关注度的关系，可以看出分析师的行为存在羊群效应。

表 7-6 的第（6）列检验了监管函件对分析师研报关注度 Anareport 的影响，监管函件 Regulet 的系数为 -0.127，与分析师研报关注度 Anareport 在 1% 的水平上显著负相关，因为监管函件本身对上市公司存在负面影响，所以当目标公司收到的监管函件越多，分析师越会持保守的态度，不会倾向于在研报中提及收到较多监管函件的公司。

（2）来自目标公司之外的信息对分析师预测准确度的影响

表 7-7 汇总了对 14 011 个观察值所进行的来自目标公司之外的信息对分析师预测准确度影响的多元回归检验结果。其中，第（1）列为利用模型（7.6）不加任何控制变量，检验目标公司之外信息存在性的回归结果；第（2）列为模型（7.6）完整的多元回归结果；第（3）至第（6）列分别为利用模型（7.7）至（7.10）检验各细化渠道对分析师预测准确度的影响。

表7-7　分析师预测准确度与来自目标公司之外的信息的多元回归结果

变量 符号	（1） ForecastAcc	（2） ForecastAcc	（3） ForecastAcc	（4） ForecastAcc	（5） ForecastAcc	（6） ForecastAcc
ExtraInfo	0.120^{***}	0.247^{***}				
	（4.01）	（4.83）				
Newsnum			0.129^{***}			
			（3.57）			
Agrnews			-1.510^{***}			
			（-4.43）			
Compinall				0.067^{**}		
				（2.22）		
Gubanum					0.200^{***}	
					（3.69）	
Agrguba					-3.352^{***}	
					（-3.68）	
Deofact					-88.575^{**}	
					（-1.98）	
Regulet						0.143^{**}
						（2.40）
Size		0.138^{**}	0.197^{***}	0.242^{***}	0.179^{***}	0.267^{***}
		（2.54）	（3.72）	（4.65）	（3.35）	（5.35）
Lev		0.196	0.197	0.191	0.211	0.185
		（0.95）	（0.95）	（0.92）	（1.02）	（0.90）
ROA		-12.038^{***}	-11.917^{***}	-12.190^{***}	-11.539^{***}	-11.972^{***}
		（-15.63）	（-15.47）	（-15.87）	（-14.69）	（-15.50）
Growth		-0.221^{***}	-0.212^{***}	-0.220^{***}	-0.215^{***}	-0.231^{***}

续表

变量符号	（1）ForecastAcc	（2）ForecastAcc	（3）ForecastAcc	（4）ForecastAcc	（5）ForecastAcc	（6）ForecastAcc
Growth		（−2.76）	（−2.64）	（−2.75）	（−2.69）	（−2.86）
Board		−0.024	−0.023	−0.023	−0.024	−0.022
		（−1.44）	（−1.38）	（−1.36）	（−1.44）	（−1.32）
BM		0.180	−0.003	−0.032	0.124	−0.125
		（0.71）	（−0.01）	（−0.12）	（0.49）	（−0.50）
TobinQ		0.142***	0.138***	0.156***	0.160***	0.157***
		（3.37）	（3.27）	（3.69）	（3.78）	（3.72）
SOE		−0.263***	−0.236***	−0.252***	−0.299***	−0.240***
		（−3.98）	（−3.55）	（−3.80）	（−4.49）	（−3.63）
Big4		−0.273***	−0.311***	−0.269**	−0.235**	−0.261**
		（−2.62）	（−2.97）	（−2.57）	（−2.24）	（−2.49）
Inshold		−0.829***	−0.943***	−0.965***	−0.718***	−0.983***
		（−5.93）	（−6.88）	（−7.02）	（−4.87）	（−7.17）
CFO		−0.234***	−0.240***	−0.229***	−0.232***	−0.228***
		（−6.73）	（−6.84）	（−6.59）	（−6.68）	（−6.56）
ABACC		1.313***	1.293***	1.360***	1.338***	1.339***
		（2.74）	（2.70）	（2.83）	（2.80）	（2.79）
Constant	3.354***	3.947***	3.785***	3.137***	2.979***	2.593***
	（7.27）	（4.70）	（4.43）	（3.65）	（3.71）	（3.22）
Year	控制	控制	控制	控制	控制	控制
Industry	控制	控制	控制	控制	控制	控制
样本量	14 011	14 011	14 011	14 011	14 011	14 011
Adj R²	0.032	0.094	0.094	0.093	0.095	0.093

注：*、**和***分别表示系数在10%、5%和1%的水平上显著，括号内数值为t值。

在表7-7的汇总结果中，第（1）列的ExtraInfo系数为0.120，且与分析师预测准确度ForecastAcc在1%的水平上显著正相关，说明来自目标公司之外的信息对分析师预测准确度的影响是存在的，为后文的假设检验提供了初步的证据。表7-7的第（2）列是在第（1）列的基础上加入控制变量后的回归结果，ExtraInfo的系数为0.247，且与分析师预测准确度ForecastAcc在1%的水平上显著正相关，说明来自目标公司之外信息渠道所包含的信息越多，分析师预测的准确度越低。

表7-7的第（3）列检验了新闻报道数量对分析师预测准确度的影响。新闻报道总数Newsnum的系数为0.129，与分析师预测准确度ForecastAcc在1%的水平上显著正相关，说明新闻报道的数量会影响分析师预测的准确度，新闻媒体报道的数量越多，分析师的预测越不准确；新闻分歧度Agrnews的系数为−1.510，与分析师预测准确度ForecastAcc在1%的水平上显著负相关，表明新闻分歧度数值越大，也就是新闻媒体对于上市公司的报道持有一致的态度时，分析师预测的准确度会上升。通过与前文分析师跟踪以及分析师实地调研行为的比较，可以发现新闻媒体信息渠道的一致态度会让分析师在行为上趋同，并且同时提升了分析师预测的准确度。

表7-7的第（4）列检验了微信公众号对分析师预测准确度的影响。微信公众号提及目标公司的文章总数Compinall的系数为0.067，与分析师预测准确度ForecastAcc在5%的水平上显著正相关，说明微信公众号提及上市公司的文章数量越多，分析师预测的准确度越低。

表7-7的第（5）列检验了股吧信息渠道对分析师预测准确度的影响。股吧帖子总数Gubanum的系数为0.200，与分析师预测准确度ForecastAcc在1%的水平上显著正相关；股吧帖子分歧度Agrguba的系数为−3.352，与分析师预测准确度ForecastAcc在1%的水平上显著负相关；股吧帖子活跃度Deofact的系数为−88.575，与分析师预测准确度ForecastAcc在5%的水平上显著负相关。股吧帖子Gubanum数量越多，分析师预测的准确度越低，而股吧帖子分歧度Agrguba越高，也就是投资者态度越趋于一致时，分析师预测的准确程度会越高；

股吧帖子活跃度 Deofact 越高，分析师预测的准确度越高。以上结论说明，分析师的预测准确度与投资者之间的讨论度是负相关的，投资者态度尤其是趋于一致的态度以及讨论的活跃程度会使分析师做出正确判断，进而提高了分析师预测的准确度。

表 7-7 的第（6）列检验了监管函件对分析师预测准确度的影响。监管函件 Regulet 的系数为 0.143，与分析师预测准确度 ForecastAcc 在 5% 的水平上显著正相关。监管函件本身向市场中传递负面信号，目标公司的监管函件让分析师对上市公司无法有清晰的认知，降低了分析师预测的准确度。

7.3.4 进一步分析

（1）来自目标公司之外的信息对分析师研报财务信息含量的影响

分析师在资本市场中扮演三种角色——信息发现、信息解释与信息传播。在信息解释方面，已有研究发现投资者更看重分析师解释公开披露信息的能力，尤其是结构性较差或非财务披露；但在分析师撰写研报时，其内容基本上分为宏观、中观与微观三个层次，微观内容分为财务性信息与非财务性信息。分析师根据可获得的信息进行预测，Previts 等（1994）进一步研究分析师对上市公司公开披露信息的关注点，发现分析师专注的核心内容是公司财务报告中披露的信息，说明研报中财务性信息一半来自于此。随着科技的发展，来自目标公司之外的信息愈加丰富，分析师对目标公司财务报告中披露信息的使用和处理能力也在逐步提高，单纯地依靠目标公司自行披露的信息进行分析显然不够，故本节将进一步研究分析师研报中财务信息是否受来自目标公司之外的信息的影响。通过将一年时间里提及目标公司的研报中的财务性句子数量与全文句子数量的比值，按年度取平均，形成新的分析师研报财务信息含量变量 FinaInfo，代入模型（7.1）中，回归结果见表 7-8。

表7-8　　分析师研报财务信息含量与来自目标公司之外的信息的多元回归结果

变量符号	（1）FinaInfo	（2）FinaInfo	（3）FinaInfo	（4）FinaInfo	（5）FinaInfo
ExtraInfo	−0.003**				
	(−2.24)				
Newsnum		−0.001			
		(−0.68)			
Agrnews		0.001			
		(0.09)			
Compinall			0.003***		
			(3.58)		
Gubanum				−0.003***	
				(−2.99)	
Agrguba				0.040*	
				(1.84)	
Deofact				1.936**	
				(2.17)	
Regulet					−0.004***
					(−2.74)
Constant	0.414***	0.425***	0.450***	0.420***	0.427***
	(24.80)	(25.58)	(27.68)	(26.99)	(27.95)
Year	控制	控制	控制	控制	控制
Industry	控制	控制	控制	控制	控制
样本量	12 540	12 540	12 540	12 540	12 540
Adj R²	0.412	0.413	0.413	0.413	0.412

注：*、**和***分别表示系数在10%、5%和1%的水平上显著，括号内数值为t值。

通过表7-8的回归结果来看，第（1）列来自目标公司之外的信息ExtraInfo的系数为−0.003，t值为−2.24，与分析师研报财务信息含量FinaInfo在5%的水平上显著负相关；第（2）列Newsnum的系数为−0.001，与分析师研报财务信息含量FinaInfo仅呈现负相关，新闻分歧度Agrnews的系数为0.001，与分析师研报财务信息含量FinaInfo正相关。第（3）列微信公众号提及目标公司的文章总数Compinall的系数为0.003，与分析师研报财务信息含量在1%的水平上显著正相关，说明微信公众号提及目标公司的文章数量越多，分析师研报财务信息含量越高，侧面证实了分析师研究报告的财务性信息来源。第（4）列检验了股吧信息渠道对分析师研报财务信息含量的影响，股吧帖子总数Gubanum的系数为−0.003，与分析师研报财务信息含量FinaInfo在1%的水平上显著负相关；股吧帖子分歧度Agrguba的系数为0.040，与分析师研报财务信息含量FinaInfo在10%的水平上显著正相关；股吧帖子活跃度Deofact的系数为1.936，与分析师研报财务信息含量在5%的水平上显著正相关。第（5）列检验了监管函件对分析师研报财务信息含量的影响，监管函件Regulet的系数为−0.004，与分析师研报财务信息含量Finainfo在1%的水平上显著负相关。通过以上结果可以看出，分析师研报财务信息含量与来自目标公司之外的信息相关，但是在来自目标公司之外的信息中，新闻报道、监管函件并不是研报中财务信息的来源，财务信息主要来源于微信公众号的文章。股吧帖子中较高的分歧度和活跃度都表明其财务信息的来源，说明投资者之间交流的内容中包含着与财务相关的信息，而监管函件因为其本身具有警示作用，当上市公司收到的监管函件增加，分析师在研报中也会对投资者予以警示。

（2）来自目标公司之外的信息对分析师预测修正间隔的影响

分析师在向市场传播自己的信息时，会依据市场中其他个体反馈的信息对自身的预测行为选择是否进行修正。根据社会判断理论，当接收到外部传来的说服信息后，分析师会根据该说服信息在态度区域中的位置做出对说服信息的不同反应。个体如果发现新的观点主张位于拒绝区域的话，就会拒绝改变原有的观点；如果发现新的观点位于接受区域，

7

来
自
目
标
公
司
之
外
的
信
息
与
分
析
师
研
报
相
关
行
为
的
实
证
检
验

就会接受这种新的主张。同样，当新的观点和主张是位于个体态度的不明朗区域时，同样会引起个体原有态度的变化。这体现在分析师预测相关的行为上便是修正间隔，分析师在已有预测的基础上，根据市场中其他主体反馈的信息进行调整，通过分析师的修正间隔可以发现信息在资本市场中的传播速率。当来自目标公司之外的信息丰富时会出现两种情况：一是来自目标公司之外的信息丰富使得分析师可获得的信息资源变多，分析师可以更快地调整已发布的预测；二是当分析师将自己的预测向市场公布后，市场所反馈的信息传递回分析师处需要一定的时间，并且反馈给分析师的信息较复杂，使得分析师需要一定的时间对信息进行消化，修正间隔变长。本节将上市公司一年的报告推荐日期与报告调整日期之差取平均值作为修正间隔Rivision，代入模型（7.1）中，进一步检验来自目标公司之外的信息对分析师修正间隔的影响，结果见表7-9。

表7-9　分析师预测修正间隔与来自目标公司之外的信息的多元回归结果

变量符号	（1）Rivision	（2）Rivision	（3）Rivision	（4）Rivision	（5）Rivision
ExtraInfo	−4.365**				
	(−2.54)				
Newsnum		−5.074***			
		(−4.19)			
Agrnews		−80.381***			
		(−6.75)			
Compinall			−7.605***		
			(−6.96)		
Gubanum				3.462**	
				(2.02)	
Agrguba				−14.143	
				(−0.41)	

变量符号	（1）Rivision	（2）Rivision	（3）Rivision	（4）Rivision	（5）Rivision
Deofact				858.381	
				(0.61)	
Regulet					0.324
					(0.14)
Constant	131.527***	131.623***	90.616***	155.907***	156.176***
	(4.83)	(4.86)	(3.34)	(6.09)	(6.21)
Year	控制	控制	控制	控制	控制
Industry	控制	控制	控制	控制	控制
样本量	12 127	12 127	12 127	12 127	12 127
Adj R²	0.053	0.056	0.056	0.053	0.052

注：*、**和***分别表示系数在10%、5%和1%的水平上显著，括号内数值为t值。

通过表7-9所汇总的结果来看，第（1）列来自目标公司之外的信息ExtraInfo的系数为-4.365，t值为-2.54，与分析师修正间隔Rivision在5%的水平上显著负相关。第（2）列Newsnum的系数为-5.074，分析师修正间隔Rivision在1%的水平上显著负相关，新闻分歧度Agrnews的系数为-80.381，与分析师修正间隔Rivision在1%的水平上显著负相关。当新闻的态度趋于一致时，分析师的修正间隔也较短，说明分析师对于自身行为的改变与情绪的一致程度息息相关。第（3）列微信公众号提及目标公司的文章总数Compinall的系数为-7.605，与分析师修正间隔Rivision在1%的水平上显著负相关，说明微信公众号提及目标公司的文章数量越多，分析师修正间隔越短暂，侧面证实了分析师对来自目标公司之外信息的利用程度。第（4）列检验了股吧信息渠道对分析师修正间隔的影响，股吧帖子总数Gubanum的系数为3.462，分析师修正间隔Rivision在5%的水平上显著正相关，说明混杂的信息使得分析师需要时间去辨别其中具有价值的信息，导致分析师的修正间隔时间变长。第

（5）列检验了监管函件对分析师修正间隔的影响，监管函件 Regulet 的系数为 0.324，与分析师修正间隔仅存在正相关关系。通过以上结论可以看出，分析师在对自身预测行为进行调整时，更关注来自新闻媒体以及同行的信息，尤其对新闻媒体的趋同态度进行附和。

（3）目标公司信息披露质量

分析师的预测离不开上市公司信息披露质量的参考。已有研究发现，上市公司信息披露质量直接影响了分析师预测的准确性（卢清昌，2014），并且上市公司信息披露质量的提高不仅可以改善分析师对于公共信息利用的精度，而且提高了分析师私有信息渠道的精细度，从而提升了分析师的预测准确度，说明上市公司信息披露质量会影响来自目标公司之外信息渠道所蕴含的信息含量（Byard and Shaw，2003）。Schipper（1991）认为公开信息是分析师进行预测的重要信息来源，因为公开信息的获取成本较低，故其成为分析师进行预测时重要的信息来源。方军雄和洪剑峭（2007）发现分析师预测中公开信息对预测正确性的价值高于来自其他渠道的信息。本节采用沪深两市证券交易所发布的上市公司信息披露考评结果作为分组依据进行回归，以 "A"、"B"、"C" 和 "D" 对应考评结果，利用模型（7.1）根据考评结果分为四组进行回归，得到的结果见表7-10和表7-11。

表7-10　上市公司信息披露质量、来自目标公司之外的信息与分析师研报关注度

变量名称	（1） Anareport 信息披露质量=A	（2） Anareport 信息披露质量=B	（3） Anareport 信息披露质量=C	（4） Anareport 信息披露质量=D
ExtraInfo	0.233***	0.241***	0.042	−0.231
	(7.63)	(11.12)	(0.75)	(−1.13)
Constant	−5.859***	−8.076***	−8.379***	−7.793*
	(−12.25)	(−23.53)	(−8.71)	(−1.84)
Year	控制	控制	控制	控制
Industry	控制	控制	控制	控制
样本量	3 068	6 967	948	81
Adj R^2	0.421	0.373	0.276	0.155

注：*、**和***分别表示系数在10%、5%和1%的水平上显著，括号内数值为t值。

表7-10汇总了不同信息披露质量样本、来自目标公司之外的信息对分析师研报关注度影响的回归结果。其中，第（1）列为目标公司信息披露质量为"A"时，来自目标公司之外的信息系数为0.233，t值为7.63，来自目标公司之外的信息和分析师研报关注度在1%的水平上显著正相关；第（2）列为目标公司信息披露质量为"B"时，来自目标公司之外的信息系数为0.241，与分析师研报关注度在1%的水平上显著正相关；第（3）列为目标公司信息披露质量为"C"时，来自目标公司之外的信息系数为0.042，t值为0.75，与分析师研报关注度仅存在正相关但不显著；第（4）列为目标公司信息披露质量为"D"时，来自目标公司之外的信息系数为-0.231，t值为-1.13，与分析师研报关注度负相关。综合以上分组回归结果，说明对于信息披露质量为"B"及以上，也就是考评结果为"B"或者"良好"及以上的目标公司，其来自目标公司之外的信息含量更丰富，分析师更倾向于在研报中提及这些公司。当目标公司信息披露质量为"D"时，来自目标公司之外的信息与分析师研报关注度呈负相关，说明信息披露质量差的目标公司，其来自目标公司之外的信息会让分析师避之不及，在研报中尽量避免提及信息披露质量差的公司。

表7-11　上市公司信息披露质量、来自目标公司之外的信息与分析师预测准确度

变量符号	（1）ForecastAcc 信息披露质量=A	（2）ForecastAcc 信息披露质量=B	（3）ForecastAcc 信息披露质量=C	（4）ForecastAcc 信息披露质量=D
ExtraInfo	0.182**	0.335***	−0.060	0.931
	(2.47)	(4.41)	(−0.25)	(0.89)
Constant	7.204***	1.040	3.642	23.839
	(3.71)	(0.80)	(0.71)	(1.24)
Year	控制	控制	控制	控制
Industry	控制	控制	控制	控制
样本量	3 061	6 896	928	79
Adj R^2	0.088	0.085	0.064	−0.025

注：*、**和***分别表示系数在10%、5%和1%的水平上显著，括号内数值为t值。

表 7-11 汇总了不同信息披露质量、来自目标公司之外的信息对分析师预测准确度影响的回归结果。其中，第（1）列为目标公司信息披露质量为"A"时，来自目标公司之外的信息系数为 0.182，t 值为 2.47，来自目标公司之外的信息与分析师预测准确度在 5% 的水平上显著正相关；第（2）列为目标公司信息披露质量为"B"时，来自目标公司之外的信息系数为 0.335，与分析师预测准确度在 1% 的水平上显著正相关；第（3）列为目标公司信息披露质量为"C"时，来自目标公司之外的信息系数为 -0.060，t 值为 -0.25，与分析师预测准确度仅存在负相关但不显著；第（4）列为目标公司信息披露质量为"D"时，来自目标公司之外的信息系数为 0.931，与分析师预测准确度仅存在正相关但不显著。综合上述分组回归结果，说明对于信息披露质量为"B"及以上，也就是考评结果为"B"或者"良好"及以上的目标公司，来自目标公司之外的信息含量越丰富，分析师预测的准确度越低。当目标公司信息披露质量为"C"时，来自目标公司之外的信息与分析师的预测准确度呈负相关。通过上一章分析师实地调研与本章分析师研报相关行为，说明分析师的报告更青睐于信息披露质量为"良好"及以上的公司，分析师获得的信息可以更好地对其自行披露的信息进行补充，使分析师在资本市场中的价值得以体现。

7.4 稳健性检验

为验证本章结果的稳健性，本节进行了如下方式的进一步检验。

7.4.1 标准误的修正

为避免样本之间的关联性导致标准误被低估，本部分在前文实证研究的基础上，在公司层面进行聚类处理。在沿用模型（7.1）和（7.6）的基础上，与之前章节的稳健性检验处理方式一致，由此得到的回归结果见表 7-12 第（1）和第（2）列。

表7-12 稳健性检验结果

变量符号	（1）Anareport	（2）ForecastAcc	（3）Anareport	（4）ForecastAcc
ExtraInfo	0.213***	0.247***		
	（9.79）	（3.80）		
Baiduindex			0.198***	0.306***
			（11.99）	（5.58）
Constant	−8.215***	3.947***	−9.290***	2.759***
	（−23.27）	（3.42）	（−46.15）	（3.42）
样本数	14 226	14 226	14 226	14 226
Adj R^2	0.423	0.094	0.420	0.094

注：*、**和***分别表示系数在10%、5%和1%的水平上显著，括号内数值为t值。

表7-12的第（1）列汇总了来自目标公司之外的信息对分析师研报关注度聚类效应后的回归结果，来自目标公司之外的信息ExtraInfo的系数为0.213，与分析师研报关注度Anareport在1%的水平上显著正相关；第（2）列汇总了来自目标公司之外的信息对分析师预测准确度聚类效应后的回归结果，来自目标公司之外的信息ExtraInfo的系数为0.247，与分析师预测准确度ForecastAcc在1%的水平上显著正相关，为前文假设提供了证据支持。

7.4.2　变换外部信息渠道度量方式的稳健性检验

与前文一致，用百度搜索指数替代来自目标公司之外的信息指标，代入模型（7.1）和（7.6）。用百度搜索指数Baiduindex替换来自目标公司之外的信息ExtraInfo，回归结果见表7-12中第（3）和第（4）列。

表7-12中第（3）列汇总了百度搜索指数对分析师研报关注度的回归结果，百度搜索指数Baiduindex的系数为0.198，与分析师研报关注度Anareport在1%的水平上显著正相关；第（4）列汇总了百度搜索指

数对分析师预测准确度的回归结果，百度搜索指数Baiduindex的系数为0.306，与分析师预测准确度ForecastAcc在1%的水平上显著正相关，以上结果说明本章的研究结果是稳健的。

7.4.3 制造业子样本的稳健性检验

与上一章来自目标公司之外的信息对分析师实地调研行为对制造业子样本的稳健性检验类似，使用制造业9 254个样本，利用模型（7.1）和（7.6）进行多元回归，回归结果见表7-13和表7-14。

表7-13 制造业子样本回归结果（1）

变量符号	（1）Anareport	（2）Anareport	（3）Anareport	（4）Anareport	（5）Anareport
ExtraInfo	0.204***				
	（10.93）				
Newsnum		0.262***			
		（19.66）			
Agrnews		2.077***			
		（17.12）			
Compinall			0.274***		
			（21.18）		
Gubanum				−0.215***	
				（−12.43）	
Agrguba				1.882***	
				（4.84）	
Deofact				−57.751***	
				（−4.56）	

续表

变量符号	（1）Anareport	（2）Anareport	（3）Anareport	（4）Anareport	（5）Anareport
Regulet					−0.142***
					(−6.67)
Constant	−8.241***	−7.580***	−7.089***	−9.604***	−9.553***
	(−30.30)	(−28.73)	(−26.74)	(−40.12)	(−40.24)
Year	控制	控制	控制	控制	控制
Industry	控制	控制	控制	控制	控制
样本数	9 254	9 254	9 254	9 254	9 254
Adj R^2	0.431	0.462	0.461	0.442	0.426

注：*、**和***分别表示系数在10%、5%和1%的水平上显著，括号内数值为t值。

表7-13汇总了基于制造业的9 254个样本，对来自目标公司之外的信息对分析师研报关注度的影响进行稳健性检验。其中，第（1）列中的ExtraInfo的系数为0.204，且在1%的水平上显著正相关，表明在制造行业的上市公司中，来自目标公司之外的信息同样影响了分析师研报关注度。第（2）列Newsnum的系数为0.262，在1%的水平上显著正相关，新闻分歧度Agrnews的系数为2.077，与分析师研报关注度在1%的水平上显著正相关，与前文结论一致。第（3）列微信公众号提及目标公司的文章总数Compinall的系数为0.274，与总样本回归结果一致。第（4）列检验了股吧信息渠道对分析师研报关注度的影响，股吧帖子总数Gubanum的系数为−0.215，与分析师研报关注度在1%的水平上显著负相关；股吧帖子分歧度Agrguba的系数为1.882，与分析师研报关注度在1%的水平上显著正相关；股吧帖子活跃度Deofact的系数为−57.751，与分析师研报关注度负相关。第（5）列检验了监管函件对分析师研报关注度的影响，监管函件Regulet的系数为−0.142，与分析师研报关注度在1%的水平上显著负相关，与前文的研究结论基本一致，证明本章的研究结论是稳健的。

表7-14　　　　　　　　　　制造业子样本回归结果（2）

变量符号	（1）ForecastAcc	（2）ForecastAcc	（3）ForecastAcc	（4）ForecastAcc	（5）ForecastAcc
ExtraInfo	0.275***				
	(4.11)				
Newsnum		0.113**			
		(2.45)			
Agrnews		−1.232***			
		(−3.12)			
Compinall			0.092**		
			(2.55)		
Gubanum				0.284***	
				(4.01)	
Agrguba				−1.946*	
				(−1.88)	
Deofact				−118.369**	
				(−2.11)	
Regulet					0.187**
					(2.42)
Constant	1.642	1.018	0.752	0.642	−0.031
	(1.60)	(0.99)	(0.71)	(0.67)	(−0.03)
Year	控制	控制	控制	控制	控制
Industry	控制	控制	控制	控制	控制
样本数	9 254	9 254	9 254	9 254	9 254
Adj R^2	0.097	0.097	0.096	0.098	0.096

注：*、**和***分别表示系数在10%、5%和1%的水平上显著，括号内数值为t值。

　　表7-14汇总了基于制造业的9 254个样本，来自目标公司之外的信息对分析师预测准确度的影响进行稳健性检验。其中，第（1）列的 ExtraInfo 系数为0.275，且在1%的水平上显著正相关，表明在制造行业的上市公司中，来自目标公司之外的信息同样影响了分析师预测准确度。第（2）列 Newsnum 的系数为0.113，在5%的水平上显著正相关，新闻分歧度 Agrnews 的系数为-1.232，与分析师预测准确度在5%的水平上显著负相关，与前文结论一致。第（3）列微信公众号提及上市公司的文章总数 Compinall 的系数为0.092，与分析师预测准确度在1%的水平上显著正相关。第（4）列检验了股吧信息渠道对分析师预测准确度的影响，股吧帖子总数 Gubanum 的系数为0.284，与分析师预测准确度在1%的水平上显著正相关；股吧帖子分歧度 Agrguba 的系数为-1.946，与分析师预测准确度在10%的水平上显著负相关；股吧帖子活跃度 Deofact 的系数为-118.369，与分析师预测准确度在5%的水平上显著负相关。第（5）列检验了监管函件对分析师预测准确度的影响，监管函件 Regulet 的系数为0.187，与分析师预测准确度在5%的水平上显著正相关，与前文的研究结论基本一致，证明本章的研究结论是稳健的。

7.4.4　解释变量滞后一期

　　为避免本章研究存在反向因果关系导致的内生性问题，在主回归模型中，采用核心解释变量滞后一期，可以缓解反向因果关系对研究结论的干扰。对核心解释变量进行滞后一期，代入模型（7.1）至（7.5），得到的回归结果见表7-15中第（1）至第（5）列。

表7-15　　　　　　　　　　　解释变量滞后一期回归结果

变量符号	（1） $Anareport_{it}$	（2） $Anareport_{it}$	（3） $Anareport_{it}$	（4） $Anareport_{it}$	（5） $Anareport_{it}$
$ExtraInfo_{i,\ t-1}$	0.134***				
	(7.63)				

续表

变量符号	(1) Anareport$_{it}$	(2) Anareport$_{it}$	(3) Anareport$_{it}$	(4) Anareport$_{it}$	(5) Anareport$_{it}$
Newsnum$_{i, t-1}$		0.207*** (16.37)			
Agrnews$_{i, t-1}$		1.819*** (14.60)			
Compinall$_{i, t-1}$			0.192*** (15.48)		
Gubanum$_{i, t-1}$				−0.202*** (−12.61)	
Agrguba$_{i, t-1}$				2.246*** (5.89)	
Deofact$_{i, t-1}$				−29.460** (−2.44)	
Regulet$_{i, t-1}$					−0.136*** (−5.05)
Constant	−8.373*** (−31.59)	−7.686*** (−29.13)	−9.331*** (−37.64)	−8.972*** (−36.68)	−9.126*** (−37.37)
行业	控制	控制	控制	控制	控制
年份	控制	控制	控制	控制	控制
样本量	9 412	9 412	9 412	9 412	9 412
Adj R^2	0.414	0.439	0.429	0.427	0.413

注：*、**和***分别表示系数在10%、5%和1%的水平上显著，括号内数值为t值。

通过表7-15所汇报的结果，回归系数均在1%的水平上显著，与本章主回归的结果显著性以及方向一致，说明本章研究不存在反向因果关系。

7.4.5 Change模型

与前文稳健性检验相似，借鉴 Luo（2017），采用 Change 模型重新对主假设进行检验。具体做法为在模型（7.1）至（7.5）的基础上，对被解释变量 Anareport$_t$，取 D.Anareport$_t$ = Anareport$_t$ − Anareport$_{t-1}$ D. 作为 Anareport$_t$ 第 t 年的增量变化，对除了 SOE 和 Big4 的其他变量 X$_t$，取 D.X$_t$ = X$_t$ − X$_{t-1}$ D. 作为 X$_t$ 第 t 年的增量变化，回归结果见表7-16。

表7-16　来自目标公司之外的信息对分析师研报行为的影响——Change模型

变量符号	（1）D.Anareport	（2）D.Anareport	（3）D.Anareport	（4）D.Anareport	（5）D.Anareport
D.ExtraInfo	0.312***				
	(15.56)				
D.Newsnum		0.300***			
		(18.54)			
D.Agrnews		0.906***			
		(10.16)			
D.Compinall			0.204***		
			(19.13)		
D.Gubanum				−0.028*	
				(−1.81)	
D.Agrguba				1.209***	
				(4.21)	
D.Deofact				−15.469	
				(−1.63)	
D.Regulet					−0.037**
					(−2.31)
Constant	0.084	−0.501***	0.786***	−0.372***	−0.377***
	(1.14)	(−6.99)	(8.99)	(−5.20)	(−5.29)
行业	控制	控制	控制	控制	控制
年份	控制	控制	控制	控制	控制
样本量	9 412	9 412	9 412	9 412	9 412
Adj R²	0.160	0.182	0.180	0.137	0.135

注：*、**和***分别表示系数在10%、5%和1%的水平上显著，括号内数值为t值。

通过表7-16第（1）至第（5）列汇报的结果，基本与主回归结果一致，排除了反向因果关系以及可能存在遗漏控制变量的情形，减轻了模型中的变量随机游走的趋势。

7.4.6　倾向得分匹配检验

为避免本章研究存在样本选择偏误等内生性问题，在稳健性检验中使用倾向得分匹配法克服内生性影响。以来自目标公司之外信息每年的中位数为标准，将其划分为来自目标公司之外的信息含量的高组与低组。首先以分析师研报 Anareport 为因变量，公司规模 Size、资产负债率 Lev、主营业务收入增长率 Growth、董事会规模 Board、经营现金流 CFO 和公司透明度 ABACC 等公司特征作为自变量，运用 logit 回归模型估计出每个年度观察样本中来自目标公司之外的信息的倾向得分，再根据倾向得分使用近邻一对一匹配找寻配对样本，最后利用倾向得分匹配后得到的匹配样本用模型（7.1）至（7.5）进行回归，得到表7-17。

表7-17　　　　　　　　倾向得分匹配后匹配样本回归结果

变量符号	（1） Anareport	（2） Anareport	（3） Anareport	（4） Anareport	（5） Anareport
ExtraInfo	0.202***				
	(5.93)				
Newsnum		0.235***			
		(10.97)			
Agrnews		1.768***			
		(8.07)			
Compinall			0.273***		
			(10.95)		
Gubanum				−0.241***	
				(−8.54)	

续表

变量符号	（1）Anareport	（2）Anareport	（3）Anareport	（4）Anareport	（5）Anareport
Agrguba				1.319*	
				（1.82）	
Deofact				−19.201	
				（−0.91）	
Regulet					−0.095***
					（−3.02）
Size	0.489***	0.498***	0.487***	0.588***	0.536***
	（12.77）	（15.80）	（13.74）	（15.72）	（15.15）
Lev	−0.330***	−0.410***	−0.337***	−0.287**	−0.262**
	（−2.70）	（−3.44）	（−2.86）	（−2.36）	（−2.13）
ROA	6.648***	6.123***	6.251***	6.029***	6.536***
	（16.42）	（15.92）	（15.41）	（15.36）	（16.15）
Growth	0.019	0.007	0.015	0.011	0.023
	（0.49）	（0.20）	（0.37）	（0.27）	（0.59）
Board	0.011	−0.000	0.010	0.009	0.011
	（0.69）	（−0.04）	（0.70）	（0.55）	（0.65）
BM	−1.885***	−1.856***	−1.643***	−2.347***	−2.137***
	（−12.42）	（−12.49）	（−11.24）	（−15.45）	（−14.39）
TobinQ	−0.113***	−0.111***	−0.097***	−0.091***	−0.100***
	（−5.55）	（−6.02）	（−4.99）	（−4.49）	（−4.97）
SOE	−0.372***	−0.348***	−0.368***	−0.313***	−0.372***
	（−9.49）	（−9.05）	（−9.93）	（−8.15）	（−9.49）

续表

变量符号	（1） Anareport	（2） Anareport	（3） Anareport	（4） Anareport	（5） Anareport
Big4	−0.234**	−0.148*	−0.252**	−0.273**	−0.254**
	（−2.30）	（−1.81）	（−2.45）	（−2.48）	（−2.37）
Inshold	0.261***	0.188**	0.264***	−0.211**	0.114
	（3.00）	（2.33）	（3.24）	（−2.38）	（1.39）
CFO	0.009	0.004	0.014	0.007	0.006
	（0.48）	（0.20）	（0.76）	（0.35）	（0.29）
ABACC	−0.241	−0.056	−0.244	−0.277	−0.277
	（−0.89）	（−0.22）	（−0.92）	（−1.07）	（−1.03）
Constant	−8.536***	−8.625***	−7.542***	−6.831***	−8.151***
	（−14.57）	（−14.99）	（−12.60）	（−11.70）	（−13.43）
Industry	控制	控制	控制	控制	控制
样本数	6 036	6 036	6 036	6 036	6 036
Adj R²	0.352	0.384	0.383	0.363	0.345

注：*、**和***分别表示系数在10%、5%和1%的水平上显著，括号内数值为t值。

通过表 7-17 所汇报的结果可知，来自目标公司之外的信息 ExtraInfo 系数为 0.202，与分析师研报 Anareport 在 1% 的水平上显著正相关；其他细化渠道与分析师研报 Anareport 的关系与方向也基本一致。这一结果表明，本章样本的选择性偏差问题并没有影响本书主要结论的稳健性。

7.4.7　工具变量法

为缓解本章研究可能存在的内生性问题，在本节稳健性检验中使用了工具变量法，与前文 5.4.7 相似，借鉴王贤彬和黄亮雄（2018）选取省级夜间灯光数据（Dnvalue_IV）作为工具变量，回归结果见表 7-18。

表7-18 工具变量法检验结果

变量符号	（1）ExtraInfo	（2）Anareport	（3）ForecastAcc
Dnvalue_IV	−0.005***		
	（−7.54）		
ExtraInfo		0.822***	2.089**
		（3.84）	（2.34）
Size	0.545***	0.134	−0.855*
	（69.58）	（1.14）	（−1.77）
Lev	−0.017	−0.252***	0.201
	（−0.53）	（−4.30）	（0.94）
ROA	−0.308***	6.423***	−11.388***
	（−3.06）	（28.78）	（−13.23）
Growth	0.004	0.003	−0.240***
	（0.37）	（0.12）	（−2.86）
Board	0.002	0.007	−0.031*
	（0.92）	（1.34）	（−1.69）
BM	−1.277***	−0.693**	2.537**
	（−30.81）	（−2.45）	（2.16）
TobinQ	0.066***	−0.111***	0.026
	（9.81）	（−6.30）	（0.36）
SOE	0.042***	−0.409***	−0.343***
	（3.93）	（−19.26）	（−4.49）
Big4	0.048**	−0.051*	−0.327***
	（2.35）	（−1.68）	（−2.85）

续表

变量符号	（1） ExtraInfo	（2） Anareport	（3） ForecastAcc
Inshold	-0.664^{***}	0.775^{***}	0.388
	(-28.26)	(5.22)	(0.63)
CFO	0.021^{***}	-0.006	-0.278^{***}
	(4.27)	(-0.61)	(-6.60)
ABACC	0.200^{***}	0.053	0.931^{*}
	(2.93)	(0.36)	(1.76)
Constant	-5.649^{***}	-4.777^{***}	14.250^{***}
	(-45.60)	(-3.88)	(2.80)
Year	控制	控制	控制
Industry	控制	控制	控制
样本量	14 226	14 226	14 011
Adj R^2	0.667	0.349	0.014
Cragg-Donald F	27.094^{***}		
Kleibergen-Paap rk Wald F	24.191^{***}		

注：*、**和***分别表示系数在10%、5%和1%的水平下显著，括号内数值第（1）列为t值，第（2）、第（3）列为z值。

表7-18列示了工具变量法两阶段的回归结果。其中第（1）列为第一阶段的回归结果，结果显示工具变量Dnvalue_IV的系数为-0.005，在1%的水平上与目标公司之外的信息ExtraInfo显著负相关。第（2）、第（3）列为第二阶段回归结果，是使用工具变量进行处理之后得到的估计结果，目标公司之外的信息ExtraInfo的系数为0.822，在1%的水平上与分析师研报Anareport显著正相关，说明目标公司之外的信息越多，分析师越倾向于在研究报告中提及目标公司。目标公司之外的信息ExtraInfo的系数为2.089，在5%的水平上与分析师预测准确度ForecastAcc显著正相关，说明目标公司之外的信息越多，反而分析师

预测的准确度越低。以上结果说明，相关内生性问题未影响本章的研究结论。

7.5 作用机制检验

本节将进一步探究来自目标公司之外的信息通过何种途径影响分析师研报关注度。企业内部控制涵盖了企业内部治理层、管理层及其员工共同实施、旨在实现控制目标的过程，其包括企业中每个生产经营步骤与各项业务。从目标公司的内部控制来看，其是重要的公司治理手段之一，而目标公司内部控制水平是吸引分析师的一个公司层面的特征。当目标公司的内部控制有缺陷时，会大大降低公司治理的有效性，而有效的内部控制不仅可以让目标公司具有优良的内部环境，还会影响目标公司向外界做出的行为，例如信息披露质量。本章之前的实证检验验证了来自目标公司之外的信息对分析师研报关注度的作用效果。为检验目标公司内部控制机制在目标公司之外的信息影响分析师研报关注过程中的路径作用，对作用路径进行检验。本节借鉴 Judd and Kenny（1981）、温忠麟等（2004）提出的中介检验的原理，设立以下联立模型：

$$
\text{Anareport}_{it} = \beta_0 + \beta_1 \text{ExtraInfo}_{it} + \beta_k \text{Controls}_{it} + \sum \text{Year}_{it} + \sum \text{Industry}_{it} + \varepsilon_{it} \tag{7.11}
$$

$$
\text{M\_V}_{it} = \alpha_0 + \alpha_1 \text{ExtraInfo}_{it} + \alpha_k \text{Controls}_{it} + \sum \text{Year}_{it} + \sum \text{Industry}_{it} + \varepsilon_{it} \tag{7.12}
$$

$$
\text{Anareport}_{it} = \beta_0' + \beta_1' \text{ExtraInfo}_{it} + \beta_2' \text{M\_V}_{it} + \beta_k' \text{Controls}_{it} + \sum \text{Year}_{it} + \sum \text{Industry}_{it} + \varepsilon_{it} \tag{7.13}
$$

上述三个模型中，模型（7.12）以及模型（7.13）中的 M_V_{it} 为本节提出的作用机制变量也是本节的中介因子，用迪博内部控制指数对目标公司内部控制水平进行度量。联立三组模型（7.11）至（7.13）中，第一个模型（7.11）用于检验来自目标公司之外的信息对分析师研报的总体影响。第二个模型（7.12）是对中介因子的有效性进行检验，为建立中介效应模型提供支撑，检验来自目标公司之外的信息对中介因子目标公司内部控制水平的影响，此模型中的控制变量 Controls 与模型

（7.1）的控制变量一致；在第二个模型（7.12）中，如果中介因子是有效的，则 ExtraInfo 的系数应为显著。第三个模型（7.13）以 Anareport 为被解释变量，将 ExtraInfo 与中介因子 M_V_{it} 作为解释变量，也就是在模型（7.11）的基础上加入检验来自目标公司之外的信息对目标公司内部控制影响效果的变量。对上述三个模型按照次序进行依次回归，根据中介效应检验流程，通过模型（7.11）的 β_1、模型（7.12）的 α_1 以及模型（7.13）的 β_1' 和 β_2' 的符号及显著性证明目标公司内部控制所发挥的路径作用。

利用上述三个联立模型对目标公司内部控制水平在目标公司之外的信息对分析师研报关注之间发挥的路径作用进行检验，结果见表7-19。

表7-19　　　　　　　　　　　　　　作用机制检验结果

变量符号	（1） Anareport	（2） M_V	（3） Anareport
ExtraInfo	0.213***	−0.039**	0.216***
	（14.35）	（−2.13）	（14.53）
M_V			0.038***
			（5.16）
Size	0.463***	0.223***	0.454***
	（29.78）	（12.25）	（29.05）
Lev	−0.248***	−0.269***	−0.236***
	（−4.53）	（−4.00）	（−4.32）
ROA	6.240***	6.260***	6.004***
	（31.31）	（20.70）	（29.20）
Growth	0.006	0.158***	−0.000
	（0.28）	（6.28）	（−0.00）
Board	0.009*	−0.001	0.009*
	（1.90）	（−0.20）	（1.91）

续表

变量符号	（1） Anareport	（2） M_V	（3） Anareport
BM	−1.468***	−0.064	−1.468***
	（−22.04）	（−0.75）	（−22.05）
TobinQ	−0.071***	−0.058***	−0.069***
	（−7.20）	（−4.11）	（−6.99）
SOE	−0.383***	−0.046**	−0.381***
	（−21.03）	（−2.05）	（−20.92）
Big4	−0.033	0.262***	−0.043
	（−1.17）	（7.02）	（−1.53）
Inshold	0.370***	0.139***	0.364***
	（9.33）	（3.25）	（9.19）
CFO	0.007	−0.021**	0.008
	（0.82）	（−2.15）	（0.93）
ABACC	0.171	−0.329*	0.181
	（1.29）	（−1.93）	（1.36）
行业	控制	控制	控制
年度	控制	控制	控制
Adj R^2	0.423	0.216	0.424
样本数	14 226	14 226	14 226

注：*、**和***分别表示系数在10%、5%和1%的水平上显著，括号内数值为t值。

表 7-19 的第（1）至第（3）列分别对应模型（7.11）至（7.13），第（1）列结果与前文表 7-6 的第（2）列结果一致。第（2）列中 ExtraInfo 的系数为−0.039，且在 5% 的水平上显著负相关，说明来自目标公司之外的信息和中介变量目标公司内部控制水平呈负相关关系。第（3）列中 ExtraInfo 的系数为 0.216，在 1% 的水平上显著正相关；M_V$_{it}$

的系数为0.038，在1%的水平上显著。这一结果表明，间接效应抵消了一部分直接效应，说明目标公司内部控制水平在一定程度上掩饰了目标公司之外的信息对分析师研报关注度的影响，控制目标公司内部控制水平后会显著扩大目标公司之外的信息对分析师研报关注度的影响。

8 来自目标公司之外的信息对分析师行为差异的影响探究

　　前文已经探讨了来自目标公司之外的信息对分析师各阶段行为的影响，本章将探讨来自目标公司之外的信息对分析师行为差异的影响。首先，对分析师行为的逻辑顺序进行阐述，表明分析师各阶段的行为之间存在次序之分，有其行为逻辑；其次，以之前三章实证检验为基础，在主回归的基础上，根据其行为进行分组回归，通过固定分析师三个阶段行为中的某一阶段，对其他行为组合的差异进行探究，探究来自目标公司之外的信息对其不同行为组合的影响；再次，探究来自目标公司之外的信息及各细化渠道对分析师整体行为的影响；最后，对本章的研究内容加以小结。

8.1　分析师行为的逻辑顺序

　　经过前文来自目标公司之外的信息对分析师各阶段行为的影响探讨，本书发现分析师的行为具有一定的周期性，并且具有一定的次序。

从行为科学理论上来说，虽然行为可以按一定的标准划分成若干阶段性的行为，但阶段性行为之间是有次序之分的。行为是人思想、感情、欲望在行动上的表现，分析师在做出行为的时候遵循一定的行为逻辑。作为社会的一部分，分析师亦遵循文军（2001）所提出的理性选择理论，通过自己的理性选择形成动机，在动机的驱动下做出行为。虽然行为指向的是动机驱使的目标，但是行为过程中作为理智个体仍会不断地对行为以及目标进行调整（张爱卿，1996）。前面已经提及分析师主要的职能是资本市场中的信息中介，他会根据接收的信息对目标以及行为进行调整，在目标得以实现后动机下降至零，若没有达到预期目标，行为的结果与预期目标产生偏差，这时会引起新的需求，带来新的目标与行为，促成了分析师行为的周期性。

本书将分析师的整体行为分成三个阶段，包括分析师跟踪行为、分析师实地调研行为以及分析师报告相关行为，这三个阶段的行为呈现了分析师行为的周期性。在一个周期内，分析师会尽可能利用可获得的信息对上市公司进行预测，而来自目标公司之外的信息是其获取信息成本较低的一个途径，外部信息渠道多，所包含的信息量也大，其对分析师的影响贯穿分析师的整个行为。

分析师三个阶段的行为是具有一定次序的，遵循一定的行为逻辑，如图8-1所示。分析师跟踪行为、分析师实地调研行为以及分析师报告行为是单向的，不存在可逆的箭头指向。从分析师跟踪行为到分析师报告行为是最直接的，其次是分析师跟踪行为到分析师实地调研行为再到分析师报告行为，这是分析师整体行为中最完整细致的，这三种行为任意两种或者一种都可组合成分析师行为中的一种可能。

但在后文统计的实际的分析师行为中，发现有一些行为可能在现实中并不存在，说明对分析师而言，所有行为可能中的一些行为是不符合理性选择的，故会有一些理论上存在而实际中并不存在的情形发生。

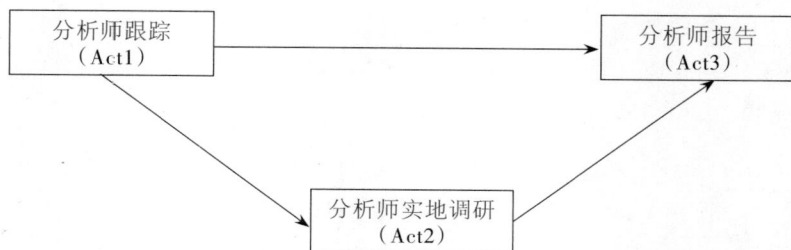

图 8-1　分析师行为逻辑顺序

8.2　以各阶段为基础探究来自目标公司之外的信息对行为差异的影响

　　本节将在之前 3 章主回归的基础上，根据行为进行分组回归。分析师跟踪行为、分析师实地调研行为和分析师研究报告行为分别对应 Act1、Act2 和 Act3，当行为存在时取值为 1，不存在时取值为 0，以此为基础探究来自目标公司之外的信息对分析师行为差异的影响。

8.2.1　分析师跟踪

　　在第 5 章分析师跟踪章节的主回归模型（5.1）的基础上，确定分析师跟踪行为，对其他两种行为存在与否进行组合。通过组合结果发现，在分析师跟踪行为存在的基础上，分析师的实际行为仅存在两种情况：一是进行实地调研，然后在研报中提及上市公司；二是仅在研报中提及上市公司，分组回归结果见表 8-1。

表8-1　　　　　　以分析师跟踪行为为基础的分组回归结果

变量符号	（1） Anacoverage	（2） Anacoverage
	Act2=1 & Act3=1	Act2=0 & Act3=1
ExtraInfo	2.256***	1.960***
	（10.91）	（10.85）

续表

变量符号	（1） Anacoverage	（2） Anacoverage
	Act2=1 & Act3=1	Act2=0 & Act3=1
Size	4.592***	3.984***
	（21.27）	（21.79）
Lev	−2.569***	−0.429
	（−3.80）	（−0.70）
ROA	48.224***	51.937***
	（19.76）	（22.05）
Growth	−0.270	−0.535**
	（−1.03）	（−2.57）
Board	0.143**	−0.126**
	（2.49）	（−2.27）
BM	−16.920***	−14.345***
	（−18.12）	（−17.37）
TobinQ	−0.625***	−0.143
	（−4.54）	（−1.11）
SOE	−2.623***	−1.888***
	（−10.33）	（−8.82）
Big4	0.084	0.635*
	（0.16）	（1.81）
Inshold	2.929***	1.916***
	（5.91）	（3.89）
CFO	−0.004	0.255***
	（−0.04）	（2.67）

续表

变量符号	（1） Anacoverage	（2） Anacoverage
	Act2=1 & Act3=1	Act2=0 & Act3=1
ABACC	5.584***	1.573
	（3.52）	（0.99）
Constant	−93.922***	−86.097***
	（−29.09）	（−31.81）
Year	控 制	控 制
Industry	控 制	控 制
Observations	6 818	7 238
Adj R^2	0.451	0.461

注：*、**和***分别表示系数在10%、5%和1%的水平上显著，括号内数值为t值。

表8-1汇总的结果显示，第（1）列是以分析师跟踪行为存在为基础，分析师进行了实地调研然后在研报中提及上市公司行为，ExtraInfo的系数为2.256，与分析师跟踪在1%的水平上显著正相关。第（2）列是以分析师跟踪行为存在为基础，分析师之后仅有在研报中提及上市公司的行为，ExtraInfo的系数为1.960，与分析师跟踪在1%的水平上显著正相关。以上结果说明，分析师跟踪行为作为分析师周期性行为的第一步，其受到来自目标公司之外信息的影响很大，来自目标公司之外的信息含量越多，分析师越倾向于跟踪，分析师的跟踪行为与来自目标公司之外的信息息息相关。

8.2.2 分析师实地调研

在第6章分析师实地调研章节的主回归模型（6.1）的基础上，确定分析师实地调研行为，对其他两种行为存在与否进行组合。通过组合结果发现，在分析师实地调研行为存在的基础上，分析师的实际行为存在四种可能，其中分析师对目标公司进行了跟踪与实地调研行为，但在研报中没有提及的组合情况是不存在的，所以只剩下三种行为组合，分组回归结果见表8-2。

表8-2　　　　　以分析师实地调研行为为基础的分组回归结果

变量符号	（1） Anavisit Act1=1 & Act3=1	（2） Anavisit Act1=0 & Act3=1	（3） Anavisit Act1=0 & Act3=0
ExtraInfo	0.536***	−2.642	−0.018
	（3.78）	（−1.07）	（−0.11）
Size	1.116***	1.517	0.822***
	（7.61）	（0.68）	（3.29）
Lev	−1.092**	7.538	−1.071*
	（−2.16）	（1.65）	（−1.65）
ROA	9.491***	6.423	1.235
	（6.25）	（0.44）	（0.59）
Growth	−0.006	−0.902	−0.090
	（−0.03）	（−0.53）	（−0.42）
Board	0.216***	−0.974	−0.008
	（4.99）	（−1.40）	（−0.11）
BM	−5.127***	−8.445	−1.977*
	（−7.57）	（−0.59）	（−1.92）
TobinQ	−0.467***	−1.629	0.065
	（−4.58）	（−0.73）	（0.53）
SOE	−0.566***	0.043	−0.345
	（−2.90）	（0.03）	（−1.39）
Big4	2.266***	−3.466	−1.425***
	（5.29）	（−0.56）	（−3.76）
Inshold	0.702*	−3.447	−0.746
	（1.90）	（−0.65）	（−1.30）

变量符号	（1） Anavisit Act1=1 & Act3=1	（2） Anavisit Act1=0 & Act3=1	（3） Anavisit Act1=0 & Act3=0
CFO	0.057	0.182	−0.104
	(0.76)	(0.20)	(−0.86)
ABACC	0.289	11.838	−1.517
	(0.24)	(0.90)	(−1.05)
Constant	−16.009***	−0.932	−8.991**
	(−7.01)	(−0.02)	(−2.43)
Year	控制	控制	控制
Industry	控制	控制	控制
样本量	6 818	47	979
Adj R2	0.196	−0.0121	0.141

注：*、**和***分别表示系数在10%、5%和1%的水平上显著，括号内数值为t值。

表8-2汇总的结果中，第（1）列以分析师实地调研行为存在为基础，分析师进行了跟踪以及在研报中提及上市公司的行为，ExtraInfo的系数为0.536，与分析师实地调研在1%的水平上显著正相关。第（2）列以分析师实地调研行为存在为基础，分析师之后仅有在研报中提及上市公司的行为，ExtraInfo的系数为−2.642，与分析师实地调研负相关。第（3）列以分析师实地调研行为存在为基础，但分析师只进行了实地调研，没有其他的行为，ExtraInfo的系数为−0.018，与分析师实地调研负相关。以上结果说明，分析师实地调研作为分析师周期性行为中为寻求获得增量信息所做出的行为，在分析师整体行为细致完整的情况下，其受到来自目标公司之外信息的影响较大，来自目标公司之外的信息含量越多，分析师越倾向于进行实地调研；而当分析师在实地调研之前不进行跟踪的情况下，无论后续研报是否提及上市公司，外部信息渠道都与分析师实地调研行为呈现负向关系，侧面印证了来自目标公司之外的信

息对分析师跟踪行为的影响很大，并且分析师对上市公司不进行跟踪时，外部信息渠道的信息含量丰富对分析师实地调研行为存在着抑制作用。

8.2.3　分析师研究报告

在第7章分析师研究报告章节的主回归模型（7.1）的基础上，确定分析师研究报告相关行为，对其他两种行为存在与否进行组合。通过组合结果发现，在分析师研究报告行为存在的基础上，分析师的理论行为组合一共有四种，实际行为中也存在四种情况，理论行为组合与实际行为组合一致，分组回归结果见表8-3。

表8-3　　　　以分析师研究报告行为为基础的分组回归结果

变量符号	（1）Anareport Act1=1& Act2=1	（2）Anareport Act1=1 & Act2=0	（3）Anareport Act1=0 & Act2=1	（4）Anareport Act1=0 & Act2=0
ExtraInfo	0.219^{***}	0.178^{***}	0.115	−0.028
	（10.04）	（8.97）	（1.10）	（−0.67）
Size	0.449^{***}	0.475^{***}	0.002	−0.011
	（19.44）	（22.72）	（0.02）	（−0.16）
Lev	-0.207^{**}	−0.118	0.292	0.024
	（−2.58）	（−1.58）	（1.53）	（0.18）
ROA	5.818^{***}	6.506^{***}	0.232	−0.141
	（20.66）	（23.41）	（0.30）	（−0.29）
Growth	0.018	−0.033	0.027	0.049
	（0.58）	（−1.19）	（0.55）	（1.31）
Board	0.024^{***}	−0.008	0.012	0.003
	（3.69）	（−1.34）	（0.42）	（0.28）
BM	-1.441^{***}	-1.399^{***}	−0.164	−0.079
	（−14.24）	（−15.80）	（−0.30）	（−0.31）

续表

变量符号	（1） Anareport Act1=1& Act2=1	（2） Anareport Act1=1 & Act2=0	（3） Anareport Act1=0 & Act2=1	（4） Anareport Act1=0 & Act2=0
TobinQ	−0.074***	−0.052***	−0.020	−0.005
	（−5.00）	（−3.88）	（−0.21）	（−0.17）
SOE	−0.365***	−0.304***	0.108	−0.037
	（−13.03）	（−12.58）	（1.10）	（−0.81）
Big4	−0.069	−0.002	−0.040	0.077
	（−1.38）	（−0.07）	（−0.29）	（0.83）
Inshold	0.392***	0.374***	−0.068	0.171
	（7.01）	（6.65）	（−0.30）	（1.44）
CFO	0.003	0.020	−0.023	0.019
	（0.21）	（1.64）	（−0.79）	（0.87）
ABACC	0.441**	−0.025	0.011	−0.453
	（2.43）	（−0.13）	（0.03）	（−1.15）
Constant	−7.893***	−8.481***	0.657	0.740
	（−23.57）	（−28.88）	（0.36）	（0.64）
Year	控制	控制	控制	控制
Industry	控制	控制	控制	控制
样本量	6 818	7 238	47	123
Adj R^2	0.404	0.451	0.243	0.160

注：*、**和***分别表示系数在10%、5%和1%的水平上显著，括号内数值为t值。

表8-3汇总的结果中，第（1）列是以分析师研报行为存在为基础，分析师在此之前进行了跟踪以及实地调研，ExtraInfo的系数为0.219，与分析师研报行为在1%的水平上显著正相关。第（2）列以分析师研报行为存在为基础，分析师之前仅有跟踪的行为，ExtraInfo的系数为

0.178，与分析师研报行为在1%的水平上显著正相关。第（3）列以分析师研报行为存在为基础，但分析师只进行了实地调研行为，ExtraInfo的系数为0.115，与分析师研报行为正相关。第（4）列则是分析师仅存在研报行为，这种情况下来自目标公司之外的信息ExtraInfo系数为−0.028，与分析师研报行为Anareport呈负相关。以上结果说明，当分析师之前的行为存在跟踪行为时，来自目标公司之外的信息含量越多，其对分析师行为的影响越强；相比较而言，分析师实地调研的行为是否存在对于分析师研报行为的影响强弱的前提便是分析师是否在之前对上市公司进行跟踪，跟踪之后对于来自目标公司之外信息的利用使分析师实地调研行为的作用并不是很明显。也就是说，分析师研究报告作为分析师一系列行为向市场呈现的结果，受到分析师跟踪行为的影响更大，上文发现分析师跟踪阶段其受外部信息渠道的影响较大，由此推论对于分析师而言，分析师实地调研行为所获得的增量信息相较于来自目标公司之外信息渠道蕴含的信息来说要少，并且分析师决定是否跟踪这一关键行为受外部信息渠道的影响更大。

8.3　来自目标公司之外的信息对分析师行为差异的影响

上文针对分析师各阶段行为进行了分组回归，本部分将利用整体的行为差异探究来自目标公司之外的信息对分析师行为差异的影响。通过上文对分析师行为逻辑的阐述，发现分析师的各阶段行为之间具有先后性。以分析师各阶段行为发生取值为1，未发生取值为0，可以得到如下排列组合，见表8-4。因为本书将分析师各阶段行为作为被解释变量，我们可以采用两种方式对分析师行为进行处理：一是将分析师三阶段行为的取值进行求和作为新的被解释变量Anabehavior1代入模型中；二是分析师各阶段行为组成的矩阵可被视为二进制数，将其由二进制转换为十进制，使其转换出唯一值作为新的被解释变量Anabehavior2代入模型中。

表8-4   分析师行为情况与取值

情况	分析师跟踪 Act1	分析师实地调研 Act2	分析师研究报告 Act3	情况是否存在	求和	十进制后取值
1	0	0	0	不存在	—	0
2	0	0	1	存在	1	1
3	0	1	0	存在	1	2
4	0	1	1	存在	2	3
5	1	0	0	不存在	—	4
6	1	0	1	存在	2	5
7	1	1	0	不存在	—	6
8	1	1	1	存在	3	7

通过表8-4中分析师各阶段行为组合情况发现，有一些情况在分析师的实际行为中是不存在的，例如分析师仅进行跟踪，但不进行实地调研，也不在研究报告中提及，以及分析师进行了跟踪，并进行了实地调研，却没有在研究报告中提及，这两种情况在实际中是并不存在的，实际数据也支持了这一结论。分析师研究报告作为分析师向市场中的其他主体，包括投资者传递信息的主要方式，其将自己的工作内容在分析师研报中进行体现，大多数情况下不存在分析师只干不说的情形，故这两种情况是不存在的；而在分析师行为中，会出现分析师只去了实地调研，没有进行跟踪与在研报中提及，说明分析师对于一些上市公司会慎重地选择进行实地调研，再决定是否在报告中提及。

将新的被解释变量Anabehavior代入模型中，检验来自目标公司之外的信息是否造成了分析师行为的差异。

$$Anabehavior1/2_{it} = \beta_0 + \beta_1 ExtraInfo_{it} + \beta_k Controls_{it} + \sum Year_{it} + \sum Industry_{it} + \varepsilon_{it}$$

$$(8.1)$$

模型（8.1）中，Anabehavior1/2 表示分析师行为，是分析师对上市公司所做的行为组合，ExtraInfo 表示来自目标公司之外的信息，Controls 表示一系列上市公司影响分析师行为的因素，同时还控制了行业和年度固定效应。在利用模型（8.1）的回归结果中，β_1 及其 t 值表示来自目标公司之外的信息对分析师行为的影响，若 β_1 显著大于 0，则表示来自目标公司之外的信息对分析师的整体行为正向影响；反之，则是负向影响。

与上文同理，为了检验来自目标公司之外信息的各细化渠道对分析师行为的影响，本章按照前文提及的四种情况，分别放入基本回归模型中，由此构成了如下模型：

$$\text{Anabehavior1/2}_{it} = \beta_0 + \beta_1 \text{Newsnum}_{it} + \beta_2 \text{Agrnews}_{it} + \beta_k \text{Controls}_{it} + \sum \text{Year}_{it} + \sum \text{Industry}_{it} + \varepsilon_{it} \tag{8.2}$$

$$\text{Anabehavior1/2}_{it} = \beta_0 + \beta_1 \text{Compinall}_{it} + \beta_k \text{Controls}_{it} + \sum \text{Year}_{it} + \sum \text{Industry}_{it} + \varepsilon_{it} \tag{8.3}$$

$$\text{Anabehavior1/2}_{it} = \beta_0 + \beta_1 \text{Gubanum}_{it} + \beta_2 \text{Agrguba}_{it} + \beta_3 \text{Deofact}_{it} + \beta_k \text{Controls}_{it} + \sum \text{Year}_{it} + \sum \text{Industry}_{it} + \varepsilon_{it} \tag{8.4}$$

$$\text{Anabehavior1/2}_{it} = \beta_0 + \beta_1 \text{Regulet}_{it} + \beta_k \text{Controls}_{it} + \sum \text{Year}_{it} + \sum \text{Industry}_{it} + \varepsilon_{it} \tag{8.5}$$

对模型（8.1）至（8.5）进行回归，得到的结果见表 8-5 和表 8-6，模型（8.1）至（8.5）的回归结果分别对应第（1）至第（5）列。

表8-5　分析师行为与来自目标公司之外信息的多元回归结果（1）

变量符号	（1）Anabehavior1	（2）Anabehavior1	（3）Anabehavior1	（4）Anabehavior1	（5）Anabehavior1
ExtraInfo	0.085***				
	(6.49)				
Newsnum		0.121***			
		(12.60)			
Agrnews		0.913***			
		(9.51)			

续表

变量符号	（1）Anabehavior1	（2）Anabehavior1	（3）Anabehavior1	（4）Anabehavior1	（5）Anabehavior1
Compinall			0.133***		
			（13.72）		
Gubanum				−0.142***	
				（−10.92）	
Agrguba				1.958***	
				（6.74）	
Deofact				−22.076**	
				（−2.18）	
Regulet					−0.048***
					（−3.00）
Size	0.260***	0.235***	0.248***	0.371***	0.309***
	（18.33）	（17.72）	（15.38）	（27.84）	（25.68）
Lev	−0.466***	−0.491***	−0.451***	−0.488***	−0.464***
	（−9.09）	（−9.59）	（−7.08）	（−9.58）	（−9.05）
ROA	3.180***	2.943***	3.047***	2.743***	3.081***
	（18.79）	（17.35）	（15.02）	（16.13）	（18.11）
Growth	0.092***	0.088***	0.084***	0.088***	0.096***
	（4.65）	（4.54）	（3.37）	（4.56）	（4.85）
Board	0.124***	0.119***	0.104**	0.126***	0.123***
	（3.27）	（3.15）	（2.24）	（3.32）	（3.23）
BM	−0.547***	−0.512***	−0.459***	−0.824***	−0.669***
	（−8.41）	（−8.05）	（−5.85）	（−12.73）	（−10.64）
TobinQ	−0.059***	−0.063***	−0.057***	−0.051***	−0.054***

续表

变量符号	（1） Anabehavior1	（2） Anabehavior1	（3） Anabehavior1	（4） Anabehavior1	（5） Anabehavior1
TobinQ	（-5.76）	（-6.12）	（-4.75）	（-4.93）	（-5.20）
SOE	-0.340***	-0.324***	-0.383***	-0.305***	-0.342***
	（-19.65）	（-18.80）	（-17.60）	（-17.51）	（-19.65）
Big4	-0.210***	-0.212***	-0.226***	-0.220***	-0.206***
	（-8.62）	（-8.68）	（-7.55）	（-9.04）	（-8.47）
Inshold	0.075**	0.035	0.116**	-0.180***	0.016
	（1.96）	（0.96）	（2.49）	（-4.52）	（0.43）
CFO	-0.003	-0.003	-0.012	-0.001	-0.002
	（-0.37）	（-0.39）	（-1.24）	（-0.07）	（-0.21）
ABACC	-0.288**	-0.315***	-0.365**	-0.256**	-0.250**
	（-2.37）	（-2.61）	（-2.54）	（-2.14）	（-2.06）
Constant	-3.683***	-3.276***	-3.996***	-4.116***	-4.187***
	（-17.24）	（-15.43）	（-15.56）	（-20.70）	（-21.32）
Year	控制	控制	控制	控制	控制
Industry	控制	控制	控制	控制	控制
样本量	18 198	18 198	18 198	18 198	18 198
Adj R²	0.202	0.210	0.205	0.211	0.201

注：*、**和***分别表示系数在10%、5%和1%的水平上显著，括号内数值为t值。

表8-6 分析师行为与来自目标公司之外信息的多元回归结果（2）

变量符号	（1） Anabehavior2	（2） Anabehavior2	（3） Anabehavior2	（4） Anabehavior2	（5） Anabehavior2
ExtraInfo	0.200***				
	（6.42）				

续表

变量符号	（1）Anabehavior2	（2）Anabehavior2	（3）Anabehavior2	（4）Anabehavior2	（5）Anabehavior2
Newsnum		0.287***			
		（12.62）			
Agrnews		2.199***			
		（9.69）			
Compinall			0.316***		
			（13.79）		
Gubanum				−0.341***	
				（−11.08）	
Agrguba				4.307***	
				（6.35）	
Deofact				−56.654**	
				（−2.35）	
Regulet					−0.113***
					（−3.00）
Size	0.647***	0.588***	0.606***	0.912***	0.762***
	（19.38）	（18.78）	（16.01）	（29.01）	（26.89）
Lev	−1.096***	−1.153***	−1.044***	−1.149***	−1.090***
	（−8.99）	（−9.49）	（−6.94）	（−9.50）	（−8.96）
ROA	7.723***	7.157***	7.350***	6.695***	7.491***
	（19.24）	（17.79）	（15.36）	（16.61）	（18.57）
Growth	0.206***	0.197***	0.188***	0.198***	0.216***
	（4.44）	（4.31）	（3.22）	（4.34）	（4.63）
Board	0.316***	0.303***	0.247**	0.318***	0.313***

续表

变量符号	（1） Anabehavior2	（2） Anabehavior2	（3） Anabehavior2	（4） Anabehavior2	（5） Anabehavior2
Board	（3.51）	（3.39）	（2.28）	（3.56）	（3.48）
BM	−1.286***	−1.200***	−1.044***	−1.942***	−1.572***
	（−8.39）	（−8.00）	（−5.66）	（−12.72）	（−10.60）
TobinQ	−0.134***	−0.141***	−0.128***	−0.113***	−0.120***
	（−5.51）	（−5.86）	（−4.55）	（−4.66）	（−4.95）
SOE	−0.780***	−0.743***	−0.867***	−0.697***	−0.785***
	（−19.09）	（−18.24）	（−16.93）	（−16.93）	（−19.09）
Big4	−0.483***	−0.486***	−0.505***	−0.505***	−0.473***
	（−8.52）	（−8.56）	（−7.27）	（−8.94）	（−8.37）
Inshold	0.246***	0.154*	0.328***	−0.358***	0.107
	（2.73）	（1.77）	（3.01）	（−3.80）	（1.23）
CFO	−0.004	−0.005	−0.024	0.001	−0.001
	（−0.22）	（−0.24）	（−1.03）	（0.07）	（−0.06）
ABACC	−0.689**	−0.754***	−0.838**	−0.611**	−0.602**
	（−2.40）	（−2.64）	（−2.48）	（−2.16）	（−2.10）
Constant	−9.588***	−8.612***	−10.029***	−10.583***	−10.770***
	（−18.98）	（−17.18）	（−16.64）	（−22.50）	（−23.18）
Year	控制	控制	控制	控制	控制
Industry	控制	控制	控制	控制	控制
样本量	18 198	18 198	18 198	18 198	18 198
Adj R²	0.209	0.218	0.209	0.218	0.208

注：*、**和***分别表示系数在10%、5%和1%的水平上显著，括号内数值为t值。

通过表8-5和表8-6汇总的结果发现，两种对分析师整体行为的度量方式，其回归结果的显著性以及方向都是一致的。其中通过表8-5可以发现，来自目标公司之外的信息会影响分析师的整体行为，解释变量与被解释变量在1%~5%的水平上显著。

通过表8-6第（1）列可以看出，分析师的行为确实受到了来自目标公司之外信息的影响，来自目标公司之外的信息ExtraInfo的系数为0.200，与分析师整体行为在1%的水平上显著正相关，说明来自目标公司之外的信息对于分析师是具有价值的，其可以利用来自目标公司之外的信息对自己的行为进行调整。在探究来自目标公司之外信息的各细化渠道对分析师行为影响的研究中，可以看出分析师对待不同的外部信息渠道的态度是不同的，分析师的行为代表了其对不同渠道的态度。第（2）列汇报了新闻报道渠道对分析师行为的影响，其中新闻报道数量Newsnum的系数为0.287，与分析师行为在1%的水平上显著正相关；新闻报道的分歧度Agrnews的系数为2.199，与分析师行为在1%的水平上显著正相关，说明新闻报道的数量及其一致的态度都正向影响了分析师的行为，驱使分析师开展对上市公司进行更细致完整的行为。第（3）列汇报了微信公众号文章数量对分析师行为的影响，微信公众号Compinall的系数为0.316，与分析师行为在1%的水平上显著正相关，说明微信公众号提及上市公司的文章数量正向影响了分析师的行为。第（4）列展现股吧信息渠道对分析师行为的影响，股吧帖子数量系数为−0.341，与分析师行为在1%的水平上显著负相关，帖子讨论度Deofact的系数为−56.654，与分析师行为在5%的水平上显著负相关，以上说明投资者之间的讨论度以及讨论活跃度对分析师的影响都是负面的，上市公司在股吧中的帖子数量越多，讨论得越激烈，分析师对上市公司的行为越不会细致完整。而第（5）列汇报了监管函件对分析师行为的影响，监管函件Regulet的系数为−0.113，与分析师行为在1%的水平上显著负相关，说明监管函件越多，分析师对上市公司的行为就越不会细致完整，也体现出分析师对风险的规避态度。

8.4　小结

本章从分析师的行为逻辑顺序出发，理论分析了分析师可能的行为组合，以及遵循的逻辑顺序，验证分析师三个阶段的行为有先后之分，再厘清分析师三个阶段行为的可能组合。

分析师行为上的差异是否受到来自目标公司之外信息的影响是本章探究的目的，之前的章节已经对来自目标公司之外的信息对各阶段行为的影响进行了假设检验，并得到来自目标公司之外的信息的确对分析师行为起到了正向作用的结论；并且通过来自目标公司之外的信息及其各细化渠道对分析师各阶段不同的影响作用，可以看出各类来自目标公司之外的信息对分析师行为的正负影响不同，不同渠道包括渠道内可度量的情绪态度对分析师不同阶段的行为产生影响。通过不同来自目标公司之外的信息对分析师行为的影响，可以探索分析师行为上的特点。

之前章节得到三类样本，包括分析师跟踪 14 056 个样本，分析师实地调研 7 844 个样本，分析师研究报告 14 226 个样本。对这些样本利用模型（5.1）、模型（6.1）和模型（7.1）进行分组回归。通过对可能的不同行为组合进行回归得到的结果来看，首先，理论可能组合种类与实际存在差异，理论上存在的可能性在实际中会因为分析师的理性选择而被抛弃；其次，通过分析分组回归一些共同行为的情况，本书发现在分析师行为中，分析师跟踪行为起到重要作用，来自目标公司之外的信息对分析师跟踪行为的影响程度较大，相比较而言，从分析师最终呈现的研报来看，来自目标公司之外的信息影响程度高于实地调研，说明来自目标公司之外的信息有效地影响了分析师的行为。

对分析师各阶段行为进行排列组合，通过行为取值求和以及二进制转换为十进制的方式来进行分析师整体行为评价，将分析师整体行为带回模型中得到模型（8.1）至（8.5），更直接地探讨了来自目标公司之外的信息对分析师整体行为的影响，并分析了来自目标公司之外的信息及其各细化渠道对分析师整体行为的影响。结果发现，来自目标公司之外的信息对分析师是具有价值的，其中通过新闻分歧度与股吧帖子分歧度这两个代表群体态度的指标，发现分析师倾向于做出与群体表达态度相同的行为，体现出分析师的从众心理与分析师行为的羊群效应。与其他来自目标公司之外的信息相比，股吧属于投资者的发声渠道与交流平台，但其高讨论度与活跃度并不能正向引起分析师对于上市公司的关注，反而使得分析师避之不及。而其他信息渠道除了自带负面效应的监管函件之外，对分析师的行为都有正向作用。

9   研究结论、政策建议与研究不足

本章将对本书之前的研究内容加以总结。首先，对本书的理论和实证检验内容进行梳理，在此基础上对研究结论进行总结陈述，体现本书的理论意义；其次，以本书的研究结论为基础，对来自目标公司之外的信息以及分析师行为等方面提出针对性的政策建议，体现本书的现实意义；最后，对目前存在的研究局限与不足进行分析，对未来的研究方向与内容进行展望。

9.1   主要研究结论

本书以 2009—2019 年我国沪深两市的 A 股上市公司为样本，以修正的二级传播理论为前提，以信息不对称理论、外部公司治理理论为信息环境的基础，以行为主义的羊群效应理论、沉默螺旋理论和社会判断理论作为分析师行为的理论基础，通过理论研究、机器学习和实证研究相结合的方式，依次检验了来自目标公司之外的信息对于分析师各阶段行为以及行为差异的影响效果。通过对研究结果进行总结，可以得到以

下几个方面的研究结论。

（1）首先利用得到的样本对来自目标公司之外信息的存在性进行了检验，发现来自目标公司之外的信息对分析师各阶段行为都存在影响，并且来自目标公司之外的信息对分析师各阶段行为的影响程度并不一样。新闻报道和微信公众号两个信息渠道持续对分析师的各阶段行为以及整体行为产生正向作用，并且分析师受到这两种外部信息渠道的影响程度要大于其他外部信息渠道。股吧信息渠道作为投资者之间的交流平台，用户进入的门槛较低，用户的发帖常常带有"灌水"的色彩，股吧信息渠道的信息量虽多，但是对分析师的行为却具有反向作用，说明股吧信息渠道中具有价值的信息太少，大多数信息为无用的甚至是噪声，分析师会避免选择投资者之间讨论度与活跃度高的公司，分析师会对投资者过多关注或者了解过多信息的公司绕道，这样无法体现其在资本市场中信息挖掘与信息解释的角色。而监管函件对分析师各阶段行为的影响都为负向作用，监管函件作为交易所对市场放出的关于上市公司的负面信息，也对分析师起到了警示作用，促使分析师做出风险规避行为。

（2）通过信息分歧度影响分析师行为的研究发现，分析师对于信息背后发布主体的态度十分敏感，也可以检验分析师的行为所表达出的态度。研究对象包含信息分歧度的渠道分别是新闻报道以及股吧信息渠道。分析师跟踪和研报相关行为会与媒体以及投资者的态度进行趋同，侧面证明分析师的跟踪行为存在从众心理的现象。而在分析师进行实地调研行为时，分析师仅会与新闻媒体报道主体的态度进行趋同，对于股吧信息渠道的分歧度并不会在意。通过以上各阶段行为的结论，可以看出信息渠道的态度对分析师行为影响很大，并且大多时候都为正向影响，分析师厌恶对外部信息渠道中态度差别大的公司产生行为。

（3）本书在研究了来自目标公司之外的信息对分析师各阶段行为的影响后，通过分组回归的方式探究了当三个阶段行为固定其中一个行为时，来自目标公司之外的信息对其他两种行为可能组合的影响，通过三个主回归的分组回归，对系数以及t值进行比较，发现分析师的三个阶段行为中分析师跟踪最为重要。通过把整体行为代入模型进行检验发现，来自目标公司之外的信息对于分析师是具有价值的，分析师更倾向于做出与群体表达态度相同的行为，体现出分析师的从众心理与分析师行为的羊群效应。通过比较，证实了来自目标公司之外的信息在分析师每个阶段行为向下一个阶段行为过渡时起到的刺激作用要大于其对整体行为的刺激作用。

9.2　政策建议

基于上述的理论分析和实证结论，将从提高对来自目标公司之外信息的监管、加强对投资者进行教育引导以及对分析师行为进行规范管理等角度对上市公司提出针对性的政策建议。

9.2.1　加强对来自目标公司之外信息的监管

通过上文研究证实了来自目标公司之外的信息是具有价值的，但是来自目标公司之外的不同信息对于分析师的影响程度是存在差异的。科技是推动来自目标公司之外信息发展的核心因素，科技元素对来自目标公司之外信息的渗透与影响更为明显，表明对于来自目标公司之外信息的规制活动日趋复杂化和专业化，加强监管重塑信息制度成为一种不可避免的趋势。

因为来自目标公司之外的信息包含的各细化渠道所属的监管部门是不同的，导致各细化渠道被监管的口径不一。一般来说，通过纸质发布信息的主体受国家新闻出版署监管，依托互联网的信息主体受国家网信办监管。对于受到国家新闻出版署监管的主体有法规可依，如《出版管理条例》；受网信办监管的主体则受部门规章的约束，如《互联网新闻信息服务管理规定》。通过对约束信息发布主体的级别比较，纸质受到的约束限制较高，而依托互联网的信息发布主体，目前仅有《互联网新闻信息服务管理规定》可以对部分主体进行监管，而随着平台多元化发展，部门规章无法对互联网中的每个信息主体进行约束。对于微信公众号信息渠道，因为其依托在微信这一社交平台下，监管部门无法做到直接监管，需要通过微信制定规则来约束微信公众号的发布主体，提高微信公众号申请的准入门槛，严格身份验证，对于违规行为进行严格处理，从而提高信息渠道中的信息质量。在股吧信息渠道中，因为其准入门槛较低，对于用户身份验证较为简单，因此股吧信息渠道徒有数量并无质量，需要对老用户进行进一步身份核验，对新用户严格注册流程，积极推动网络实名化，改善股吧信息渠道的环境，提倡高质量发帖与讨论。

9.2.2 加强对投资者的教育引导

通过对股吧信息渠道的研究发现，我国资本市场中的投资者已经具备一定成熟度，但投资者在短时间内仍会受到长此以往养成的投资习惯影响，或借助市场中的其他权威，包括分析师对信息的解读进行进一步判断。作为聚集众多投资者的平台，股吧中帖子数目以及帖子活跃度反映了投资者对上市公司的关注度。本书的研究表明，分析师对投资者所关注的上市公司会进行规避，出现了当来自目标公司之外的信息含量丰富，分析师会因投资者讨论度高而不会对其产生行为，表现出分析师并不在乎投资者关注的情形。

投资者向成熟化和理智化发展，既受到整体市场监管和教育程度的影响，也需要分析师与投资者进行进一步沟通和对投资者进行引导。在股吧中，投资者与分析师之间存在沟通不畅的情况，投资者由于缺乏相关专业知识，并不知道自身在股吧中的行为影响了分析师的选择，因此分析师对投资者的教育与引导有着难以推卸的责任，分析师与投资者的沟通是打开投资者信息传递路径的重要渠道，也是消除分析师与投资者之间误解的重要手段。分析师与投资者通过在目标公司相关关键事项中与投资者利益更为相关的内容进行沟通，可以有效帮助投资者了解目标公司的真实状况，分辨目标公司的信息产出责任以及外部信息渠道的偏差，提高投资者的风险感知能力，削弱投资者对其他信息保障程度不强的渠道的依赖，做出更为理智的投资行为。

9.2.3 对分析师行为进行规范管理

现有对于分析师的监管大多聚集在准入资格以及在市场中的违规操作，但在分析师相关行为对资本市场的效率产生负面影响时，这种监管便薄弱了一些。通过研究本书发现，分析师的保守以及从众心理会导致羊群效应，甚至出现"反应不足"的现象。由于心理偏差的影响，分析师在盈余预测时对新信息的影响反应不足，在做出盈余预测调整时过于保守，这些因素均导致分析师在预测时产生了偏差。

基于此，监管部门可考虑通过相应政策、措施鼓励对分析师报告相关信息的传递和利用，以进一步提高市场效率。在保证来自目标公司之外的信息含量时，加大对分析师行为的关注与监管，建立分析师个人长期声誉和合理的业绩评价机制，旨在促进分析师向市场中传递的信息具有足够的客观性。

9.3　研究不足

本书对来自目标公司之外的信息如何影响分析师各阶段行为以及行为差异，形成了上述的研究结论，在得出结论的基础上对信息渠道传播、分析师行为和上市公司自身信息披露等方面提出了政策建议，但限于笔者的研究能力和水平，本书尚存在一些不足之处，这些不足亦是笔者想在未来进一步探索并完善的内容与方向。

首先，在进行来自目标公司之外的信息种类选择时，主要针对来自目标公司之外信息的发布主体与受众进行筛选，而随着信息技术的发展，信息渠道的种类繁多，信息交流的频率加快，市场中各种信息渠道为了生存会竭力对上市公司的各种信息进行挖掘报道，使得市场中的信息极可能出现分散的情况。而本书采用具有代表性的来自目标公司之外的信息进行筛选，难免会出现遗漏，导致来自目标公司之外的信息含量被低估，与现实中来自目标公司之外的信息含量存在偏差。因此在未来的研究中，可以更加全面细致地考虑影响来自目标公司之外信息的各方面因素，利用传播学中实证性原理对模型进行改进，构建出准确性更高、更具有普适性的衡量来自目标公司之外信息的计算模型。

其次，因为随着自媒体的兴起，媒体的门槛降低，市场中的信息渠道混杂而信息的真实性、可靠性又无从考证，所以在研究过程中尽可能地考虑到了信息所代表的其背后发布主体的态度，在文中用信息的分歧度来进行体现，但是信息的真实可靠性是否影响分析师行为的研究，因对信息渠道相关真实可靠性指标难以观测而无法进行深入研究。以上都在一定程度上限制了本书研究视角的深度与广度，在未来研究中可以从信息渠道发布主体的特征以及来自目标公司之外信息的真实可靠性角度进行深入研究，形成更加多元、准确、综合地反映来自目标公司之外信息的指标。

最后，本书在各章节进一步分析中对上市公司的特征进行研究，例如信息披露质量、上市公司风险承担水平、上市公司所处行业竞争程度与上市公司所处地区市场化程度，对上市公司从微观到宏观的特征进行分析，观察不同背景下，来自目标公司之外的信息对分析师行为的影响，但还是欠缺全面性。未来研究可以对更多元的特征进行挖掘，例如可以对分析师获取信息来源的偏好进行调查，可以更准确地探究来自目标公司之外的信息中具有价值的信息渠道；进一步分析中采用分组比较的方法考虑了二者间的联系，未来的研究也需要在相关理论的指导下，完善互相之间关联的假设，以期形成从上市公司内部特征到外部信息渠道再到分析师行为，最后反映到上市公司经济后果的研究途径。

参考文献

[1] 白晓宇，钟震，宋常.分析师盈利预测之于股价的影响研究［J］.审计研究，2007（1）：91-96.

[2] 白晓宇.上市公司信息披露政策对分析师预测的多重影响研究［J］.金融研究，2009（4）：92-112.

[3] 曹晚红，程素琴，牛文杰.媒介生态学视角下中央级融媒体构建媒体生态圈的路径探析［J］.中国新闻传播研究，2020（2）：85-97.

[4] 曹新伟，洪剑峭，贾琬娇.分析师实地调研与资本市场信息效率——基于股价同步性的研究［J］.经济管理，2015，37（8）：141-150.

[5] 陈小林，孔东民.机构投资者信息搜寻、公开信息透明度与私有信息套利［J］.南开管理评论，2012，15（1）：113-122.

[6] 陈运森，邓祎璐，李哲.非处罚性监管具有信息含量吗？——基于问询函的证据［J］.金融研究，2018（4）：155-171.

[7] 陈运森，邓祎璐，李哲.非行政处罚性监管能改进审计质量吗？——基于财务报告问询函的证据［J］.审计研究，2018（5）：82-88.

[8] 陈运森，邓祎璐，李哲.证券交易所一线监管的有效性研究：基于财务报告问询函的证据［J］.管理世界，2019，35（3）：169-185；208.

[9] 陈志斌，王诗雨.产品市场竞争对企业现金流风险影响研究——基于行业竞争程度和企业竞争地位的双重考量［J］.中国工业经济，2015（3）：96-108.

[10] 程小可，李昊洋，高升好.机构投资者调研与管理层盈余预测方式［J］.管

理科学，2017，30（1）：131-145.

[11]　董倩.基于网络搜索数据对我国营商环境变化情况的评估［J］.调研世界，2018（6）：33-39.

[12]　段江娇，刘红忠，曾剑平.投资者情绪指数、分析师推荐指数与股指收益率的影响研究——基于我国东方财富网股吧论坛、新浪网分析师个股评级数据［J］.上海金融，2014（11）：60-64.

[13]　冯勇，冯馨雨.媒体报道与分析师行为的相关性研究——基于我国上市公司的分析［J］.会计之友，2021（5）：75-83.

[14]　关静怡，朱恒，刘娥平.股吧评论、分析师跟踪与股价崩溃风险——关于模糊信息的信息含量分析［J］.证券市场导报，2020（3）：58-68.

[15]　韩谨阳.公司调研披露对盈余公告效应的影响［D］.南京：南京大学，2017.

[16]　侯文昌.传媒新角色——舆情分析师的专业素养 "朝阳职业" 四年成长史［J］.中国记者，2011（9）：48-49.

[17]　胡奕明，林文雄，王玮璐.证券分析师的信息来源、关注域与分析工具［J］.金融研究，2003（12）：52-63.

[18]　胡奕明，林文雄.信息关注深度、分析能力与分析质量——对我国证券分析师的调查分析［J］.金融研究，2005（2）：46-58.

[19]　黄登仕，尹媛媛，曹嘉威.投资者关注同步性：来自中国股票市场的证据［J］.价格理论与实践，2020（3）：103-106；177.

[20]　黄嘉兴.分析师关注与股票收益率［D］.广州：暨南大学，2020.

[21]　黄俊，郭照蕊.新闻媒体报道与资本市场定价效率——基于股价同步性的分析［J］.管理世界，2014（5）：121-130.

[22]　黄立威，江碧涛，吕守业，等.基于深度学习的推荐系统研究综述［J］.计算机学报，2018，41（7）：1619-1647.

[23]　黄晓蓓，郑建明.媒体关注、分析师跟进与业绩预告违规［J］.国际商务（对外经济贸易大学学报），2015（3）：141-150.

[24]　黄永安.所得税会计准则国际化、真实盈余管理与分析师跟踪［J］.经济研究导刊，2020（31）：72-75.

[25]　贾琬娇，洪剑峭，徐媛媛.我国证券分析师实地调研有价值吗？——基于盈余预测准确性的一项实证研究［J］.投资研究，2015，34（4）：96-113.

[26]　江婕，邱佳成，朱然，等.投资者关注与股价崩盘风险：抑制还是加剧？［J］.证券市场导报，2020（3）：69-78.

[27]　江轩宇，朱琳，伊志宏.网络舆论关注与企业创新［J］.经济学（季刊），2021，21（1）：113-134.

[28] 孔东民，刘莎莎，应千伟.公司行为中的媒体角色：激浊扬清还是推波助澜？[J].管理世界，2013（7）：145-162.

[29] 黎文靖，潘大巍.分析师实地调研提高了信息效率吗？——基于年报市场反应的分析[J].会计与经济研究，2018，32（1）：21-39.

[30] 李春涛，薛原，惠丽丽.社保基金持股与企业盈余质量：A股上市公司的证据[J].金融研究，2018（7）：124-142.

[31] 李丹，贾宁.盈余质量、制度环境与分析师预测[J].中国会计评论，2009，7（4）：351-370.

[32] 李丹.媒体关注度、投资者情绪与分析师盈利预测准确性[D].上海：上海外国语大学，2018.

[33] 李丹蒙.公司透明度与分析师预测活动[J].经济科学，2007（6）：107-117.

[34] 李玲，郑登津，孙鹏宇.媒体失实报道的溢出效应：传染还是竞争？[J].中央财经大学学报，2020（9）：44-54.

[35] 李培功，沈艺峰.媒体的公司治理作用：中国的经验证据[J].经济研究，2010，45（4）：14-27.

[36] 李晚金，张莉.非财务信息披露与分析师预测——基于深市上市企业社会责任报告的实证检验[J].财经理论与实践，2014，35（5）：69-74.

[37] 李晓青，庄新田.基于投资者情绪的证券分析师盈利预测行为[J].东北大学学报（自然科学版），2016，37（10）：1517-1520.

[38] 李勇，王莉，王满仓.明星分析师的推荐评级更具价值吗？——基于媒体关注的视角[J].投资研究，2015，34（5）：143-160.

[39] 梁斌，刘全，徐进，等.基于多注意力卷积神经网络的特定目标情感分析[J].计算机研究与发展，2017，54（8）：1724-1735.

[40] 梁冠华，鞠玉梅.新媒体给现代舆情管控带来的挑战——基于反沉默螺旋理论[J].情报科学，2018，36（4）：155-159.

[41] 梁上坤.媒体关注、信息环境与公司费用粘性[J].中国工业经济，2017（2）：154-173.

[42] 林慧婷，何玉润，王茂林，等.媒体报道与企业资本结构动态调整[J].会计研究，2016（9）：41-46.

[43] 林翔.对中国证券咨询机构预测的分析[J].经济研究，2000（2）：56-65.

[44] 林雨晨，谭劲松.机构投资者与公司治理：文献评述与研究框架[J].会计与经济研究，2013，27（5）：70-80.

[45] 刘超.基于行为金融学的中国证券分析师行为研究[D].天津：天津大学，

2006.

[46] 刘晨，吕可夫，阮永平.实地调研抑制了上市公司的选择性披露吗？[J].
外国经济与管理，2021，43（2）：20-35.

[47] 刘海飞，许金涛，柏巍，等.社交网络、投资者关注与股价同步性 [J].管
理科学学报，2017，20（2）：53-62.

[48] 刘会.证券分析师实地调研影响因素探究 [D].上海：复旦大学，2013.

[49] 刘建梅，程新生.盈余错报与分析师行为调整的不对称性 [J].财贸研究，
2020，31（10）：100-110.

[50] 刘建明.受众行为的反沉默螺旋模式 [J].现代传播，2002（2）：39-41.

[51] 刘思静.媒体关注度、分析师关注度与资本市场定价效率 [D].北京：北
京外国语大学，2017.

[52] 刘笑霞，李明辉，孙蕾.媒体负面报道、审计定价与审计延迟 [J].会计研
究，2017（4）：88-94；96.

[53] 刘笑霞，李明辉.媒体负面报道、分析师跟踪与税收激进度 [J].会计研
究，2018（9）：64-71.

[54] 刘颖，吕本富，彭赓.网络搜索对股票市场的预测能力：理论分析与实证检
验 [J].经济管理，2011，33（1）：172-180.

[55] 娄祝坤，张博慧.媒体信息挖掘与分析师盈余预测准确度——基于管理层业
绩预告背景的考察 [J].会计与经济研究，2019，33（1）：72-85.

[56] 陆超，戴静雯，刘思静.媒体、证券分析师与股价同步性 [J].北京交通大
学学报（社会科学版），2018，17（3）：82-92.

[57] 罗进辉，谭利华，王维怡.女性明星分析师："玻璃天花板"还是"花瓶"
[J].金融学季刊，2020，14（3）：188-221.

[58] 莫冬燕，杨真真，王纵蓬.媒体关注会影响内部控制审计定价吗 [J].宏观
经济研究，2020（12）：152-165.

[59] 莫冬燕.媒体关注：市场监督还是市场压力——基于企业盈余管理行为的研
究 [J].宏观经济研究，2015（11）：106-118.

[60] 南晓莉.新媒体时代网络投资者意见分歧对IPO溢价影响——基于股票论坛
数据挖掘方法 [J].中国软科学，2015（10）：155-165.

[61] 聂左玲.中国资本市场中财经媒体信息角色研究 [D].济南：山东大学，
2018.

[62] 庞海峰，耿聪，庞舒月.机构投资者实地调研、信息效率与股价波动 [J].
哈尔滨商业大学学报（社会科学版），2021（2）：43-53.

[63] 彭雪妍，刘中华.经济政策不确定性与分析师盈余预测偏差——来自分析师
行为特征与个人特质的经验证据 [J].财务研究，2019（5）：89-100.

[64] 钱国根.信息环境、媒体关注与上市公司融资约束——基于中国资本市场的证据 [J].上海金融，2016（8）：61-67.

[65] 邱世远.关于迎合行为与分析师偏差的声誉博弈分析 [J].中国经济问题，2008（3）：73-78.

[66] 任飞，罗靖怡，陈张杭健，等.分析师深度研究报告向市场传递的信息含量——基于"新"、"旧"信息的文本分解 [J].系统工程理论与实践，2020，40（12）：3034-3058.

[67] 汝毅，薛健，张乾.媒体新闻报道的声誉溢出效应 [J].金融研究，2019（8）：189-206.

[68] 沈勇涛，高玉森.A股分析师"存在即合理"吗？——基于分析师降噪的视角 [J].上海金融，2020（5）：24-32.

[69] 施然.分析师行业专长、分析师盈余预测与盈余公告的信息溢出效应 [J].审计与经济研究，2020，35（5）：87-95.

[70] 宋同战.网络关注度对股价同步性的影响研究 [J].中国物价，2020（10）：70-72.

[71] 孙鲲鹏，王丹，肖星.互联网信息环境整治与社交媒体的公司治理作用 [J].管理世界，2020，36（7）：106-132.

[72] 孙毅，吕本富.网络搜索与经济行为相关性研究综述 [J].管理评论，2011，23（7）：72-77.

[73] 孙志军，薛磊，许阳明，等.深度学习研究综述 [J].计算机应用研究，2012，29（8）：2806-2810.

[74] 谭劲松，金智.市场环境、新会计准则与会计信息质量 [C] //中国会计学会教育分会.中国会计学会2011学术年会论文集，2011：15.

[75] 谭劲松，林雨晨.机构投资者对信息披露的治理效应——基于机构调研行为的证据 [J].南开管理评论，2016，19（5）：115-126；138.

[76] 谭松涛，崔小勇，孙艳梅.媒体报道、机构交易与股价的波动性 [J].金融研究，2014（3）：180-193.

[77] 谭松涛，崔小勇.上市公司调研能否提高分析师预测精度 [J].世界经济，2015，38（4）：126-145.

[78] 谭松涛，甘顺利，阚铄.媒体报道能够降低分析师预测偏差吗？[J].金融研究，2015（5）：192-206.

[79] 唐松莲，李君如，卢婧.实地调研类型、信息优势与基金超额收益 [J].会计与经济研究，2017，31（1）：43-64.

[80] 唐松莲，袁春生.监督或攫取：机构投资者治理角色的识别研究——来自中国资本市场的经验证据 [J].管理评论，2010，22（8）：19-29.

[81] 童卫华.机构投资者与公司治理：新趋势和研究展望 [J].证券市场导报，2018 (6)：26-31，58.

[82] 王贤彬，黄亮雄.夜间灯光数据及其在经济学研究中的应用 [J].经济学动态，2018 (10)：75-87.

[83] 王雄元，彭旋.稳定客户提高了分析师对企业盈余预测的准确性吗？[J].金融研究，2016 (5)：156-172.

[84] 王燕.中国股票市场公开信息与私有信息的互补效应 [J].金融研究，2006 (6)：41-52.

[85] 王玉涛，陈晓，侯宇.国内证券分析师的信息优势：地理邻近性还是会计准则差异 [J].会计研究，2010 (12)：34-40.

[86] 温忠麟，叶宝娟.中介效应分析：方法和模型发展 [J].心理科学进展，2014，22 (5)：731-745

[87] 温忠麟，张雷，侯杰泰，等.中介效应检验程序及其应用 [J].心理学报，2004 (5)：614-620.

[88] 伍燕然，潘可，胡松明，等.行业分析师盈利预测偏差的新解释 [J].经济研究，2012，47 (4)：149-160.

[89] 向诚，陆静.本地投资者有信息优势吗？基于百度搜索的实证研究 [J].中国管理科学，2019，27 (4)：25-36.

[90] 肖斌卿，彭毅，方立兵，等.上市公司调研对投资决策有用吗——基于分析师调研报告的实证研究 [J].南开管理评论，2017，20 (1)：119-131.

[91] 肖浩，詹雷.新闻媒体报道、分析师行为与股价同步性 [J].厦门大学学报（哲学社会科学版），2016 (4)：107-117.

[92] 肖萌.《新财富》能够带来财富吗？——声誉视角下分析师评级的市场反应研究 [J].会计与经济研究，2015，29 (5)：49-56.

[93] 肖奇，屈文洲.投资者关注、资产定价与股价同步性研究综述 [J].外国经济与管理，2017，39 (11)：120-137.

[94] 徐永新，陈婵.媒体荐股市场反应的动因分析 [J].管理世界，2009 (11)：65-73.

[95] 徐媛媛，洪剑峭，曹新伟.我国上市公司特征与证券分析师实地调研 [J].投资研究，2015，34 (1)：121-136.

[96] 薛祖云，王冲.信息竞争抑或信息补充：证券分析师的角色扮演——基于我国证券市场的实证分析 [J].金融研究，2011 (11)：167-182.

[97] 杨凡，张玉明.网络媒介、互动式信息披露与分析师行为——来自"上证e互动"的证据 [J].山西财经大学学报，2020，42 (11)：113-126.

[98] 杨丽歌.媒体关注、机构投资者与股价同步性 [D].武汉：中南财经政法

大学，2017.

[99] 杨鸣京，程小可，李昊洋.机构投资者调研、公司特征与企业创新绩效 [J].当代财经，2018（2）：84-93.

[100] 杨世鉴.媒体报道与分析师跟踪能够提高信息披露质量吗？——基于我国上市公司业绩预告的分析 [J].中国注册会计师，2013（7）：72-77.

[101] 尹海员，李忠民.中国证券市场监管均衡与适度性分析 [J].重庆大学学报（社会科学版），2011，17（3）：58-63.

[102] 尹腾飞.证券分析师实地调研影响因素研究——基于信息需求的投资者关注视角 [J].经济研究导刊，2019（3）：91-93；107.

[103] 应千伟，呙昊婧，邓可斌.媒体关注的市场压力效应及其传导机制 [J].管理科学学报，2017，20（4）：32-49.

[104] 游家兴，吴静.沉默的螺旋：媒体情绪与资产误定价 [J].经济研究，2012，47（7）：141-152.

[105] 于忠泊，田高良，齐保垒，等.媒体关注的公司治理机制——基于盈余管理视角的考察 [J].管理世界，2011（9）：127-140.

[106] 虞鑫，许弘智.意见领袖、沉默的螺旋与群体极化：基于社会网络视角的仿真研究 [J].国际新闻界，2019，41（5）：6-26.

[107] 张纯，吴明明.媒体在资本市场中的角色：信息解释还是信息挖掘？[J].财经研究，2015，41（12）：72-83.

[108] 张洁.微信公众号信息披露与股价同步性关系研究 [D].哈尔滨：哈尔滨工业大学，2018.

[109] 张俊生，汤晓建，李广众.预防性监管能够抑制股价崩盘风险吗？——基于交易所年报问询函的研究 [J].管理科学学报，2018，21（10）：112-126.

[110] 张鸣，税煜，陈明端.股票名称、选择性关注与股价的行业同步性 [J].财经研究，2013，39（11）：112-122.

[111] 张然，王会娟，张路.本地优势、信息披露质量和分析师预测准确性 [J].中国会计评论，2012，10（2）：127-138.

[112] 张圣平，于丽峰，李怡宗，等.媒体报导与中国A股市场盈余惯性——投资者有限注意的视角 [J].金融研究，2014（7）：154-170.

[113] 张宗新，吴钊颖.媒体情绪传染与分析师乐观偏差——基于机器学习文本分析方法的经验证据 [J].管理世界，2021，37（1）：170-185.

[114] 张宗新，张蕊.证券监管政策对卖方分析师过度乐观行为抑制效应研究 [J].复旦学报（社会科学版），2020，62（6）：174-183.

[115] 张宗新，周嘉嘉.分析师关注能否提高上市公司信息透明度？——基于盈余

管理的视角［J］.财经问题研究，2019（12）：49-57.

[116] 张宗新，朱炜.证券分析师"异常关注"能否创造投资价值？——基于2010—2017年A股市场的经验证据［J］.证券市场导报，2019（6）：40-51.

[117] 赵艺颖.探析媒介生态学视域下财经新媒体的传播策略［J］.新闻研究导刊，2017，8（12）：62-64.

[118] 赵玉洁.媒体报道、外部治理与股权融资成本［J］.山西财经大学学报，2019，41（3）：99-110.

[119] 钟凯，董晓丹，陈战光.业绩说明会语调与分析师预测准确性［J］.经济管理，2020，42（8）：120-137.

[120] 周开国，应千伟，陈晓娴.媒体关注度、分析师关注度与盈余预测准确度［J］.金融研究，2014（2）：139-152.

[121] 周晓彦，王珂，李凌燕.基于深度学习的目标检测算法综述［J］.电子测量技术，2017，40（11）：89-93.

[122] 朱宝宪，王怡凯.证券媒体选股建议效果的实证分析［J］.经济研究，2001（4）：51-57.

[123] 朱红军，何贤杰，陶林.中国的证券分析师能够提高资本市场的效率吗——基于股价同步性和股价信息含量的经验证据［J］.金融研究，2007（2）：110-121.

[124] ABARBANELL J S. Do analysts' earnings forecasts incorporate information in prior stock price changes？ ［J］. Journal of Accounting and Economics，1991，14（2）：147-165.

[125] AHMED A S，SCHNEIBLE JR R A. The impact of regulation fair disclosure on investors' prior information quality—Evidence from an analysis of changes in trading volume and stock price reactions to earnings announcements ［J］. Journal of Corporate Finance，2007，13（2-3）：282-299.

[126] AMIRAM D，OWENS E，ROZENBAUM O. Do information releases increase or decrease information asymmetry？ New evidence from analyst forecast announcements ［J］. Journal of Accounting and Econcmics，2016，62（1）：121-138.

[127] AMIT Y，GEMAN D. Shape quantization and recognition with randomized trees ［J］. Neural Computation，1997，9（7）：1545-1588.

[128] ANTWEILER W，FRANK M Z. Is all that talk just noise？ The

information content of internet stock message boards ［J］. The Journal of Finance, 2004, 59 (3): 1259-1294.

[129] ASHBAUGH H, PINCUS M. Domestic accounting standards, international accounting standards, and the predictability of earnings ［J］. Journal of Accounting Research, 2001, 39 (3): 417-434.

[130] BAE K H, TAN H, WELKER M. International GAAP differences: The impact on foreign analysts ［J］. The Accounting Review, 2008, 83 (3): 593-628.

[131] BAGNOLI M, BENEISH M D, WATTS S G. Whisper forecasts of quarterly earnings per share ［J］. Journal of Accounting and Economics, 1999, 28 (1): 27-50.

[132] BAIK B, CHAE J, CHOI S, et al. Changes in operational efficiency and firm performance: A frontier analysis approach ［J］. Contemporary Accounting Research, 2013, 30 (3): 996-1026.

[133] BALDWIN R E. Trade policies in developed countries ［J］. Handbook of International Economics, 1984 (1): 571-619.

[134] BALDWIN B A. Segment earnings disclosure and the ability of security analysts to forecast earnings per share ［J］. Accounting Review, 1984: 376-389.

[135] BARBER B, LEHAVY R, MCNICHOLS M, et al. Can investors profit from the prophets? Security analyst recommendations and stock returns ［J］. The Journal of Finance, 2001, 56 (2): 531-563.

[136] BARBER B M, LEHAVY R, MCNICHOLS M, et al. Buys, holds, and sells: The distribution of investment banks' stock ratings and the implications for the profitability of analysts' recommendations ［J］. Journal of Accounting and Economics, 2006, 41 (1-2): 87-117.

[137] BARRON O E, KILE C O, O'KEEFE T B. MD&A quality as measured by the SEC and analysts' earnings forecasts ［J］. Contemporary Accounting Research, 1999, 16 (1): 75-109.

[138] BARTH M E, KASZNIK R, MCNICHOLS M F. Analyst coverage and intangible assets ［J］. Journal of Accounting Research, 2001, 39 (1): 1-34.

[139] BECKMAN H B, FRANKEL R M. The effect of physician behavior on the collection of data ［J］. Annals of Internal Medicine, 1984, 101 (5): 692-696.

[140] BEHN B K, CHOI J H, KANG T. Audit quality and properties of analyst earnings forecasts [J]. The Accounting Review, 2008, 83 (2): 327-349.

[141] BHAT G, HOPE O K, KANG T. Does corporate governance transparency affect the accuracy of analyst forecasts? [J]. Accounting & Finance, 2006, 46 (5): 715-732.

[142] BHUSHAN R. Firm characteristics and analyst following [J]. Journal of Accounting and Economics, 1989, 11 (2-3): 255-274.

[143] BIKHCHANDANI S, HIRSHLEIFER D, WELCH I. A theory of fads, fashion, custom, and cultural change as informational cascades [J]. Journal of Political Economy, 1992, 100 (5): 992-1026.

[144] BIKHCHANDANI S, SHARMA S. Herd behavior in financial markets [J]. IMF Staff papers, 2000, 47 (3): 279-310.

[145] BIRT J L, BILSON C M, SMITH T, et al. Ownership, competition, and financial disclosure [J]. Australian Journal of Management, 2006, 31 (2): 235-263.

[146] BJERRING J H, LAKONISHOK J, VERMAELEN T. Stock prices and financial analysts' recommendations [J]. The Journal of Finance, 1983, 38 (1): 187-204.

[147] BLOCK S B. A study of financial analysts: Practice and theory [J]. Financial Analysts Journal, 1999, 55 (4): 86-95.

[148] BRADLEY D, GOKKAYA S, LIU X. Before an analyst becomes an analyst: Does industry experience matter? [J]. The Journal of Finance, 2017, 72 (2): 751-792.

[149] BRADSHAW M T. The use of target prices to justify sell-side analysts' stock recommendations [J]. Accounting Horizons, 2002, 16 (1): 27-41.

[150] BRADSHAW M T, LEE L F, PETERSON K. The interactive role of difficulty and incentives in explaining the annual earnings forecast walkdown [J]. The Accounting Review, 2016, 91 (4): 995-1021.

[151] BRADSHAW M T, RICHARDSON S A, SLOAN R G. The relation between corporate financing activities, analysts' forecasts and stock returns [J]. Journal of Accounting and Economics, 2006, 42 (1-2): 53-85.

[152] BREIMAN L. Random forests [J]. Machine Learning, 2001, 45

(1): 5-32.

[153] BROWN L D, RICHARDSON G D, SCHWAGER S J. An information interpretation of financial analyst superiority in forecasting earnings [J]. Journal of Accounting Research, 1987: 49-67.

[154] BROWN L D, ROZEFF M S. The superiority of analyst forecasts as measures of expectations: Evidence from earnings [J]. The Journal of Finance, 1978, 33 (1): 1-16.

[155] BROWN L D. Forecast selection when all forecasts are not equally recent [J]. International Journal of Forecasting, 1991, 7 (3): 349-356.

[156] BURGSTAHLER D C, EAMES M J. Earnings management to avoid losses and earnings decreases: Are analysts fooled? [J]. Contemporary Accounting Research, 2003, 20 (2): 253-294.

[157] BUSHEE B J, CORE J E, GUAY W, et al. The role of the business press as an information intermediary [J]. Journal of Accounting Research, 2010, 48 (1): 1-19.

[158] BYARD D, SHAW K W. Corporate disclosure quality and properties of analysts' information environment [J]. Journal of Accounting, Auditing & Finance, 2003, 18 (3): 355-378.

[159] CAGÉ J. Media competition, information provision and political participation: Evidence from French local newspapers and elections, 1944-2014 [J]. Journal of Public Economics, 2020, 185: 104077.

[160] CALL A C, CHEN S, TONG Y H. Are analysts' earnings forecasts more accurate when accompanied by cash flow forecasts? [J]. Review of Accounting Studies, 2009, 14 (2-3): 358-391.

[161] CAO S, XUE N, DA CUNHA I, et al. Discourse segmentation for building a Chinese RST Treebank [C] //Proceedings of the 6th Workshop on Recent Advances in RST and Related Formalisms. 2017: 73-81.

[162] CHEN C J P, DING Y, KIM C F. High-level politically connected firms, corruption, and analyst forecast accuracy around the world [J]. Journal of International Business Studies, 2010, 41 (9): 1505-1524.

[163] CHEN T, GUESTRIN C. Xgboost: A scalable tree boosting system [C] //Proceedings of the 22nd acm sigkdd international conference on knowledge discovery and data mining. 2016: 785-794.

［164］ CHEN T， HARFORD J， LIN C. Do analysts matter for governance? Evidence from natural experiments ［J］. Journal of Financial Economics， 2015， 115（2）：383-410.

［165］ CHEN X， CHENG Q， LO K. On the relationship between analyst reports and corporate disclosures：Exploring the roles of information discovery and interpretation ［J］. Journal of Accounting and Economics， 2010， 49（3）：206-226.

［166］ CHENG Q， DU F， WANG X， et al. Seeing is believing：Analysts' corporate site visits ［J］. Review of Accounting Studies， 2016， 21（4）：1245-1286.

［167］ CLEMENT M B， TSE S Y. Financial analyst characteristics and herding behavior in forecasting ［J］. The Journal of Finance， 2005， 60（1）：307-341.

［168］ CLEMENT M B. Analyst forecast accuracy：Do ability， resources， and portfolio complexity matter? ［J］. Journal of Accounting and Economics， 1999， 27（3）：285-303.

［169］ CLEMENT M B， HALES J， XUE Y. Understanding analysts' use of stock returns and other analysts' revisions when forecasting earnings ［J］. Journal of Accounting and Economics， 2011， 51（3）：279-299.

［170］ COLLER M， YOHN T L. Management forecasts and information asymmetry：An examination of bid-ask spreads ［J］. Journal of Accounting Research， 1997， 35（2）：181-191.

［171］ COLLINS W A， HOPWOOD W S. A multivariate analysis of annual earnings forecasts generated from quarterly forecasts of financial analysts and univariate time-series models ［J］. Journal of Accounting Research， 1980：390-406.

［172］ COTTER J， TUNA I， WYSOCKI P D. Expectations management and beatable targets：How do analysts react to explicit earnings guidance? ［J］. Contemporary Accounting Research， 2006， 23（3）：593-624.

［173］ COVAL J D， MOSKOWITZ T J. The geography of investment：Informed trading and asset prices ［J］. Journal of Political Economy， 2001， 109（4）：811-841.

［174］ CRAGG J G， MALKIEL B G. The consensus and accuracy of some predictions of the growth of corporate earnings ［J］. the Journal of

Finance，1968，23（1）：67-84.

［175］ CRAWFORD S S， ROULSTONE D T， SO E C. Analyst initiations of coverage and stock return synchronicity ［J］. The Accounting Review，2012，87（5）：1527-1553.

［176］ DAS S R， CHEN M Y. Yahoo! for Amazon： Sentiment extraction from small talk on the web ［J］. Management Science，2007，53（9）：1375-1388.

［177］ DAS S， GUO R J， ZHANG H. Analysts´ selective coverage and subsequent performance of newly public firms ［J］. The Journal of Finance，2006，61（3）：1159-1185.

［178］ DE FRANCO G， HOPE O K， VYAS D， et al. Analyst report readability ［J］. Contemporary Accounting Research，2015，32（1）：76-104.

［179］ DECHOW P M， SLOAN R G， SWEENEY A P. Detecting earnings management ［J］. Accounting Review，1995：193-225.

［180］ DERRIEN F， KECSKÉS A. The real effects of financial shocks： Evidence from exogenous changes in analyst coverage ［J］. The Journal of Finance，2013，68（4）：1407-1440.

［181］ DEVENOW A， WELCH I. Rational Herding in financial economics ［J］. European Economic Review，1996，40（3-5）：603-615.

［182］ DJANKOV S， GLAESER E， LA PORTA R， ET AL. The new comparative economics ［J］. Journal of Comparative Economics，2003，31（4）：595-619.

［183］ DJANKOV S， MCLIESH C， NENOVA T， et al. Who owns the media? ［J］. The Journal of Law and Economics，2003，46（2）：341-382.

［184］ DOUKAS J A， KIM C， PANTZALIS C. The two faces of analyst coverage ［J］. Financial Management，2005，34（2）：99-125.

［185］ NOELLE-NEUMANN E. The theory of public opinion： The concept of the spiral of silence ［J］. Annals of the International Communication Association，1991，14（1）：256-287.

［186］ ENGELBERG J E， PARSONS C A. The causal impact of media in financial markets ［J］. The Journal of Finance，2011，66（1）：67-97.

［187］ FANG L H， YASUDA A. Are stars' opinions worth more? The relation between analyst reputation and recommendation values ［J］. Journal of Financial Services Research，2014，46（3）：235-269.

［188］ FRANCIS J，SCHIPPER K，VINCENT L. Earnings announcements and competing information ［J］. Journal of Accounting and Economics，2002，33（3）：313-342.

［189］ FRIED D，GIVOLY D. Financial analysts' forecasts of earnings：A better surrogate for market expectations ［J］. Journal of Accounting and Economics，1982，4（2）：85-107.

［190］ GAZAN R. Microcollaborations in a social Q&A community ［J］. Information processing & Management，2010，46（6）：693-702.

［191］ GINTSCHEL A，MARKOV S. The effectiveness of Regulation FD ［J］. Journal of Accounting and Economics，2004，37（3）：293-314.

［192］ GIVOLY D，LAKONISHOK J. The information content of financial analysts' forecasts of earnings：Some evidence on semi-strong inefficiency ［J］. Journal of Accounting and Economics，1979，1（3）：165-185.

［193］ GREEN T C，JAME R，MARKOV S，et al. Access to management and the informativeness of analyst research ［J］. Journal of Financial Economics，2014，114（2）：239-255.

［194］ HEALY P M，HUTTON A P，PALEPU K G. Stock performance and intermediation changes surrounding sustained increases in disclosure ［J］. Contemporary Accounting Research，1999，16（3）：485-520.

［195］ HOBSON J L，MAYEW W J，Venkatachalam M. Analyzing speech to detect financial misreporting ［J］. Journal of Accounting Research，2012，50（2）：349-392.

［196］ HONG H，KUBIK J D. Analyzing the analysts：Career concerns and biased earnings forecasts ［J］. The Journal of Finance，2003，58（1）：313-351.

［197］ HONG H，KUBIK J D，SOLOMON A. Security analysts' career concerns and herding of earnings forecasts ［J］. The Rand Journal of Economics，2000：121-144.

［198］ HOPE O K. Disclosure practices，enforcement of accounting standards，and analysts' forecast accuracy：An international study ［J］. Journal of Accounting Research，2003，41（2）：235-272.

［199］ HUANG A H，LEHAVY R，ZANG A Y，et al. Analyst information discovery and interpretation roles：A topic modeling approach ［J］. Management Science，2018，64（6）：2833-2855.

[200] HUANG A H, ZANG A Y, ZHENG R. Evidence on the information content of text in analyst reports [J]. The Accounting Review, 2014, 89 (6): 2151-2180.

[201] HUBERMAN G, REGEV T. Contagious speculation and a cure for cancer: A nonevent that made stock prices soar [J]. The Journal of Finance, 2001, 56 (1): 387-396.

[202] JEFFREY C. Democratisation without representation? The power and political strategies of a rural elite in north India [J]. Political Geography, 2000, 19 (8): 1013-1036.

[203] JENSEN R E. An experimental design for study of effects of accounting variations in decision making [J]. Journal of Accounting Research, 1966 (5): 224-238.

[204] JINGBO LUO. How does smog affect firms' investment behavior? A natural experiment based on a sudden surge in the PM2.5 index [J]. China Journal of Accounting Research, 2017, 10 (04): 359-378.

[205] JOHNSTONE K M, LI C, LUO S. Client-auditor supply chain relationships, audit quality, and audit pricing [J]. Auditing: A Journal of Practice & Theory, 2014, 33 (4): 119-166.

[206] JUDD C M, KENNY D A. Process analysis: Estimating mediation in treatment evaluations [J]. Evaluation Review, 1981, 5 (5): 602-619.

[207] KADAN O, MADUREIRA L, WANG R, et al. Conflicts of interest and stock recommendations: The effects of the global settlement and related regulations [J]. The Review of Financial Studies, 2008, 22 (10): 4189-4217.

[208] KE G, MENG Q, FINLEY T, et al. Lightgbm: A highly efficient gradient boosting decision tree [J]. Advances in Neural Information Processing Systems, 2017 (30): 3146-3154.

[209] KIM Y, SONG M. Management earnings forecasts and value of analyst forecast revisions [J]. Management Science, 2015, 61 (7): 1663-1683.

[210] KING G, PAN J, ROBERTS M E. How censorship in China allows government criticism but silences collective expression [J]. American Political Science Review, 2013, 107 (2): 326-343.

[211] KLEIN A, LI T, ZHANG B. Do analysts use the freedom of information

act to improve stock recommendations and forecast accuracy [J]. Available at SSRN 2805581, 2016, 10.

[212] KUNDA Z. The case for motivated reasoning [J]. Psychological Bulletin, 1990, 108 (3): 480.

[213] LAKONISHOK J, SHLEIFER A, VISHNY R W. The impact of institutional trading on stock prices [J]. Journal of Financial Economics, 1992, 32 (1): 23-43.

[214] LANG M H, LUNDHOLM R J. Corporate disclosure policy and analyst behavior [J]. Accounting Review, 1996: 467-492.

[215] LARCKER D F, SO E C, WANG C C Y. Boardroom centrality and firm performance [J]. Journal of Accounting and Economics, 2013, 55 (2-3): 225-250.

[216] JUDD C M, KENNY D A. Process analysis: Estimating mediation in treatment evaluations [J]. Evaluation Review, 1981, 5 (5): 602-619.

[217] LEE D. W, LIU M H.. Does more Information in stock price lead to greater or smaller idiosyncratic return volatility? [J].Journal of Banking and Finance, 35 (6): 1563-1580.

[218] LEVY R, XU Y, YEL N, et al. A standardized generalized dimensionality discrepancy measure and a standardized model - based covariance for dimensionality assessment for multidimensional models [J]. Journal of Educational Measurement, 2015, 52 (2): 144-158.

[219] LI K K, YOU H. What is the value of sell-side analysts? Evidence from coverage initiations and terminations [J]. Journal of Accounting and Economics, 2015, 60 (2-3): 141-160.

[220] LIM T. Rationality and analysts' forecast bias [J]. The Journal of Finance, 2001, 56 (1): 369-385.

[221] LIN H, MCNICHOLS M F. Underwriting relationships, analysts' earnings forecasts and investment recommendations [J]. Journal of Accounting and Economics, 1998, 25 (1): 101-127.

[222] LIU Y, LIAO G, XU J, et al. Adaptive OFDM integrated radar and communications waveform design based on information theory [J]. IEEE Communications Letters, 2017, 21 (10): 2174-2177.

[223] LIU Z, JANSEN B J. Questioner or question: Predicting the response rate n social question and answering on Sina Weibo [J]. Information

Processing & Management, 2018, 54 (2): 159-174.

[224] LIVNAT J, ZHANG Y. Information interpretation or information discovery: Which role of analysts do investors value more? [J]. Review of Accounting Studies, 2012, 17 (3): 612-641.

[225] LJUNGQVIST A, MALLOY C, MARSTON F. Rewriting history [J]. The Journal of Finance, 2009, 64 (4): 1935-1960.

[226] LOGUE D E, TUTTLE D L. Brokerage house investment advice [J]. Financial Review, 1973, 8 (1): 38-54.

[227] MALLOY C J. The geography of equity analysis [J]. The Journal of Finance, 2005, 60 (2): 719-755.

[228] MAYEW W J. Evidence of management discrimination among analysts during earnings conference calls [J]. Journal of Accounting Research, 2008, 46 (3): 627-659.

[229] MCEWEN R A, HUNTON J E. Is analyst forecast accuracy associated with accounting information use? (Retracted) [J]. Accounting Horizons, 1999, 13 (1): 1-16.

[230] MCNICHOLS M, O'BRIEN P C. Self-selection and analyst coverage [J]. Journal of Accounting Research, 1997, 35: 167-199.

[231] MERKLEY K J, BAMBER L S, CHRISTENSEN T E. Detailed management earnings forecasts: Do analysts listen? [J]. Review of Accounting Studies, 2013, 18 (2): 479-521.

[232] MIKHAIL M B, WALTHER B R, WILLIS R H. Do security analysts improve their performance with experience? [J]. Journal of Accounting Research, 1997 (35): 131-157.

[233] MIKHAIL M B, WALTHER B R, WILLIS R H. Does forecast accuracy matter to security analysts? [J]. The Accounting Review, 1999, 74 (2): 185-200.

[234] MOLA S, RAU P R, KHORANA A. Is there life after the complete loss of analyst coverage? [J]. The Accounting Review, 2013, 88 (2): 667-705.

[235] NEWELL B R, SHANKS D R. Prime numbers: Anchoring and its implications for theories of behavior priming [J]. Social Cognition, 2014, 32 (Supplement): 88-108.

[236] Nisbett R E, Borgida E, Crandall R, et al. Popular induction: Information is not necessarily informative [M]. Cambridge:

Cambridge University Press，1982.

[237] O'BRIEN P C， BHUSHAN R. Analyst following and institutional ownership [J] . Journal of Accounting Research， 1990 (28)： 55-76.

[238] O'BRIEN P C， TAN H. Geographic proximity and analyst coverage decisions： Evidence from IPOs [J] . Journal of Accounting and Economics， 2015， 59 (1)： 41-59.

[239] O'BRIEN P C. Analysts' forecasts as earnings expectations [J] . Journal of Accounting and Economics， 1988， 10 (1)： 53-83.

[240] O'BRIEN P C， MCNICHOLS M F， HSIOU-WEI L. Analyst impartiality and investment banking relationships [J] . Journal of Accounting Research， 2005， 43 (4)： 623-650.

[241] PARKASH M， DHALIWAL D S， SALATKA W K. How certain firm-specific characteristics affect the accuracy and dispersion of analysts' forecasts： A latent variables approach [J] . Journal of Business Research， 1995， 34 (3)： 161-169.

[242] PLUMLEE M A. The effect of information complexity on analysts' use of that information [J] . The Accounting Review， 2003， 78 (1)： 275-296.

[243] PREVITS G J， BRICKER R J， ROBINSON T R， et al. A content analysis of sell-side financial analyst company reports [J] . Accounting Horizons， 1994， 8 (2)： 55.

[244] QIAN H. Time variation in analyst optimism： An investor sentiment explanation [J] . The Journal of Behavioral Finance， 2009， 10 (3)： 182-193.

[245] QIN B， STRÖMBERG D， WU Y. Why does China allow freer social media? Protests versus surveillance and propaganda [J] . Journal of Economic Perspectives， 2017， 31 (1)： 117-140.

[246] RAITH M. Competition， risk， and managerial incentives [J] . American Economic Review， 2003， 93 (4)： 1425-1436.

[247] RAMNATH S， ROCK S， SHANE P B. Financial analysts' forecasts and stock recommendations： A review of the research [R] . 2008.

[248] RAMNATH S， ROCK S， SHANE P. The financial analyst forecasting literature： A taxonomy with suggestions for further research [J] . International Journal of Forecasting， 2008， 24 (1)： 34-75.

[249] REES L， SHARP N， TWEDT B. Who's heard on the Street?

Determinants and consequences of financial analyst coverage in the business press ［J］. Review of Accounting Studies, 2015, 20 (1): 173-209.

［250］ RICHARDSON S, TEOH S H, WYSOCKI P D. The walk‐down to beatable analyst forecasts: The role of equity issuance and insider trading incentives ［J］. Contemporary Accounting Research, 2004, 21 (4): 885-924.

［251］ ROCK S, SEDO S, WILLENBORG M. Analyst following and count-data econometrics ［J］. Journal of Accounting and Economics, 2000, 30 (3): 351-373.

［252］ ROULSTONE D T. Analyst following and market liquidity ［J］. Contemporary Accounting Research, 2003, 20 (3): 552-578.

［253］ SHORES D. The association between interim information and security returns surrounding earnings announcements ［J］. Journal of Accounting Research, 1990, 28 (1): 164-181.

［254］ SIVAKUMAR K, VIJAYAKUMAR J. Insider trading, analysts' forecast revisions, and earnings changes ［J］. Journal of Accounting, Auditing & Finance, 2001, 16 (2): 167-187.

［255］ SOLOMON D, SOLTES E. What are we meeting for? The consequences of private meetings with investors ［J］. The Journal of Law and Economics, 2015, 58 (2): 325-355.

［256］ STICKEL S E. Reputation and performance among security analysts ［J］. The Journal of Finance, 1992, 47 (5): 1811-1836.

［257］ STICKEL S E. The timing of and incentives for annual earnings forecasts near interim earnings announcements ［J］. Journal of Accounting and Economics, 1989, 11 (2-3): 275-292.

［258］ STRÖMBERG D. Mass media competition, political competition, and public policy ［J］. The Review of Economic Studies, 2004, 71 (1): 265-284.

［259］ STRÖMBERG D. Radio's impact on public spending ［J］. The Quarterly Journal of Economics, 2004, 119 (1): 189-221.

［260］ TAN H, WANG S, WELKER M. Analyst following and forecast accuracy after mandated IFRS adoptions ［J］. Journal of Accounting Research, 2011, 49 (5): 1307-1357.

［261］ THOMAS S. Firm diversification and asymmetric information: Evidence from analysts' forecasts and earnings announcements［J］. Journal of Financial Economics, 2002, 64 (3): 373-396.

[262] TRAUTMANN-LENGSFELD S A, DOMÍNGUEZ-BORRÀS J, ESCERA C, et al. The perception of dynamic and static facial expressions of happiness and disgust investigated by ERPs and fMRI constrained source analysis［J］. PLoS One, 2013, 8 (6): e66997.

[263] TRUEMAN B. Analyst forecasts and herding behavior［J］. The Review of Financial Studies, 1994, 7 (1): 97-124.

[264] VERGOOSSEN R G A. The use and perceived importance of annual reports by investment analysts in the Netherlands［J］. European Accounting Review, 1993, 2 (2): 219-244.

[265] WOMACK K L. Do brokerage analysts' recommendations have investment value?［J］. The Journal of Finance, 1996, 51 (1): 137-167.

[266] WU J S, ZANG A Y. What determine financial analysts' career outcomes during mergers?［J］. Journal of Accounting and Economics, 2009, 47 (1-2): 59-86.

[267] YORGES S L, Weiss H M, Strickland O J. The effect of leader outcomes on influence, attributions, and perceptions of charisma［J］. Journal of Applied Psychology, 1999, 84 (3): 428.

索引